E. T. A. Hoffmann-Jahrbuch
Mitteilungen der E. T. A. Hoffmann-Gesellschaft

Herausgegeben von

Claudia Liebrand, Harald Neumeyer
und Thomas Wortmann

Wissenschaftlicher Beirat:

Dr. Silke Arnold-de Simine (London), Prof. Dr. Patrizio Collini (Florenz),
PD Dr. Rupert Gaderer (Bochum), Prof. Dr. Alice Kuzniar (Waterloo),
Dr. Ingrid Lacheny (Metz), Dr. Jörg Petzel (Berlin), Prof. Dr. Marion Schmaus (Marburg),
Prof. Dr. Christine Weder (Genf)

Adressen der Herausgeber:

Prof. Dr. Claudia Liebrand, Institut für deutsche Sprache und Literatur I, Universität zu Köln,
Albertus-Magnus-Platz, D-50923 Köln
Prof. Dr. Harald Neumeyer, Universität Erlangen-Nürnberg, Department Germanistik und
Komparatistik, Bismarckstr. 1 B, D-91054 Erlangen
Prof. Dr. Thomas Wortmann, Universität Mannheim, Seminar für deutsche Philologie,
D-68131 Mannheim

Manuskripte können den Herausgebern eingereicht werden. Die Manuskripte sind nach einem Formblatt einzurichten, das von den Herausgebern vorab angefordert werden kann. Besprechungsstücke sind an die Herausgeber zu senden.

E.T.A. Hoffmann-Jahrbuch

Band 29 · 2021

ERICH SCHMIDT VERLAG

Das E. T. A. Hoffmann-Jahrbuch, Band 29
führt als Heft 67 die Zählung der
„Mitteilungen der E. T. A. Hoffmann-Gesellschaft e.V." fort.

www.etahg.de

Bibliografische Information der Deutschen Nationalbibliothek
Die Deutsche Nationalbibliothek verzeichnet diese Publikation in der Deutschen
Nationalbibliografie; detaillierte bibliografische Daten sind im Internet über
http://dnb.d-nb.de abrufbar.

Weitere Informationen zu diesem Titel finden Sie im Internet unter
https://www.esv.info/978-3-503-20609-4

Gedrucktes Werk: ISBN 978-3-503-20609-4
eBook: ISBN 978-3-503-20610-0

ISSN 0944-5277

Alle Rechte vorbehalten
© Erich Schmidt Verlag GmbH & Co. KG, Berlin 2021
www.ESV.info

Umschlagabbildung: *Der Kapellmeister Kreisler im Wahnsinn*. Von E. T. A. Hoffmann
Original von 1822 nicht erhalten. Reproduktion: Lithographie auf chamoisfarbigem Papier.
86 x 75 mm (Darstellung). Aus Hoffmann's Leben und Nachlass. Herausgegeben von dem Verfasser
des Lebens-Abrißes Friedrich Ludwig Zacharias Werners [J. E. Hitzig]. Zweiter Theil.
Mit vier Steindrücken und Musik. Berlin, bei Ferdinand Dümmler. 1823. Als Beilage am Ende.
Digitalisiertes Ex.: Staatsbibliothek Bamberg, Sign: Bg.o.289(2

Satz: Bernd Pettke · Digitale Dienste, Bielefeld
Druck: Hubert & Co., Göttingen

Inhalt

Aufsätze

Jörg Petzel und Bernd Hesse: „Aus Überzeugung der Notwendigkeit
studiere ich mein jus" oder E.T.A. Hoffmanns Studienzeit in Königsberg .. 7–52

Nicolas von Passavant: Zur Frage der Judenfeindlichkeit bei
E.T.A. Hoffmann. Eine Lektüre der Erzählungen *Die Brautwahl* und
Die Irrungen/Die Geheimnisse im Diskurszusammenhang des Preußischen
‚Emanzipationsedikts' von 1812 53–79

Tobias Unterhuber: Die dunkle Seite des gezähmten Spiels in
E.T.A. Hoffmanns *Spieler-Glück* 80–91

Armin Schäfer und Philipp Weber: Der Glanz, der Blick und das Begehren
in E.T.A. Hoffmanns *Das Fräulein von Scuderi* 92–110

Besprechungen

Irmtraud Hnilica über:
Ina Henke: Weiblichkeitsentwürfe bei E.T.A. Hoffmann. *Rat Krespel*,
Das öde Haus und *Das Gelübde* im Kontext intersektionaler Narratologie 111–112

Anna Lynn Dolman über:
Frederike Middelhoff: Literarische Autozoographien. Figurationen des
autobiographischen Tieres im langen 19. Jahrhundert 113–117

Antonia Villinger über:
Jehona Kicaj: E.T.A. Hoffmann und das Glasmotiv. Materialität und
Grenzüberschreitungen in *Der Sandmann* und *Nussknacker und Mausekönig* ... 117–119

Sandra Beck über:
Christopher R. Clason (Hg.): E.T.A. Hoffmann. Transgressive
Romanticism 119–121

Annika Frank über:
Vitali Konstantinov: Der Sandmann nach E.T.A. Hoffmann 121–123

Thomas Wortmann über:
Dieter Kampmeyer: Lebens-Skripte. E.T.A. Hoffmanns *Der Sandmann*
und *Die Elixiere des Teufels* 123–125

Thomas Wortmann über:
E.T.A. Hoffmann: Meister Floh. Ein Mährchen in sieben Abentheuern zweier Freunde (1822). Mit Kommentaren von Michael Niehaus und Thomas Vormbaum 125–127

Daniel Neumann über:
Nicole A. Sütterlin: Poetik der Wunde. Zur Entdeckung des Traumas in der Literatur der Romantik 127–132

Stefanie Junges über:
Hartmut Walravens: Franz Blei (1871–1942), Carl Georg von Maassen (1880–1940) und Hans von Müller (1875–1944) im Briefwechsel. Auch ein Mosaiksteinchen zur E.T.A. Hoffmann-Forschung 132–133

Frederike Middelhoff über:
Markus Gut: Semiotik der Verewigung. Versuch einer Typologie anhand literarischer Texte um 1800 133–135

Alina Boy über:
Nicolas von Passavant: Nachromantische Exzentrik. Literarische Konfigurationen des Gewöhnlichen 135–139

Pauline Pallaske über:
Laura-Maria Grafenauer: Und Theben liegt in Oberfranken. Die Genese der literarischen Kulisse, aufgezeigt an Werken E.T.A. Hoffmanns 139–142

Vanessa Höving über:
Stefanie Junges: Oszillation als Strategie romantischer Literatur. Ein Experiment in drey Theilen 142–144

Hoffmann-Neuerscheinungen 2018–2021 145–146

Aus der E.T.A. Hoffmann-Gesellschaft 147–149

Adressen der Beiträgerinnen und Beiträger 150–152

JÖRG PETZEL und BERND HESSE

„Aus Überzeugung der Notwendigkeit studiere ich mein jus" oder E.T.A. Hoffmanns Studienzeit in Königsberg

1. Die Königsberger Universität und ihre juristischen Lehrveranstaltungen

In der Forschung zu E.T.A. Hoffmann galt, was auch in anderen Forschungsbereichen der Status quo war: Die Vorlesungsverzeichnisse der Albertus-Universität Königsberg waren verschollen.[1] In Ostpreußen waren bei den erbitterten Kämpfen 1944/45 viele Bibliotheken und Archive zerstört worden. Königsberg war das Ziel zweier verheerender Bombenangriffe der Alliierten geworden. Jedoch konnten auch wertvolle Bestände des Staatsarchivs und der Staats- und Universitätsbibliothek in die Provinz verlagert und damit gerettet werden; Teile des Staatsarchivs gelangten über eine Auslagerung ins Bergwerk Grasleben bei Helmstedt bis in das Geheime Staatsarchiv Preußischer Kulturbesitz.[2] Andere Teile der gesicherten literarischen Überlieferungen der Albertina gelangten später in polnische, litauische und russische Bibliotheken, besonders in die Universitätsbibliothek Thorn, die Nationalbibliotheken in Warschau und Wilna sowie in die Akademiebibliotheken in St. Petersburg und Wilna, wo sie der internationalen Forschung nicht ohne Weiteres zugänglich waren.[3]

Bekannt waren aus der frühen Zeit Hoffmanns als Jurist die beiden Zeugnisse vom 18. Juli 1795, die der Student der Rechte für sein Gesuch um Zulassung zum Examen benötigte.[4] Sowohl Professor Daniel Christoph Reidenitz als ordentlicher Professor der Rechte alleine als auch der Dekan der juristischen Fakultät der Universität Königsberg, Professor Theodor Schmalz, zusammen mit den Professoren Georg Friedrich Holtzhauer, Daniel Christoph Reidenitz und Fabian von der Goltz, attestierten dem Studenten

---

[1] Heidi Neyses (Red.): Das Jahrhundert der Aufklärung im Spiegel der Universität Königsberg. Vorlesungsverzeichnisse der Universität Königsberg 1720 bis 1804, in: *Unijournal. Zeitschrift der Universität Trier* 26.2 (2000), S. 28; https://www.frommann-holzboog.de/reihen/53/531/531000 111 (30.3.2020). Speziell zur E.T.A. Hoffmann-Forschung Hartmut Mangold: *Gerechtigkeit durch Poesie. Rechtliche Konfliktsituationen und ihre literarische Gestaltung bei E.T.A. Hoffmann*, Wiesbaden 1989, S. 52.
[2] Vgl. Manfred Komorowski: Die Erforschung der Königsberger Buch- und Bibliotheksgeschichte, in: *Kulturgeschichte Ostpreußens in der Frühen Neuzeit*, hg. von Klaus Garber u.a., Tübingen 2001, S. 153–181, S. 153. Vgl. Christian Tilitzki: *Die Albertus-Universität Königsberg. Ihre Geschichte von der Reichsgründung bis zum Untergang der Provinz Ostpreußen (1871–1945)*, Berlin 2012, S. 4.
[3] Vgl. https://www.bsz-bw.de/depot/media/3400000/3421000/3421308/00_0308.html (1.4.2020), dort berichtet Manfred Komorowski über das Erscheinen der Vorlesungsverzeichnisse der Universität Königsberg (1720–1804).
[4] Friedrich Schnapp: *E.T.A. Hoffmann. Juristische Arbeiten*, München 1973, S. 19 f., wo beide Zeugnisse über gehörte Vorlesungen abgedruckt sind.

Hoffmann die Teilnahme an den „Vorlesungen hiesiger Lehrer über die Institutionen, Pandecten, das Criminal- Wechsel- Lehn- und allgemeine Preußische Landrecht".[5]

Die Namen der Professoren, deren Werke und die in den Zeugnissen bestätigten Vorlesungsbesuche gaben der Forschung bisher bestimmte Anhaltspunkte zu den Lehrinhalten der Juristenausbildung an der Königsberger Universität. Was fehlte, waren die konkreten Kenntnisse zu den Lehrveranstaltungen und den weiteren Dozenten. Jedoch wurde auch in den Spuren der bereits bekannten Professoren nicht allem nachgegangen, was es gelohnt hätte, genauer zu betrachten, was insbesondere am Beispiel des Professors Theodor Schmalz nachzuweisen sein wird. Möchte man den möglichen Einfluss der Lehrer auf die Studierenden betrachten, bleibt auch bei genauerer Kenntnis der Vorlesungsverzeichnisse offen, inwieweit sich die Lehrenden bei der Vermittlung des Stoffes an den Vorgaben der Vorlesungsverzeichnisse orientierten und auch, ob die Studierenden an den Lehrveranstaltungen teilnahmen. Eines wird aber bezüglich des bekanntesten der Königsberger Professoren deutlich werden: Kant war im Lehrkörper nicht nur der philosophischen, sondern auch der juristischen Fakultät so omnipräsent, dass er die Vorlesungen, Werke und Personen seiner Kollegen nachhaltig beeinflusste. Die Verflechtungen zwischen Philosophie und Rechtswissenschaft waren zu Hoffmanns Studienzeiten ungleich größer, als es heutzutage der Fall ist, wo die Studierenden den im Staatsexamen relevanten Fächern die größte Aufmerksamkeit schenken müssen und sich der Rechtspositivismus die Hörsäle der juristischen Fakultäten erobert hat. Die ständig schwelende Frage, ob Hoffmann nun Kants Vorlesungen unmittelbar gehört hatte, wird auch hier nicht beantwortet werden können, jedoch wird deutlich werden, dass sich kein Studierender dem zumindest mittelbaren Einfluss der Lehren Kants hätte entziehen können.

Eine Reihe von Disziplinen nutzten Vorlesungsverzeichnisse zum weiteren Erkenntnisgewinn.[6] So wird die Möglichkeit eröffnet, auch die Themen und Werke des Lehrpersonals zu untersuchen, das üblicherweise nicht als einschlägig bezüglich des konkreten Forschungsgegenstandes betrachtet wird.[7] Jedoch weist bereits Haferkamp[8] in einem Aufsatz darauf hin, dass die bloße Anzahl der angegebenen Vorlesungen in einem bestimmten Fach noch keine Rückschlüsse auf die Bedeutung desselben zuließen und dazu die Rückkopplung mit weiterer zum Beispiel biographischer und universitätsgeschichtlicher Literatur notwendig sei.

---

[5] Ebd., S. 17, das wörtliche Zitat entstammt dem durch den Dekan autorisierten Zeugnis.

[6] Vgl. Hans-Peter Haferkamp: Die Lehre des französischen Rechts an Deutschen Fakultäten im 19. Jahrhundert, in: *200 Jahre Code civil. Die napoleonische Kodifikation in Deutschland und Europa*, hg. von Werner Schubert, Mathias Schmoeckel, Köln u.a. 2005, S. 47–71, S. 49, der durch Heranziehung einer Vielzahl von Vorlesungsverzeichnissen, beginnend mit den Vorlesungsankündigungen in Literaturzeitungen, seinen Forschungsgegenstand auf eine breitere empirische Basis stellt.

[7] Frank Grunert, Knud Haakonssen, Diethelm Klippel: Natural Law 1625–1850. An International Research Network, in: *Aufklärung. Interdisziplinäres Jahrbuch zur Erforschung des 18. Jahrhunderts und seiner Wirkungsgeschichte. Thema: Pflicht und Verbindlichkeit bei Kant. Quellengeschichtliche, systematische und wirkungsgeschichtliche Beiträge*, hg. von Gabriel Rivero, Hamburg 2018, S. 267–276, S. 270, speziell zur Nutzung der Quellengattung „Vorlesungsverzeichnisse" für den Forschungsgegenstand des Naturrechts, welches zu Hoffmanns Studienzeit eine erhebliche Bedeutung hatte.

[8] Vgl. Haferkamp, Die Lehre des französischen Rechts an Deutschen Fakultäten im 19. Jahrhundert [Anm. 6], S. 49.

Bei der kritischen Würdigung der Vorlesungsverzeichnisse bleibt immer auch zu bedenken, dass sich Fehler eingeschlichen haben könnten. Die Vorlesungsverzeichnisse an der Königsberger Universität wurden „aufgrund von einzeln eingereichten Notizzetteln der Dozenten zusammengestellt".[9] Anhand der Eintragungen zur Metaphysik-Vorlesung bei Kant weist Stark[10] nach, dass die Ankündigung, wonach Kant Metaphysik nach Feder und nicht nach Baumgarten gelesen habe, „als falsch anzusehen" sei.

Für Hoffmanns Studienzeit liegen nun, befördert durch die Kant-Forschung, die kommentierten Vorlesungsverzeichnisse der Albertus-Universität Königsberg vor. Der Stuttgarter Verlag frommann-holzboog präsentiert die Veröffentlichung der beiden Teilbände *Vorlesungsverzeichnisse der Universität Königsberg (1720–1804), Forschungen und Materialien zur Universitätsgeschichte* wie folgt:

> Die Vorlesungsverzeichnisse der Albertus-Universität galten lange als verschollen. Der hier vorgelegte Nachdruck macht sie erstmals zugänglich und schlüsselt sie zugleich durch mehrere Register umfassend auf. Die Verzeichnisse erlauben, das geistige Leben der Universität im 18. Jahrhundert zu verfolgen, und vermitteln zugleich ein lebendiges Bild des wissenschaftlichen und kulturellen Lebens Ostpreußens, dessen historische Überlieferungen seit 1945 größtenteils verschollen sind. – Die vollständige Erschließung des Königsberger Catalogus ist für die Kantforschung von großer Bedeutung.[11]

Herausgeber sind Dr. Michael Oberhausen, wissenschaftlicher Mitarbeiter der Arbeitsstelle Kant-Index im Fach Philosophie der Universität Trier, und Dr. Riccardo Pozzo, Associate Professor für Philosophie an der Catholic University of America in Washington, D. C.[12] Zum Entstehungsprozess schreibt Komorowski:

> So entstand die hier anzuzeigende Edition Königsberger Vorlesungsverzeichnisse 1720–1804 auf der Basis einer einschlägigen Sammlung des Königsberger Bibliothekars, Landeshistorikers und Kantforschers Rudolf Reicke (1825–1905), die über die Stadtbibliothek Königsberg […] nach 1945 in die Warschauer Biblioteka Narodowa gelangt war […]. Riccardo Pozzo, ebenfalls Kantexperte, entdeckte sie dort wieder, fand weitere Rara in Thorn und Allenstein, konnte aber noch keine vollständige Sammlung für die Jahre 1720 bis 1804 zusammenstellen. Vermutlich ist die Suche nach noch fehlenden Jahrgängen der Grund für die immer wieder verzögerte Publikation des jahrelang angekündigten Werks. Erst die beiden aus der Königsberger Staats- und Universitätsbibliothek stammenden, heute im Geheimen Staatsarchiv in Berlin aufbewahrten Sammelbände […] ermöglichten eine lückenlose Dokumentation.[13]

Der Zeitraum der veröffentlichten Vorlesungsverzeichnisse ist auf die Lebzeiten Kants hin angelegt, was ein Zufall und Glück für die E.T.A. Hoffmann-Forschung darstellt; fiel doch Hoffmanns Studium in das Ende dieses Zeitraums. Damit wird jedoch gleich ein nicht unbedeutender Aspekt für die Frage des Verhältnisses von Hoffmann zu Kant auf das Tapet gebracht: ihr erheblicher Altersunterschied. Als sich der junge Hoffmann an der Albertus-Universität immatrikulierte, war Kant schon fast siebzig Jahre alt.

---

[9] Werner Stark: *Nachforschungen zu Briefen und Handschriften Immanuel Kants*, Berlin 1993, S. 325.
[10] Ebd.
[11] https://www.frommann-holzboog.de/reihen/53/531/531000111 (30.3.2020).
[12] Neyses, Das Jahrhundert der Aufklärung im Spiegel der Universität Königsberg [Anm. 1], S. 28.
[13] https://www.bsz-bw.de/depot/media/3400000/3421000/3421308/00_0308.html (1.4.2020).

Der konkrete Studienbeginn Hoffmanns ist für die vorliegende Arbeit von besonderer Bedeutung, da bei den zu studierenden Fächern und dem Lehrpersonal auf die konkreten Semester mit den entsprechenden Lehrangeboten abzustellen ist.

Zum genauen Beginn des Studiums Hoffmanns werden unterschiedliche Angaben gemacht. Schnapp[14] formuliert in den *Juristischen Arbeiten* zu Hoffmanns Beamtenlaufbahn: „27. März 1792, Immatrikulation als stud. iur. an der Universität Königsberg". Mangold[15] meint, dass „Hoffmann sich im Sommersemester 1792 an der juristischen Fakultät der Universität Königsberg immatrikulierte". Im *Akademischen Erinnerungs-Buch für die welche in den Jahren 1787 bis 1817 die Königsberger Universität bezogen haben* ist E.T.W. Hoffmann jedoch bei den Studierenden des Wintersemesters 1791/92 eingetragen.[16]

Die derzeit verlässlichste Quelle zur Prüfung des konkreten Studienbeginns dürfte der von Erler besorgte dreibändige Druck der *Matrikel der Albertus-Universität zu Königsberg i. Pr. 1544–1829* sein; für den hier in Betracht kommenden Zeitraum der Band 2, *Die Immatrikulationen von 1657–1829*. Die Immatrikulation des Hoffmann Ernest. Theodor. Wilhelm, mit Fußnote 3 versehen, die am Ende der Seite erklärt: „Der bekannte Schriftsteller, nannte sich später anstatt Wilhelm mit Vornamen: Amadeus", findet sich auf S. 618 unter dem 27. März 1792, jedoch noch ausdrücklich im Wintersemester 1791.[17]

Die letzte Immatrikulation für das Wintersemester 1791/92 findet sich auf S. 619 für den 13. April 1792 und die erste Einschreibung für das Sommersemester 1792 für den 17. April 1792.[18] Die Verwirrung, die bisher bezüglich des Studienbeginns herrschte, ist durch das heutige Verständnis mit festen Einschreibefristen geprägt. Die Immatrikulationen damals erfolgten hingegen laufend, während des gesamten Semesters. Ob Hoffmann dann tatsächlich gleich an den Lehrveranstaltungen teilnahm, diese überhaupt bis zum Semesterende angeboten worden waren oder es so etwas wie Semesterferien gab und Hoffmann sein Studium wirklich erst im Sommersemester 1792 begann, wissen wir nicht; formal immatrikuliert hatte er sich jedoch im Wintersemester 1791/92.

---

[14] Schnapp, E.T.A. Hoffmann, Juristische Arbeiten [Anm. 4], S. 14. So auch Eckart Kleßmann: *E.T.A. Hoffmann oder die Tiefe zwischen Stern und Erde. Eine Biographie mit zeitgenössischen Abbildungen*, Frankfurt a.M., Leipzig 1995, S. 34.

[15] Mangold, Gerechtigkeit durch Poesie [Anm. 1], S. 49. So auch https://etahoffmann.staatsbibliothek-berlin.de/leben-und-werk/jurist/vom-studenten-zum-richter/ (5.4.2020).

[16] George Friedrich Hartung: *Akademisches Erinnerungs-Buch für die welche in den Jahren 1787 bis 1817 die Königsberger Universität bezogen haben*, Königsberg 1825, S. 46, dort findet sich zum Wintersemester 1791/92 zu Hoffmann unter laufender Nummer 33 folgender Eintrag: „Ernst Theod. Wilh. Hoffmann, aus Königsberg, Jurist. (Starb den 25sten Juni 1822 in Berlin als Kammergerichtsrath, geschätzt als Geschäftsmann, Dichter, Musiker und Maler und als einer der beliebtesten humoristischen Schriftsteller Deutschlands. Er ward 1803 Rath bei der Regierung in Warschau. Nachdem diese aufgelöst war, lebte er von der Musik, ward Musikdirector bei der Bühne in Bamberg und 1813 bei der Leipziger Bühne. 1816 wurde er als Rath bei dem Kammergericht in Berlin angestellt. Seine Phantasiestücke in Callots Manier begründeten seinen Schriftstellerruhm. In seinen Schriften nannte er sich Amadeus [in Stelle seines Taufnamens Wilhelm] vielleicht aus Vorliebe für Mozart.)"

[17] *Matrikel der Albertus-Universität zu Königsberg i. Pr. 154–1829*, Bd. 2: *Die Immatrikulationen von 1657–1829*, hg. von Georg Erler, Leipzig 1911/12, S. 618; https://digital.ub.uni-duesseldorf.de/ihd/content/pageview/8770416 (4.4.2020).

[18] Ebd., S. 619.

Im Zusammenhang einer vom Großkanzler von Fürst in seiner Eigenschaft als Oberkurator sämtlicher preußischer Universitäten unternommenen Reform erschienen 1770 die *Methodologischen Anweisungen für die Studirende in allen 4 Fakultäten*.[19] Danach waren von den Studierenden im Wesentlichen Grundlagenfächer wie Philosophie, Mathematik, Juristische Encyclopädie und Methodologie, Geschichte und Rechtsgeschichte, dann intensiv die Institutionen und Pandekten des römischen Rechts, das ganze allgemeine und natürliche Recht, später Kirchen-, Staats-, Straf-, Polizei-, Privat-, Wechsel-, Feudal-, Kriegs-, See- und Völkerrecht und im sechsten Semester gerichtliche, Kanzlei- und Notariatspraxis zu bewältigen, aber auch Statistik, Ökonomie, Finanz- und Kameralwissenschaften standen auf dem Programm.[20]

Das klingt auf dem Papier ziemlich eindeutig, ist aber hinsichtlich des tatsächlichen Studiums zu relativieren. Zwar ist den Zeugnissen seiner Professoren zu entnehmen, dass Hoffmann einen bestimmten Fächerkanon zu absolvieren hatte, um zum ersten Examen zugelassen zu werden, aber welche von den Lehrangeboten außerhalb der Fächer, die examensrelevant waren, tatsächlich angenommen wurden, das stand auf einem anderen Blatt. Zu berücksichtigen dürfte auch sein, dass die Professoren für die Vorlesungen von den Studenten bezahlt werden mussten. Zu den unterschiedlichen Lehrplänen von Hoffmann und seinem Freund Hippel, der vor Hoffmann das Studium begonnen hatte, schrieb Hitzig:

> Die ersten Zeiten in Hoffmanns Universitätsleben bieten nichts Bemerkenswerthes dar. Da er später Student wurde, als Hippel, hörte ihr vertrauliches Zusammenseyn in der Schule auf. Auch trafen sie sich späterhin in den Vorlesungen nicht wieder, denn ihr Studien-Plan war eben so verschieden, wie die Geister der Oheime, die denselben für beide Freunde entworfen hatten.[21]

Einer der Lehrer Hoffmanns in Königsberg, Professor Theodor Schmalz, empfahl 1801 für die angehenden Juristen den Besuch erst der Vorlesungen und dann der entsprechenden Kollegien.

> In einer, auf 3 Jahre berechneten, akademischen Laufbahn ist die Ordnung derselben folgende: a) Juristische Encyclopädie, reine Mathesis, alte Geschichte, Moral und alte Sprachkunde. b) Naturrecht, Institutionen, neue Geschichte, alte Sprachkunde und praktische Mathesis. c) Deutsches Staats- und Privatfürstenrecht, desgleichen Privatrecht mit dem Lehn- Wechsel- Handlungs- und Seerechte, deutsche Reichsgeschichte, Physik und Logik. d) Canonisches Recht, Cameral-Encyclopädie, Kirchengeschichte, Statistik und praktisches Völkerrecht. e) Pandekten, preussisches Staatsrecht, Gewerbskunde, Literargeschichte der Jurisprudenz. f) Preussisches Landrecht, Criminalrecht, praktische Vorlesungen, Staatswissenschaft, Finanzwissenschaft.[22]

---

[19] *Vorlesungsverzeichnisse der Universität Königsberg (1720–1804). Forschungen und Materialien zur Universitätsgeschichte*, hg. von Michael Oberhausen, Riccardo Pozzo, FUM, Teilband 1, Stuttgart-Bad Cannstatt 1999, S. XXIX.
[20] Ebd.
[21] *Aus Hoffmann's Leben und Nachlass. Erster Theil*, hg. von Julius Eduard Hitzig, Berlin 1823, S. 20f.
[22] Johann Höpfner (Red.): *Leipziger Jahrbuch der neuesten Literatur vom Jahre 1801*, Erster Band, Leipzig 1801, S. 458, der bezüglich der Empfehlung aus dem Buch Theodor Schmalz: *Methodologie des juristischen Studiums. Zum Gebrauch vorbereitender Vorlesungen*, Königsberg 1801 zitiert, dieses jedoch zugleich kritisiert, da es zu sehr auf die Verhältnisse der Universität Königsberg zugeschnitten sei.

Obwohl schon 1794, während Hoffmanns Studienzeit, das moderne Allgemeine Landrecht für die Preußischen Staaten (ALR) in Kraft getreten war, erfolgte die Ausbildung weiterhin stark römischrechtlich ausgerichtet anhand der alten Texte.

1.1 Juristische Encyclopädie und Methodologie

Seine Universitätslehrer bescheinigten Hoffmann in den Zeugnissen vom 18. Juli 1795 nicht ausdrücklich die Teilnahme an den Lectiones über Juristische Encyclopädie und Methodologie. Gleichwohl wird Hoffmann die entsprechenden Vorlesungen zum Studienbeginn gehört haben, da Juristische Encyclopädie eine Art Einführungsfach darstellte, welches ständig auf dem Lehrplan aller juristischen Fakultäten stand und den Studenten eine erste und umfassende Übersicht über den während des Studiums zu vermittelnden Stoff hinsichtlich der einzelnen Rechtsgebiete, deren Systematik und Methodologie bot.[23] Wie bereits oben dargelegt, hatte auch der an der Universität Königsberg lehrende Professor Schmalz den Besuch der Vorlesung Juristische Encyclopädie gleich für den Studienbeginn empfohlen.

Wenn eine gewisse Übersicht zu dem Stoff der damaligen Juristenausbildung gewonnen werden soll, lohnt neben dem Blick in die Vorlesungsverzeichnisse ein solcher in die damaligen Bücher. Insbesondere aus den vielen unterschiedlichen Darstellungen zum Fach Encyclopädie wird ersichtlich, welche Einzelfächer mit welcher Schwerpunktsetzung an den Universitäten bei den Juristen gelehrt wurden. Leider wird Hoffmanns Studienumfang in den meisten Arbeiten nur verkürzt gezeichnet;[24] dies selbst in den unter juristischem Blickwinkel formulierten Darstellungen.[25]

Bereits im Fach Juristische Encyclopädie stürzte das gesamte positive Recht, also die kodifizierten Normen, das Naturrecht sowie die sogenannten Hilfswissenschaften, auf die Studenten ein.

Hufeland definiert, ausgehend vom Begriff der Encyclopädie, die Juristische Encyclopädie wie folgt:

---

[23] Vgl. Johann Friedrich Reitemeier: *Encyclopädie und Geschichte der Rechte in Deutschland. Zum Gebrauch akademischer Vorlesungen*, Göttingen 1785, S. V, der formuliert, dass eine Encyclopädie, die seine Forderungen erfüllt, „ohne Zweifel der beste Leitfaden (ist), an dem der Neuling durch den weiten Bezirk einer Wissenschaft geführt und mit den vornehmsten Theilen derselben vorläufig bekanntgemacht werden kann, ohne durch die Menge der einzelnen Gegenstände verwirrt und ohne durch die Weitschichtigkeit [sic] des Ganzen ermüdet zu werden."

[24] Ulrich Helmke: *E.T.A. Hoffmann. Lebensbericht mit Bildern und Dokumenten*, Kassel 1975, S. 9, der die „zeitüblichen Lektionen des formalistisch Römischen Rechts, der Pandekten, und des damaligen preußischen Rechts" erwähnt.

[25] Alfred Hoffmann: *E.T.A. Hoffmann. Leben und Arbeit eines preußischen Richters*, Baden-Baden 1990, S. 21, der meint, dass die Frage nach den Fächern, die „Hoffmann im Laufe seines Studiums gehört hat", durch das Zeugnis beantwortet werde, das Reidenitz ausgestellt habe. Hoffmann ist auch einer der Autoren, der ohne Quellenangabe die Behauptung aufstellt, dass sein Namensvetter „[e]ntgegen allgemeiner Übung [...] nicht die Kantschen Vorlesungen [besuchte]", ebd., S. 20. Dieses unbelegte Zitat greift dann Margret Käfer: *Widerspiegelungen des Strafrechts im Leben und Werk des Richters und Poeten E.T.A Hoffmann*, Baden-Baden 2010, S. 31 auf, um nun ihrerseits einen Beleg dafür nennen zu können, dass „Hoffmann die Vorlesungen Kants in Königsberg nicht [besucht]."

Encyclopädie ist die Darstellung des Inhalts einer Wissenschaft oder eines Feldes von Wissenschaften im kurzen [...]. Juristische Encyclopädie ist demnach eine Encyclopädie der Rechtsgelahrtheit in ihrem vollen Umfange.[26]

Hinsichtlich des positiven Rechts wurde Privat-, Regierungs-, Staats- und Völkerrecht gelehrt. Allein im Privatrecht wurde dann differenziert zwischen dem gemeinen und allgemeinen in Deutschland geltenden Privatrecht – wobei dieses wiederum unterteilt wurde in römisches Recht und deutsches Recht –, dem particulairen allgemeinen Privatrecht und dem besonderen Privatrecht mit Lehnrecht und Kirchenrecht. Zum Regierungsrecht wurden das Criminal-, das Finanz- und Cameral- sowie das Polizeirecht und der Zivilprozeß gelehrt.[27] Zu den Hilfswissenschaften zählten die Sprachen, wobei darauf hingewiesen wurde, dass die Vorlesungen über die griechischen und römischen Klassiker – womit die Rechtstexte gemeint sind – zuweilen ganz in lateinischer Sprache gehalten wurden, so auch die Disputierübungen. Lateinische Sprachkenntnisse wurden als conditio sine qua non für das Jurastudium vorausgesetzt. Zu den weiteren Hilfswissenschaften, zu denen im Rahmen der Encyclopädie gelehrt wurde, waren Geschichte, insbesondere die römische Rechtsgeschichte, juristische Auslegungskunst, Philosophie, dabei insbesondere die Vernunftlehre mit der Logik, allgemein praktische Philosophie mit dem Naturrecht und der Moral sowie theoretische Philosophie, Mathematik, Referir- und Decretirkunst, Archiv- und Registraturwissenschaft, Cautelarjurisprudenz und Notariatskunst, Staats- oder Canzleypraxis, Staatswissenschaften, Vernunftlehre, Naturrecht.[28] All diese Fächer wurden im Verlaufe des weiteren Studiums dann vertieft.

In Königsberg las Professor Reidenitz Juristische Encyclopädie nach dem Vorbild Professor Reitemeiers. Die Vorlesung wurde im Verzeichnis der Albertus-Universität Königsberg für das Wintersemester 1791/92 wie folgt angekündigt: „Encyclopaediam et historiam iuris ad Reitemeyerum h. III. D. et Prof. Ordin. REIDENITZ."[29]

Ob Hoffmann nun im Wintersemester 1791/92 oder im Sommersemester 1792 sein Studium begann, kann bei der Frage der Kenntnis dieser Lehrveranstaltung dahingestellt bleiben, da Professor Reidenitz die Vorlesung im Wintersemester 1792/93 wiederholte.[30]

Reidenitz nutzte die von Johann Friedrich Reitemeier (1755–1839) entwickelte Methode dieses Fachs, der im zeitgenössischen Schrifttum lobend Anerkennung gezollt wurde:

> Herr Prof. Reitemeier war der erste, der von dieser bisher gewöhnlichen Art die juristische Encyclopädie in Lehrbüchern vorzutragen, von seinen Vorgängern abging, mit derselben die

---

[26] Gottlieb Hufeland: *Institutionen des gesamten positiven Rechts oder systematische Encyclopädie der sämtlichen allgemeinen Begriffe und unstreitigen Grundsätze aller in Deutschland geltenden Rechte*, Jena 1798, S. 1.
[27] So auch die Systematik in Anton Friedrich Justus Thibaut: *Juristische Encyclopädie und Methodologie zum eignen Studio für Anfänger, und zum Gebrauch academischer Vorlesungen entworfen*, Altona 1797, S. XXIIf.
[28] Ebd., S. 302–304.
[29] *Vorlesungsverzeichnisse der Universität Königsberg (1720–1804). Forschungen und Materialien zur Universitätsgeschichte*, hg. von Michael Oberhausen, Riccardo Pozzo, FUM, Teilband 2, Stuttgart-Bad Cannstatt 1999, S. 586.
[30] Ebd., S. 599.

Geschichte der Rechte verband, und sie zu einem System von Grundsätzen machte, worauf die in Deutschland geltenden Rechte beruhen.[31]

Dieses System nach Reitemeier nutzten auch andere Professoren, die dadurch die sonst getrennt gelehrten Fächer Rechtsgeschichte und Encyclopädie kombinieren konnten.[32] Reidenitz nutzte durch die Verwendung des Werkes von Reitemeier moderne Lehransätze.

Möglich erscheint auch der Besuch einer Lehrveranstaltung zum Fach Juristische Encyclopädie durch Hoffmann im Sommersemester 1792; da lehrte Professor Schmalz dieses Fach.[33] Später als im Wintersemester 1792/93 wird Hoffmann diese grundlegende Vorlesung für Einsteiger nicht gehört haben. Schmalz hatte zu dieser Thematik bereits 1790 seine *Encyclopädie des gemeinen Rechts* veröffentlicht,[34] in der er diese Übersicht des Rechts vor allem unter dem Blickwinkel seines auf der Philosophie Kants aufbauenden Naturrechts darstellte.

1.2 Die Institutionen des römischen Rechts

Die Institutionen und anschließend der Stoff der römischen Pandekten waren auch noch zu Hoffmanns Studienzeit Schwerpunkte des Studiums, zu denen es diverse Einführungs-, Vertiefungs- und Wiederholungsveranstaltungen in einem solchen Umfang gab, dass zu Hoffmanns Studienbeginn alle drei Professoren der juristischen Fakultät diese Materie lehrten.

Den Vorlesungsverzeichnissen der Universität Königsberg ist zu entnehmen, dass Professor Holtzhauer für die Studenten der Rechte die Institutionen des römischen Rechts im Wintersemester 1791/92 nach Johann Peter Waldeck (1751–1815) erklärte. Dazu findet sich der Eintrag: „Institutiones Iuris Romani ad Waldeckium explicabit D. et Prof. Ordinar. HOLTZHAUER".[35]

Der konkrete Studienbeginn Hoffmanns ist auch bezüglich dieser Lehrveranstaltung unerheblich, da Professor Holtzhauer die Vorlesung im Wintersemester 1792/93 wiederholte.[36] Neben den Vorlesungen zu den Institutionen wurden, wie es später Professor Schmalz empfahl, die entsprechenden Kollegien angeboten. Holtzhauer jedenfalls gab seine Vorlesung auf der Grundlage des Werkes von Johann Peter Waldeck (1751–1815).

Ferdinand Mackeldey (1784–1834) teilte in seinem *Lehrbuch des heutigen römischen Rechts* (1833) mit, dass Waldecks Lehrbuch eine Neubearbeitung des Werkes von Johann Gott-

---

[31] Franz Joseph Hartleben: *Fortsetzung der Schott'schen Bibliothek der neuesten juristischen Literatur für das Jahr 1789*, Erstes Stück, Mainz 1791, S. 4. So auch *Allgemeine Deutsche Bibliothek*, Des sieben und neunzigsten Bandes erstes Stück, Berlin, Stettin 1790, S. 78. Vgl. Theodor Hagemann: *Kleine juristische Aufsätze*, Zweyter Theil, Hannover 1794, S. 12f.
[32] So zum Beispiel Professor Hufeland an der Universität Jena im Sommersemester 1795, zu dessen Vorlesung angekündigt wird: „Rechtsgeschichte und Encyclopädie lehrt Hr. Prof. Hufeland n. Reitemeier", *Allgemeine Literatur-Zeitung vom Jahre 1795*, Zweyter Band, Jena 1795, S. 306.
[33] Vorlesungsverzeichnisse der Universität Königsberg (1720–1804) [Anm. 29], S. 593.
[34] Theodor Schmalz: *Encyclopädie des gemeinen Rechts. Zum Gebrauch akademischer Vorlesungen*, Königsberg 1790.
[35] Vorlesungsverzeichnisse der Universität Königsberg (1720–1804) [Anm. 29], S. 586.
[36] Ebd., S. 600.

lieb Heineccius (1681–1741)³⁷ sei, die Waldeck in den Jahren 1788, 1794, 1800 und 1806 neu gefasst hatte.³⁸ Heineccius' Lehrbuch war nach Mackeldey von vielen Rechtsgelehrten mehrfach neu bearbeitet worden.³⁹ Holtzhauer wählte für seinen Unterricht an der Königsberger Universität nicht von ungefähr Waldeck. Selbst in Moskau lehrte Lev Alekseevic Cetaev (1777–1835) und in Kazan seit 1809 der Göttinger Johann Christopher Fincke (1773–1814) das römische Recht nach dem Vorbild Waldecks.⁴⁰

Die Institutionen des römischen Rechts lehrten im Wintersemester 1791/92 ebenfalls Professor Schmalz, der jedoch seiner Lehrveranstaltung das Lehrbuch von Hofacker (Karl Christoph Hofacker, 1749–1793, der im KVV Hoffacker genannt wird) zugrunde legte, Professor Reidenitz (im KVV an dieser Stelle Reidnitz genannt), der das grundlegende Werk von Heineccius zurate zog, sowie Privatdozent Dr. Martin Christian Johswich.⁴¹ Johswich ist bisher zwar der Kant-Forschung bekannt, fand aber in der Hoffmann-Forschung bisher noch keine Erwähnung. Im Wintersemester 1792/93 bot Professor Holtzhauer ein Repetitorium zu den Institutionen mit der Ankündigung „Repetitorio institutionum vacabit" an, welche darauf verwies, dass er die Veranstaltung zu Hause durchführen würde.⁴²

Schmalz veröffentlichte sein *Handbuch des römischen Privatrechts. Für Vorlesungen über die Justinianeischen Institutionen* 1793.⁴³ Während Reidenitz und Johswich für ihren Unterricht weiter die Lehrbücher anderer Professoren nutzten, ließ Schmalz für seine Lehrveranstaltung zu den Institutionen im Wintersemester 1793/94 den Zusatz aufnehmen: „ex compendio fuo explicabit".⁴⁴

Die Institutionen standen entsprechend der Tradition des damaligen Studiums der Rechte und ihrer Stellung im Corpus iuris civilis am Anfang. Ludwig Julius Friedrich Höpfner (1743–1797) rät in seinem Werk *Theoretisch-practischer Commentar über die Heineccischen Institutionen* (1803) zum Studium dieser Institutionen:

> Die Institutionen sind nun Anfangsgründe des Römisch-Justinianeischen Rechts (§. 8.), und dieses Recht ist in dem sogenannten Corpore iuris civilis enthalten. Der Lehrling der Institutionen muß sich also vor allen Dingen eine historische Kenntniß dieses Buches erwerben, und dazu wird in diesem Proömium Anleitung gegeben.⁴⁵

Wenn Hoffmann sich, wie bei den Jurastudenten dieser Zeit üblich, zunächst mit den historischen Kenntnissen der Institutionen auseinanderzusetzen hatte, dann wurde ihm

---

[37] Johann Gottlieb Heineccius: *Elementa iuris civilis secundum ordinem institutionum*, Amsterdam 1725.
[38] Ferdinand Mackeldey: *Lehrbuch des heutigen Römischen Rechts*, Erster Band, Gießen ¹⁰1833, S. 168.
[39] Ebd., S. 167f., der in Bezug auf Heineccius' Werk schreibt: „Späterhin ist dieses Lehrbuch von andern Rechtsgelehrten oft neu bearbeitet worden, namentlich von Ludw. Jul. Friedr. Höpfner, Göttingen 1778. 1782. 1787. 1796. 1806. 8. Joh. Chr. Woltär, Halle 1785. 8. Chr. Gottl. Biener, Leipz. 1789. 1813. 8. Joh. Pet. Waldeck, Göttingen 1788. 1794. 1800. 1806."
[40] Martin Avenarius: *Fremde Traditionen des römischen Rechts. Einfluß, Wahrnehmung und Argument des „rimskoe pravo" im russischen Zarenreich des 19. Jahrhunderts*, Göttingen 2014, S. 272.
[41] Vorlesungsverzeichnisse der Universität Königsberg (1720–1804) [Anm. 19], S. 587.
[42] Ebd., S. 599.
[43] Theodor Schmalz: *Handbuch des römischen Rechts. Für Vorlesungen über die Justinianeischen Institutionen*, Königsberg 1793.
[44] Vorlesungsverzeichnisse der Universität Königsberg (1720–1804) [Anm. 19], S. 610.
[45] Ludwig Julius Friedrich Höpfner: *Theoretisch-practischer Commentar über die Heineccischen Institutionen nach deren neuesten Ausgabe*, Frankfurt a.M. 1803, S. 1.

spätestens jetzt – wenn es nicht schon zuvor im Lateinunterricht an der Schule gelehrt worden war – die Geschichte des römischen Rechts, beginnend mit den Zwölftafelgesetzen[46] bis hin zum Corpus iuris civilis des Kaisers Justinian, nahegebracht.

Die Institutionen haben überwiegend privatrechtlichen Charakter. Sie bestehen aus vier Büchern. Im ersten Buch sind Fragen der Personen, der Ehe, der Adoptionen, der Vormundschaft und der Pfleger geregelt. Das zweite Buch beinhaltet die Einteilung der Sachen, die Dienstbarkeiten, den Nießbrauch, das Wohnrecht, die Ersitzung bei langfristigem Besitz, die Schenkung sowie umfassende Regelungen zum Erbrecht. Das dritte Buch beginnt ebenfalls mit erbrechtlichen Regelungen und enthält danach weitgehend Regelungen zum Schuldrecht, einschließlich allgemeiner Regelungen über das Entstehen und Erlöschen von Schuldverhältnissen sowie zu speziellen Vertragsarten wie Kauf, Miete, Pacht, Dienst- und Werkvertrag. Im letzten Buch werden Fragen zum Schadensersatzrecht und zum Prozessrecht behandelt.[47]

1.3 Rechtsgeschichte

Rechtsgeschichte wurde in vielen Facetten gelehrt: Gerade wurde der Unterricht zu den Institutionen des römischen Rechts erörtert und davor die Vorlesung von Professor Reidenitz, der seinen Unterricht in Juristischer Encyclopädie mit historischen Bezügen kombinierte. Insoweit war Rechtsgeschichte damals auch Rechtsgegenwart und dem gesamten Studium immanent.

Professor Schmalz las im Wintersemester 1791/92 die Geschichte der juristischen Literatur. Unter historischer juristischer Literatur verstand man zu Hoffmanns Zeiten in erster Linie die Werke des römischen Rechts in ihrer Unterteilung zwischen den Institutionen und den Pandekten, zu denen es ein umfassendes Lehrangebot mit Grundlagenveranstaltungen und Vertiefungen gab.

Zu Hoffmanns Studienzeiten wurde der umfangreichere Teil des Corpus iuris civilis, die Digesten, nach ihrem griechischen Namen als Pandekten fast in jedem Semester und in unterschiedlichen Lehrveranstaltungen intensiv gelehrt. Im Wintersemester 1791/92 lehrten Holtzhauer nach Hellfeld[48] und Reidenitz „ius pandectarium",[49] im Sommersemester 1792 gab Johswich „Praelectiones in Pandectas".[50] Die Pandekten gerieten ab Mitte des 7. Jahrhunderts in Vergessenheit und wurden erst in der Mitte des 11. Jahrhunderts wiederentdeckt. Ab da setze eine umfassende Auseinandersetzung mit den Digesten ein. Es gab nicht nur einzelne Kommentatoren zu diesen römischen Rechtslehrbüchern, sondern es entwickelten sich verschiedene Glossatorenschulen. Die ab jener Zeit vorhandenen Schriften sind die, die als historische juristische Schriften verstanden wurden.

---

[46] Vgl. Theodor Marezoll: *Lehrbuch der Institutionen des römischen Rechts*, Leipzig [8]1866, S. 29.
[47] Vgl. Rolf Knütel u.a.: *Corpus Iuris Civilis. Die Institutionen*, [4]Heidelberg u.a. 2013, S. XIII–XVI.
[48] Nach Hellfeld wurden die Pandekten auch an anderen Universitäten gelehrt, vgl. Christian Friedrich Glück: *Versuch einer ausführlichen Erläuterung der Pandecten nach Hellfeld. Ein Commentar für meine Zuhörer*, I. Theil, Erlangen 1790.
[49] Vorlesungsverzeichnisse der Universität Königsberg (1720–1804) [Anm. 19], S. 587.
[50] Ebd., S. 593.

Auch für das kanonische Recht war die Kenntnis des römischen Rechts unerlässlich. Nach Maassen[51] hat „das canonische Recht [...] in vielen Bestimmungen das römische Recht zur Voraussetzung, höchst wichtige Materien desselben sind gar nicht zu verstehen ohne Kenntnis des römischen Rechts."

Neben den ständigen Bezügen zum römischen Recht in fast allen Rechtsgebieten wurde aber auch speziell Rechtsgeschichte gelehrt. So bot Dr. Johswich im Wintersemester 1792/93 eine Veranstaltung „Historiam Iuris"[52] an, die er im Wintersemester 1793/94 wiederholte.[53]

1.4 Naturrecht

Neben dem gesamten positiven Recht war das Naturrecht zu Hoffmanns Studienzeiten einer der Hauptteile der juristischen „Wissenschaft, mithin der eigentliche Gegenstand derselben."[54] Den sehr differenzierten Ansichten zum Naturrecht ist gemein, dass Normenkomplexe angenommen werden, die unabhängig vom positiven Recht gelten, also ohne Einflussnahme des vom Menschen gesetzten Rechts.

Kant selbst hatte von 1767 bis 1788 Vorlesungen zum Naturrecht gehalten. Die dabei formulierten Thesen entwickelte er weiter zu seiner *Metaphysik der Sitten* (1797).[55]

Die Lehrveranstaltungen im Ius naturae wurden während Hoffmanns Studienzeit an der juristischen Fakultät der Königsberger Universität im Sommersemester 1792, im Wintersemester 1792/93, im Wintersemester 1793/94, im Sommersemester 1794 und im Wintersemester 1794/95 ausschließlich von Professor Schmalz gelehrt,[56] der ein bekennender Kantianer war.

Reidenitz hatte erst ab dem Wintersemester 1797/98 begonnen, auch Lehrveranstaltungen zum Naturrecht zu geben.[57] Die spezielle Lehrveranstaltung zu Kants Rechtslehre war dann ab dem Sommersemester 1798 mit „Ius naturae ad Kantii metaphysische Anfangsgründe der Rechtslehre" angekündigt.[58] Aus Reidenitz' Naturrecht wird das tiefe Verständnis der Philosophie Kants und die Verehrung des Philosophen deutlich, dem er das Werk mit dem Text „Dem Herrn Professor Kant als Denkmal der Hochachtung und

---

[51] Vgl. Friedrich Maassen: *Beiträge zur Geschichte der juristischen Literatur des Mittelalters, insbesondere der Decretisten-Literatur des XII. Jahrhunderts*, Wien 1857, S. 71.
[52] Vorlesungsverzeichnisse der Universität Königsberg (1720–1804) [Anm. 19], S. 587.
[53] Ebd., S. 611.
[54] Thibaut, Juristische Encyclopädie und Methodologie zum eignen Studio für Anfänger [Anm. 27], S. 15.
[55] Vgl. *Kants Naturrecht Feyerabend*, hg. von Margit Ruffing u.a., Berlin u.a. 2020, S. XIff., die mit den einzelnen Autoren des Werkes den Versuch unternehmen, die Genese der Rechtsphilosophie Kants anhand der einzigen überlieferten handschriftlichen Abschrift aus dem Sommersemester 1784 nachzuzeichnen und aufzeigen, dass deren grundlegende Thesen lange vor dem Erscheinen der *Metaphysik der Sitten* im Jahre 1797 von Kant in den Vorlesungen ausgebreitet wurden. Die Abschrift aus dem Sommersemester 1784 wurde aufgefunden im Besitz des ehemaligen Studenten Feyerabend, mit dessen Namen der Text *Naturrecht Feyerabend* üblicherweise bezeichnet wird.
[56] Vorlesungsverzeichnisse der Universität Königsberg (1720–1804) [Anm. 19], S. 593–622.
[57] Ebd., S. 658, auf der sich der Eintrag findet: „Ius naturae ad compendium fuum [...] D. Reidenitz."
[58] Ebd., S. 662.

Dankbegierde gewidmet vom Verfasser" dargebracht hatte. Mangold[59] hat zu Recht den Schluss gezogen, dass sich dieses *Naturrecht* wie eine Paraphrase von Kants *Metaphysik der Sitten* liest. Die wesentlichen Maximen der *Metaphysik der Sitten*, wie die Vernunft, die zu sittlichen und willentlichen Entscheidungen unabhängig von den Begierden führt, den Willen, die Vernunft zu gebrauchen, die daraus resultierende Pflicht[60] genauso wie der Prüfungsmaßstab, „was jeder Vernünftige überhaupt wollen soll"[61], und „die Freiheit als Grundlage aller Sittenlehre"[62], all das findet sich mit erzählerischem Witz[63] in Reidenitz' *Naturrecht*.

Der von Reidenitz verfolgte Zweck, dem Leser mit seinem *Naturrecht* die Lehre Kants zur Philosophie des Rechts näherzubringen, scheint Erfolg gehabt zu haben. Sein Werk wurde fortan häufig als *Naturrecht nach Kant* betitelt.[64]

Reidenitz' Werk *Naturrecht*, mit dem die Haltung des Autors zu Kant tatsächlich nachgewiesen werden kann, erschien erst 1803.[65] Reidenitz teilt im Vorwort des *Naturrechts* mit, dass

> [d]ieses Werk [...] aus den Vorlesungen entstanden [ist], welche seit 1798 über die metaphysischen Anfangsgründe der Rechtslehre des Herrn Professor Kant jährlich von mir gehalten worden sind.[66]

Folglich konnte Hoffmann, der sein Studium an der Albertina 1795 beendete, die von Reidenitz erst ab 1798 gehaltenen Vorlesungen nicht gehört haben.

Während Hoffmanns Studienzeit hielt ausschließlich Professor Schmalz die Vorlesungen im Fach Naturrecht.

Das 18. Jahrhundert wird als das Jahrhundert des Naturrechts schlechthin bezeichnet.[67] Mit Kant erreichte die streng formale, säkularisierte und aus ethischen Prinzipien entwickelte Strömung des Naturrechts ihre Blütezeit. In der Gesetzgebung und Rechtswissenschaft gelangte das Naturrecht auch zu praktischer Bedeutung.[68] Naturrecht war

---

[59] Mangold, Gerechtigkeit durch Poesie [Anm. 1], S. 52.
[60] Daniel Christoph Reidenitz: *Naturrecht*, Königsberg 1803, S. 13.
[61] Ebd., S. 7f.
[62] Ebd., S. 9.
[63] Ebd., S. 13, wenn Reidenitz mit Blick auf die positiven Gesetze anmerkt, dass „an deren Vernunftmäßigkeit man wohl bisweilen zweifeln dürfte."
[64] Vgl. Georg Norbert Schnabel: *Die Wissenschaft des Rechts (Naturrecht). Das natürliche Privatrecht*, Wien 1842, S. 6, der Reidenitz' Werk als *Naturrecht nach Kant* im Zusammenhang mit den Rechtsphilosophen betitelt, die „im Geiste der Kant'schen Schule [...] den Rechtsbegriff deduziert, und die ganze Rechtslehre behandelt" haben. Auch wird darunter Professor Theodor Schmalz mit seinem Werk *Die Wissenschaft des natürlichen Rechts* (1831) genannt. So nennen auch Johann Samuel Ersch und Christian Anton Geissler: *Bibliographisches Handbuch der philosophischen Literatur der Deutschen von der Mitte des achtzehnten Jahrhunderts bis auf die neueste Zeit*, Leipzig ³1850, S. 132, das Werk *Naturrecht nach Kant*.
[65] Reidenitz, Naturrecht [Anm. 60].
[66] Ebd., S. I.
[67] Vgl. Hans Welzel: *Naturrecht und materielle Gerechtigkeit. Prolegomena zu einer Rechtsphilosophie*, Göttingen 1951, S. 160.
[68] Vgl. Jan Schröder, Ines Pielemeier: Naturrecht als Lehrfach an den deutschen Universitäten des 18. und 19. Jahrhunderts, in: *Naturrecht, Spätaufklärung, Revolution*, hg. von Diethelm Klippel, Otto Dann, Hamburg 1995, S. 255–269, S. 255.

aber nicht nur eine Domäne der Juristen, sondern wurde auch an den philosophischen Fakultäten der Universitäten gelehrt.[69]

Schmalz war für die Übernahme der Vorlesungen im Naturrecht prädestiniert. Das Naturrecht war eines der Forschungsgebiete, welches den sehr vielseitig publizierenden Universitätslehrer sein ganzes wissenschaftliches Leben über begleitete. Schon in seiner 1790 erschienenen *Encyclopädie des gemeinen Rechts* führte er in die Materie mit einer Vorstellung des Naturrechts ein. In der 1804 publizierten zweiten Auflage stellte Schmalz voran, weshalb das Naturrecht einen solchen Platz und Umfang in diesem Werk einnimmt:

> Es ist der Zweck der Vorlesungen über dieses Lehrbuch, welches für den ersten Anfang der juristischen Studien bestimmt ist, jenen höhern Gesichtspunkt für die Wissenschaft zu zeigen. Darum freylich mußte das Recht der Natur verhältnismäßig mehr ins Detail geführt werden.[70]

Das erste Werk, welches Schmalz ausschließlich dem Naturrecht widmete, erschien mit *Das reine Naturrecht* zwei Jahre nach der Encyclopädie im Jahre 1792.[71] Bereits 1795 veröffentlichte er die zweite und verbesserte Auflage seines *Naturrecht*-Werkes.[72]

Schmalz stellte in der Vorrede zur zweiten Auflage (1795) klar, dass bereits in seiner *Encyclopädie des gemeinen Rechts* (1790) die Grundzüge seines umfassenderen naturrechtlichen Werkes angelegt waren, dessen erster Band *Das reine Naturrecht* und dessen zweiter Band sein *Natürliches Staatsrecht* (1794) sind und denen weitere Teile mit dem *Natürlichen Familienrecht* und dem *Kirchenrecht* folgen würden.[73] Schmalz verwirklichte dann auch diese Pläne zur Veröffentlichung von *Das natürliche Familienrecht*[74] (1795) und *Das natürliche Kirchenrecht*[75] (1795).

In Beantwortung der Kritik eines Rezensenten zur ersten Ausgabe des *Reinen Naturrechts* stellte er am Ende des Vorwortes zur zweiten Auflage hinsichtlich seiner Rolle als der erste Wissenschaftler, der die Grundsätze der Philosophie Kants auf das Naturrecht angewandt hatte, wie folgt klar:

> Soll ich noch anführen, dass der Göttingische Recensent sagt: Ich glaube der erste gewesen zu seyn, welcher die Grundsätze der Kantischen Philosophie auf das Naturrecht angewandt hat? Das glaube ich nicht, sondern das weiss ich gewiss. Herr Hufeland und Herr Tofinger hatte allein die Principien dieser Philosophie angeführt, aber nicht sie, sondern die der Vollkommenheit und Glückseligkeit angewandt.[76]

Selbst Landsberg, der in der *Allgemeinen Deutschen Biographie*, wie auch in anderen seiner Werke, eine durchaus kritische Haltung zu Schmalz einnimmt, muss in Bezug auf dessen Rezeption des Werkes Kants anerkennen:

---

[69] Vgl. ebd., S. 257.
[70] Schmalz, Encyclopädie des gemeinen Rechts [Anm. 34], S. IVf.
[71] Theodor Schmalz: *Das reine Naturrecht*, Königsberg 1792.
[72] Theodor Schmalz: *Das reine Naturrecht*, Königsberg ²1795.
[73] Ebd., S. 11.
[74] Theodor Schmalz: *Das natürliche Familienrecht*, Königsberg 1795.
[75] Theodor Schmalz: *Das natürliche Kirchenrecht*, Königsberg 1795.
[76] Ebd., S. 12.

> [S]eine Heranziehung der Kant'schen Philosophie ist eine geschickte und beweist, wennschon keine tiefe Verarbeitung, so doch eine Werthschätzung des Königsberger Philosophen, welche damals keineswegs noch so allgemein war und schon deshalb ihr Verdienst hat.[77]

Ob man so weit gehen und behaupten kann, Schmalz habe ein eigenständiges System des Naturrechts entwickelt, erscheint zweifelhaft. Was er aber auf alle Fälle als einer der ersten Juristen zustande gebracht hatte, das war eine Anwendung der Philosophie Kants auf das die Juristen gelehrte Naturrecht. Für ihn stand außer Zweifel, dass „die große Revolution im Reich der Wissenschaft, die unter uns sich erhob,"[78] auf das Naturrecht anzuwenden sei. Diese intensive Schaffensphase zum Naturrecht fiel genau in Hoffmanns Studienzeit.

Ähnlich wie bei Reidenitz ist bei Schmalz eine Begeisterung für die Philosophie Kants festzustellen, die ihre Grenze in den politischen Implikationen der Theorie bezüglich einer Gewaltenteilung findet.[79] Kurze Zeit nach der Veröffentlichung von Kants *Metaphysik der Sitten* zur Rechts- und Tugendlehre im Jahre 1797 formulierte Schmalz in dem 1798 erschienenen Buch *Erklärung der Rechte des Menschen und des Bürgers* eine gewisse Abkehr von Kants metaphysischer Rechtslehre, wobei er sich aber weiter als „Lehrling" Kants bekannte.[80] Diese Distanzierung war es vielleicht auch, die ihn zur Aufgabe des Unterrichts im Fach Naturrecht bewog, welches ab 1797/98 von Reidenitz gelesen wurde.

Dies war aber bereits nach Hoffmanns Studienzeit. Hoffmann und Schmalz sollten sich über zwanzig Jahre später in Berlin als Richter und zu vernehmender Zeuge in einer für Schmalz wenig rühmlichen Situation im Verfahren gegen Friedrich Ludwig Jahn gegenübersitzen, wie unten noch darzustellen sein wird.

1.5 Preußisches Allgemeines Landrecht

Preußen hatte mit dem am 1.6.1794 in Kraft getretenen ALR den Versuch unternommen, die gesamte Rechtsordnung mit Verfassungsgrundsätzen, dem Zivil- und dem Strafrecht in einem einzigen Gesetzbuch zu kodifizieren.[81] Damit hatte ein längerer Prozess ein vorläufiges Ende gefunden, dessen Anfänge schon in die Zeit vor Friedrich dem Großen zurückreichen, dann mit der umfassenden Justiz- und Gesetzesreform fortge-

---

[77] Ernst Landsberg: Schmalz, Theodor Anton Heinrich, in: *Allgemeine Deutsche Biographie*, Bd. 31, Leipzig 1890, S. 624–627, S. 627.

[78] Schmalz, Das reine Naturrecht [Anm. 72], S. 14.

[79] Diesbezüglich zu Reidenitz vgl. Mangold, Gerechtigkeit durch Poesie [Anm. 1], S. 52 und zu Schmalz vgl. Hans-Christof Kraus: *Theodor Anton Heinrich Schmalz (1760 bis 1831). Jurisprudenz, Universitätspolitik und Publizistik im Spannungsfeld von Revolution und Restauration*, Frankfurt a.M. 1999, S. 364, 368. Schmalz selbst wettert in seiner Vorrede im *Handbuch der Rechtsphilosophie*, Halle 1807, S. VIII: „Ich hoffe übrigens, daß die Eintheilung der höchsten Gewalt in legislative, executive und richterliche endlich in ihrer Thorheit erkannt werden …"

[80] Theodor Schmalz: *Erklärung der Rechte des Menschen und des Bürgers. Ein Commentar über das reine Natur- und natürliche Staatsrecht*, Königsberg 1798, S. III, in der er zu seiner Haltung zu Kants Lehre nun Folgendes erklärt: „Eben so wird man es nicht als Anmaaßung ansehen, daß ich gewagt habe, gegen die metaphysische Rechtslehre des Herrn Professor Kant, für dessen Lehrling ich mich sonst so gern bekenne, zu reden."

[81] Vgl. Adolf Laufs: *Rechtsentwicklungen in Deutschland*, Berlin ⁶2006, S. 185–187.

führt wurde[82] und in der 1780 erteilten Beauftragung mit den Arbeiten an einem Gesetzwerk mündete, an dem maßgeblich Carl Gottlieb Svarez (1746–1798), Ernst Ferdinand Klein (1744–1810) und Johann Heinrich von Carmer (1720–1801) beteiligt waren.[83]

An der Albertus-Universität las vor allem Reidenitz ab Sommersemester 1794 zum neuen preußischen Landrecht. Die Professoren hatten durch die längere Dauer der Bearbeitung des ALR ausreichend Zeit zur Vorbereitung der Lehrveranstaltungen.

Das ALR war bereits 1791 zunächst mit dem Titel *Allgemeines Gesetzbuch für die Preußischen Staaten* veröffentlicht worden, und König Friedrich Wilhelm II. hatte bestimmt, „daß dasselbe vom Ersten Junii 1792 an, als ein solches allgemeines Gesetzbuch in diesen Unsern Landen gelten" solle.[84] Nach dem Protest adliger Kreise wurde das Gesetzbuch zunächst suspendiert und überarbeitet.[85] 1794 trat das ALR dann endlich in Kraft; als eine naturrechtliche Kodifikation, die einen aufklärerischen Charakter trug. Tragende Prinzipien des Gesetzes waren die Ermöglichung des Gebrauchs der Freiheitsrechte des Einzelnen und die Pflichten zum Wohlwollen gegenüber anderen.[86] Rechte der Schicht der Adligen als solche wurden darin nicht geregelt, eingeräumte Rechte blieben Individualrechte des einzelnen Adligen. Mit den im Gesetz zu findenden Maximen der Freiheit und der Pflicht widerspiegeln sich wesentliche Axiome auch der Philosophie Kants. Ein maßgeblicher Teil des Werkes regelt dann auch den Schutz der Rechte des Einzelnen vor der Staatsgewalt. Inwieweit sich Svarez dabei direkt an Kant angelehnt hatte oder nur aus seiner Sicht Gedanken umsetzte, die in ähnlicher Weise der römischen Rechtstradition entspringen, kann hier dahingestellt bleiben. „Svarez' rechtspolitische Position war", wie Willoweit feststellt, „in der Tat hochmodern. Das Eigentumsprinzip der dem Nahrungserwerb nachgehenden Volksklassen war maßgebend geworden auch für den Kriegerstand – den Adel – und damit für die ganze Gesellschaft."[87]

---

[82] Äußerer Anlass, die Reformen gegen den Widerstand seines damaligen Großkanzlers von Fürst und des Kammergerichtspräsidenten von Rebeur letztendlich doch durchzusetzen, war für Friedrich II. der berühmt gewordene Fall des Müllers Arnold, mit dem er sich in seinem Misstrauen gegenüber der abgehobenen Justiz bestätigt sah. Vgl. Andreas Fisahn: *Demokratie und Öffentlichkeitsbeteiligung*, Tübingen 2002, S. 11.

[83] Vgl. Martin Josef Schermaier: *Die Bestimmungen des wesentlichen Irrtums von den Glossatoren bis zum BGB*, Wien u.a. 2000, S. 364–378, mit vielen weiteren Verweisen zur Literatur zum Entstehungsprozess des ALR und dem Hinweis zu den unterschiedlichen Ansichten über die individuellen Anteile der Schöpfer am Gesetzeswerk.

[84] *Allgemeines Gesetzbuch für die Preußischen Staaten*, Erster Theil, Berlin 1792, S. IV.

[85] Dirk H. Müller: *Adliges Eigentumsrecht und Landesverfassung. Die Auseinandersetzungen um die eigentumsrechtlichen Privilegien des Adels im 18. und 19. Jahrhundert am Beispiel Brandenburgs und Pommerns*, Berlin 2011, S. 81.

[86] Klaus Luig: Ungestörter Gebrauch der Freiheit und Erfüllung der Pflicht des Wohlwollens im Privatrecht des Preußischen Allgemeinen Landrechts von 1794, in: *Gemeinwohl – Freiheit – Vernunft – Rechtsstaat. 200 Jahre Allgemeines Landrecht für die Preußischen Staaten*, hg. von Friedrich Ebel, Berlin, New York 1995, S. 17–34, S. 17–23, prüft die von Svarez als Mitwirkendem an der Kodifikation erhobenen Grundsätze des Werkes bezüglich der Einräumung des ungestörten Gebrauchs der Freiheit und der Erfüllung der Pflichten des Wohlwollens am konkreten Text und findet deren Anwendung im Ergebnis bestätigt.

[87] Dietmar Willoweit: Die bürgerlichen Rechte und das gemeine Wohl. Das rechtspolitische Profil des Allgemeinen Landrechts für die Preußischen Staaten, in: *Gemeinwohl – Freiheit – Vernunft – Rechtsstaat. 200 Jahre Allgemeines Landrecht für die Preußischen Staaten*, hg. von Friedrich Ebel, Berlin, New York 1995, S. 1–16, S. 9.

1.6 Strafrecht

Hoffmann wird nicht gleich im ersten Semester Criminalrecht gehört, sondern mit diesem Fach zum ersten Mal in der Juristischen Encyclopädie Bekanntschaft gemacht haben. Im Criminalrecht gab es unter den Dozenten eine sonst nicht anzutreffende Einmütigkeit bezüglich des heranzuziehenden Lehrbuchs. Sowohl Schmalz als auch Johswich lehrten im Wintersemester 1791/92 „Ius criminale ad meisterum",[88] genauso wie Holtzhauer und Reidenitz im Sommersemester 1792.[89] Im Sommersemester 1793 lasen Holtzhauer und Schmalz das Criminalrecht weiter nach Meister, während Reidenitz und Johswich sich für die Zugrundelegung des Werkes von Koch entschieden.[90] Reidenitz wechselte dann nochmals im Wintersemester 1794/95 mit dem Werk von Steltzer die Basis seines Unterrichts.[91]

Georg Jacob Friedrich Meister (1755–1832) hatte in Göttingen studiert und promoviert, war sodann Privatdozent und später Professor an der dortigen Georg-August-Universität.[92] Meister hatte nach einigen anderen strafrechtlichen Schriften 1789 sein Lehrbuch für Kriminalrecht *Principia iuris criminalis Germaniae communis*[93] in lateinischer Sprache herausgebracht, welches er stetig über sieben Auflagen bis 1828 überarbeitete.[94] Böhmer[95] meinte zu diesem Buch: „[N]icht leicht wird man es in der Bibliothek eines deutschen Rechtsgelehrten vermissen." Das Lehrbuch zeichnete sich im Lichte der Aufklärung durch eine Humanisierung des Strafrechts aus; insbesondere formulierte der Autor deutlich seine Abneigung gegen die Anwendung der Folter, die er als unmenschliches und trügerisches Mittel kritisierte.[96]

Mit seinem Wechsel zu Johann Christoph Kochs (1732–1808) *Institutiones juris criminalis*[97] nutzte Reidenitz einen Strafrechtsklassiker seiner Zeit, der genau wie das Lehrbuch

---

[88] Vorlesungsverzeichnisse der Universität Königsberg (1720–1804) [Anm. 19], S. 587.
[89] Ebd., S. 593.
[90] Ebd., S. 605.
[91] Ebd., S. 622.
[92] Vgl. Heinrich Heine: *Reisebilder I 1824 bis 1828*, in: ders.: *Werke, Briefwechsel, Lebenszeugnisse* (Säkularausgabe), Bd. 5 K, hg. von Klassik Stiftung Weimar und Centre National de la Recherche, bearb. von Sikander Singh, Christa Stöcker, Berlin 2009, S. 83, wonach Heinrich Heine im Sommersemester 1824 bei Meister die Vorlesung *Die Pandekten, oder ein allgemeines System des heutigen Zivilrechts* hörte und dazu an Rudolf Christiani schrieb: „Bei diesem [gemeint ist Professor Anton Bauer, d. Verf.] höre ich diesen Sommer Criminalrecht und bey Meister Pandekten. Ich treibe immer Jus, aber, verflucht, ich kann nichts los kriegen. Noch immer kenne ich die Titel der skottschen Romane und die Novellen des Bockaz oder Tieks viel besser als die Titel und Novellen im Corpus Juris."
[93] Georg Jacob Friedrich Meister: *Principia iuris criminalis Germaniae communis*, Göttingen 1789.
[94] Vgl. Albert Teichmann: Meister, Georg Jacob Friedrich, in: *Allgemeine Deutsche Biographie*, Bd. 21, Leipzig 1885, S. 255–256, S. 255. Vgl. Johann Stephan Pütter, Friedrich Saalfeld: *Versuch einer academischen Gelehrten-Geschichte von der Georg-Augustus-Universität zu Göttingen*, Dritter Theil von 1788 bis 1820, Hannover 1820, S. 294.
[95] Vgl. Georg Wilhelm Böhmer: *Georg Jacob Friedrich Meister. Leben und Wirken*, Göttingen 1834, S. 13.
[96] Ebd., S. 14 f.
[97] Johann Christoph Koch: *Institutiones juris criminalis*, Jena 1758.

von Meister an vielen Universitäten zur Grundlage des Unterrichts im Fach Criminalrecht gewählt worden war.[98]

Reidenitz wechselte während der Studienzeit Hoffmanns dann noch einmal das seiner Vorlesung zugrunde liegende Lehrbuch und nutzte das Werk von Christian Julius Ludwig Stel(t)zer[99] (1758–1831). Steltzer hatte verschiedene Bücher zum Strafrecht verfasst, wie *Grundsätze des peinlichen Rechts*, Erfurt 1790, und *Lehrbuch des deutschen Criminalrechts*, Halle 1793.[100]

2. Juristen und Pfarrer – E.T.A. Hoffmanns Vorfahren und Verwandte

E.T.A. Hoffmann entstammte einer der ältesten lutherischen Pfarrer-Familien Ostpreußens. Seine Vorfahren, deren Stammbaum sich bis ins 16. Jahrhundert zurückverfolgen lässt, waren Pfarrer, Feldprediger und Schullehrer, die über Generationen in Ostpreußen ansässig waren und zum großen Teil an der Albertina in Königsberg studierten.[101]

Hoffmanns Großvater väterlicherseits, Friedrich Christoph Hoffmann (1708–1758), war als Pfarrer in Neumark tätig und vermählte sich um 1733 mit Maria Elisabeth Voeteri. Deren gemeinsamer Sohn, Hoffmanns Vater Christoph Ludwig Hoffmann (1736–1797), schaffte als Hofgerichtsadvokat in Königsberg den sozialen Aufstieg, sodass er für die in Königsberg angesehene Juristenfamilie der Doerffers als Schwiegersohn akzeptiert wurde und 1767 seine Cousine Luise Albertine Doerffer (1748–1796) heiratete.

Hoffmanns Großvater Johann Jakob Doerffer (1711–1774) amtierte als Jurist, im Nebenamt als Konsistorialrat und Hofgerichtsadvokat in Königsberg. Als Sachverwalter der meisten ostpreußischen Familien war er u.a. Vormund des späteren preußischen Kanzlers Graf von Finckenstein. Doerffers Name wurde noch lange nach seinem Tod mit großer Achtung genannt.

> Die Doerffers hatten bei der ihnen nachgerühmten ‚peinlichen Ordnungsliebe und höchsten Dezenz in allen äußeren Formen' alle Eigenschaften, um sich selbst für die Mustermenschen zu erkennen, die sie waren. Kunst und Wissenschaft galten ihnen hoch als ehrbare Verschönerung eines wohlgeordneten Lebenswandels. Sie waren hoch geachtet und führten unter dem Schirm der stattlichen Mutter: der Konsistorialrätin geb. Voeteri, in ihrem Hause in der Junkerstraße ein etwas eingerostetes, aber durchaus ehrwürdiges Leben.[102]

---

[98] Vgl. Johann Friedrich von Schulte: Koch, Johann Christoph, in: *Allgemeine Deutsche Biographie*, Bd. 16, Leipzig 1882, S. 386–387, S. 387.

[99] Die Schreibweise des Namens ist unterschiedlich: Johann August Ritter von Eisenhart: Steltzer, Christian Julius Ludwig, in: *Allgemeine Deutsche Biographie*, Bd. 36, Leipzig 1893, S. 37 und https://www.catalogus-professorum-halensis.de/steltzer-christian-julius-ludwig.html (29.4.2020) schreiben „Steltzer", wohingegen „Stelzer" geschrieben wird bei Georg Wilhelm Böhmer: *Handbuch der Litteratur des Criminalrechts in seinen allgemeinen Beziehungen. Mit besonderer Rücksicht auf Criminalpolitik nebst wissenschaftlichen Bemerkungen*, Göttingen 1816, S. 522 und August Wilhelm Heffter: *Lehrbuch des gemeinen deutschen Criminalrechts. Mit Rücksicht auf die nicht exclusiven Landesrechte*, Halle 1833, S. 165.

[100] Vgl. von Eisenhart, Steltzer, Christian Julius Ludwig [Anm. 99], S. 37.

[101] Hans Dietrich Lemmel: E.T.A. Hoffmanns Vorfahren. Zum 225. Geburtstag, in: *Genealogie. Sonderheft,* Neustadt/Aisch 2001/02, S. 1–12. Vgl. auch die Stammtafel in *E.T.A. Hoffmanns Briefwechsel*, hg. von Friedrich Schnapp, gesammelt und erläutert von Hans von Müller und dems., Bd. 3, München 1969, S. 373–383.

[102] Walther Harich: *E.T.A. Hoffmann. Das Leben eines Künstlers*, Bd. 1, Berlin 1920, S. 17.

Hoffmanns Vater entpuppte sich nun nicht als idealer Schwiegersohn, denn er vernachlässigte seine Karriere und Amtsgeschäfte, war trunksüchtig, musizierte, dichtete ein wenig und ärgerte die Doerffers durch seine exzentrischen Manieren.[103] Daraus erklärt sich die kurze Dauer dieser Ehe, die 1778 geschieden wurde, da die Gegensätze zwischen den Eheleuten unüberbrückbar waren. Der Vater Hoffmanns behielt den älteren Bruder, die Mutter kehrte mit dem jüngeren Ernst Theodor Wilhelm ins elterliche Haus der Doerffers zurück. Infolge der Neuordnung des preußischen Gerichtswesens verließ Hoffmanns Vater Christoph Ludwig Königsberg und kam als Justizkommissar und Kriminalrat an das Hofgericht zu Insterburg.

Hoffmanns Stoßseufzer gegenüber Hippel, „Ich beneide Dich eine solche Mutter zu haben"[104] oder „Was hat mir das Geschick für Verwandte gegeben! Hätt ich einen Vater und einen Onkel wie Du" waren sicherlich ein wenig übertrieben und sollen hier etwas differenzierter erörtert werden.[105] Einen wesentlichen Einfluss auf Hoffmanns Bildung hatte laut Hippel sein Großonkel Christoph Ernst Voeteri (1722–1795):

> Der alte Großonkel, Justizrath Voeteri, war in der ganzen Familie hochgeachtet. Auch Hoffmann – seine beyden Großmütter von väterlicher und mütterlicher Seite waren Schwestern Voeteri's – gedachte seiner nur mit Verehrung. Der Alte trieb keine Geschäfte mehr, und hatte sich nur noch einige Justiziariate in den Gütern bewährter Freunde vorbehalten, die er als willkommener Gast in einer guten Jahreszeit zu besuchen pflegte. Hoffmann ward einigemahle als Protokollführer von ihm mitgenommen. Einer solchen Reise verdanken wir in dem Nachtstücke: ‚das Majorat' die treuen Schilderungen nach der Natur, und das Denkmahl, das er dem würdigen alten Großoheim setzt. So oft er seinen Besuch bey ihm abgelegt hatte, – periodisch nach Tagen und Stunden geordnet, wie alles in dieser Familie – erzählte er gerne von dem Ernste, der Erfahrung und Würde des Alten.[106]

Hippel berichtete weiterhin in einem Brief vom 31. Januar 1823 an Hitzig:

> Voeteri war, wenn ich nicht sehr irre, *Justiziarius* auf den Wildenhoffschen Gütern, einem Grafen vSchwerin gehörend – in der Gegend von Preuß. Eylau – und in Sudnicken, der Familie vRebinder d a m a h l s gehörig. In dem M a j o r a t hat H[offmann] übrigens Rossitten auf der kurischen Nehrung gemeint, dicht am Haf, wo vormahls ein altes Schloß gestanden. Der Ort ist eine Domaine.[107]

In einem Brief an Hippel vom 25./26. Oktober 1795 schrieb Hoffmann seinem Freund:

---

[103] Rüdiger Safranski: *E.T.A. Hoffmann. Das Leben eines skeptischen Phantasten*, München, Wien 1984, S. 16.

[104] E.T.A. Hoffmann: Hoffmanns Brief an Hippel vom 25. November 1795, in: ders.: *Sämtliche Werke in sechs Bänden*, Bd. 1: *Frühe Prosa. Briefe. Tagebücher. Libretti. Juristische Schrift. Werke 1794–1813*, hg. von Hartmut Steinecke u.a., Frankfurt a.M. 2003, S. 42.

[105] Hippels Erinnerungen an Hoffmann, in: Hans von Müller: *Hoffmann und Hippel. Das Denkmal einer Freundschaft*, Berlin 1912, S. 13 (= *E.T.A. Hoffmann im persönlichen und brieflichen Verkehr. Sein Briefwechsel und die Erinnerungen seiner Bekannten*, gesammelt und erläutert von Hans von Müller, Erster Band: *Hoffmann und Hippel*).

[106] Ebd., S. 7f. Zur Entstehung von Hoffmanns Erzählung *Das Majorat* vgl. Hartmut Steinecke: Kommentar, in: E.T.A. Hoffmann: *Sämtliche Werke in sechs Bänden*, Bd. 3: *Nachtstücke. Klein Zaches. Prinzessin Brambilla. Werke 1816–1820*, hg. von Hartmut Steinecke unter Mitarbeit von Gerhard Allroggen, Frankfurt a.M. 1985, S. 1013–1018. Vgl. auch Mangold, Gerechtigkeit durch Poesie [Anm. 1], S. 230–234.

[107] *E.T.A. Hoffmann in Aufzeichnungen seiner Freunde und Bekannten. Eine Sammlung von Friedrich Schnapp*, München 1974, S. 31.

> Ich dachte heute einen recht frohen Tag zu haben, wie Montag gewöhnlich, aber das ist verdorben, denn eben jetzt sehr zur Unzeit stirbt der GroßOnkel. – Eben bin ich da gewesen – da liegt er mit eingefallnen Backen, offnem Munde, brechenden Augen und röchelt dumpf – der Anblick war grausig für mich – Der Mensch ist doch ein elendes Geschöpf, wenn er geboren wird und wenn er stirbt – […]. Der Onkel balgt sich fürchterlich mit dem Tode.[108]

Diese Briefstelle empfand Hippel als „unwürdig", und so unterließ Hitzig den Abdruck der Textstelle in seiner Hoffmann-Biographie: „Aus einem nicht zur Mittheilung geeigneten Briefe Hoffmanns – während des Todeskampfs des Groß-Oheims im Nebenzimmer geschrieben, – ergiebt sich, daß er im Oktober 1795 gestorben ist."[109]

Nach der Trennung seiner Eltern wuchs Hoffmann bekanntlich im Doerfferschen Haus auf; dessen Bewohner bestanden neben Hoffmanns Mutter, die nur noch kränklich dahinvegetierte, aus der Großmutter Louisa Sophie Doerffer, geb. Voeteri (1712–1801), der Tante Sophia Doerffer (1745–1803) und dem Onkel Otto Wilhelm Doerffer (1741–1811) sowie der jüngeren Tante Charlotte Wilhelmine Doerffer (1755–1779).

Größeren Einfluss auf Hoffmann in dieser Hausgemeinschaft hatte neben der Tante Sophia vor allem Otto Wilhelm Doerffer, dessen Karriere als Justizrat nach seiner Pensionierung 1782 früh endet. Die rückseitige Beschriftung eines 2011 wieder aufgetauchten Ölgemäldes lautet: „Otto Wilhelm Doerffer königlicher Preußischer Justiz Rath bey dem combinirten Brandenburg Neuhausenschen Justiz Collegio zu Königsberg in Preußen. Gebohren den 13ten Julius 1741, gemahlt 1770."[110] Laut Hippel hatte er

> in die Bahn seines Vaters, des alten Consistorialraths, treten sollen. Allein die erste Probe im Plaidiren als Advokat – damahls und bis zur Justizreform unter dem großen Könige im mündlichen Prozeß-Verfahren – war gegen ein überlegenen Gegner, wie man sagte, gegen den Verfasser der Lebensläufe, dem Kraft und Fülle der Gedanken eben so zu Gebote stand wie Kraft und Fülle der Worte, so nachtheilig ausgefallen, daß er, um sich ferner Beschämung zu ersparen, kleinmüthig diese Bahn verließ und bey der bald darauf eingetretenen Justizreform seine Entlassung mit dem Titel eines Justizraths erhielt.[111]

Der von Hippel nur indirekt bezeichnete Gegner war sein eigener Onkel, Theodor Gottlieb von Hippel, der Verfasser der *Lebensläufe nach Aufsteigender Linie nebst Beylagen A, B, C. 3 Thle.*, die in vier Bänden 1778–1781 bei Voß in Berlin anonym erschienen waren.[112] Hippel fährt dann in seiner Charakteristik von Hoffmanns Onkel fort:

> Er hatte eine sorgfältige Erziehung genossen. Da ihm aber alles Talent abging, das Erlernte in Eigenthum zu verwandeln, so fand er sich verarmt, sobald er auf sich selbst beschränkt

---

[108] E.T.A. Hoffmann: *Sämtliche Werke in sechs Bänden*, Bd. 1: *Frühe Prosa. Briefe. Tagebücher. Libretti. Juristische Schrift. Werke 1794–1813*, hg. von Hartmut Steinecke u.a., Frankfurt a.M. 2003, S. 38.
[109] *Aus Hoffmann's Leben und Nachlass. Herausgegeben von dem Verfasser des Lebens-Abrißes Friedrich Ludwig Zacharias Werners. Erster Theil*, Berlin 1823, S. 8. Vgl. dazu auch: Wulf Segebrecht: Hoffmanns Todesdarstellungen, in: ders.: *Heterogenität und Integration. Studien zu Leben, Werk und Wirkung E.T.A. Hoffmanns*, Frankfurt a.M. 1996, S. 109.
[110] Silvelie Karfeld, Bernhard Schemmel: Otto Wilhelm Doerffer (1741–1811). Ölgemälde eines unbekannten Malers von 1770, in: *E.T.A. Hoffmann-Jahrbuch* 23 (2015), S. 134–139.
[111] Hippels Erinnerungen an Hoffmann [Anm. 105], S. 5f.
[112] Ebd., S. 13. Vgl. dazu auch: Segebrecht, Hoffmanns Todesdarstellungen [Anm. 109], S. 113.

war. Er überließ sich daher einer diätetisch geordneten Vegetation, die in Schlafen, Essen und Trinken, Wiederschlafen und Wiederessen und daneben in etwas Lektüre und Musik zur Verdauung, nach Stunden und Minuten eingetheilt, bestand. Etwa einmahl wöchentlich, gewöhnlich am Mittwoch, besuchte er alte Bekannte.[113]

Es verwundert daher nicht, dass Hoffmann seinen Onkel als Zielscheibe seiner Ironie, seines Spotts auserkoren hatte, worunter auch derbe Streiche zu zählen waren.[114] Doch Hippel fährt in seinen Erinnerungen differenzierend fort:

> Dennoch verdankte Hoffmann ihm viel. Der ersten lästigen Bildung des Kindes hatte er sich unterzogen, und er war sein erster Lehrer in der Musik gewesen, der sich späterhin sein ganzes Gemüth zuwandte. Diesem Onkel verdankte er die Gewöhnung an stetigen Fleiß und den Sinn für Schicklichkeit, der ihn selbst in den wildesten Sprüngen seiner Phantasie auszeichnete. Hoffmann hat dem harmlosen Alten daher oft unrecht gethan, wenn er ihm wehe that.[115]

Den Tod seines Onkels am 24.8.1811[116] notierte Hoffmann lapidar in seinem Tagebuch: „D. 27 7br: die Nachricht von dem Tode des Onkels in Königsberg erhalten – zum UniversalErben eingesetzt. Bald darauf das Testament."[117]

Otto Wilhelm Doerffers jüngerer Bruder, Regierungsrat Johann Ludwig Doerffer (1743–1803), der von 1770 bis 1798 als Regierungsrat in Glogau lebte und Hoffmanns Patenonkel war, wurde für seine weitere juristische Karriere von entscheidender Bedeutung.

Hoffmanns erotische Eskapaden nötigten ihn, aus Königsberg fortzuziehen. Daher bat er seinen jüngeren Onkel, sich bei dem Präsidenten der Oberamtsregierung in Glogau für ihn einzusetzen, was von Erfolg gekrönt war. Am 22. Februar 1796 berichtete Hoffmann seinem Freund Hippel:

> [I]ch schlug Glogau vor [...]. Den Tag darauf wurde deswegen geschrieben, und gestern erhielt ich die Antwort – daß man mich mit offnen Armen empfangen würde, daß schon alles mit dem dortigen Präsidenten [Freiherr Carl Ludwig von Cocceji], abgemacht, und daß es gut wäre, wenn ich noch vor Ostern abginge.[118]

Am 13. März 1796 starb Hoffmanns Mutter, deren Tod er Hippel in einem Brief mitteilte:

---

[113] Hippels Erinnerungen an Hoffmann [Anm. 105], S. 6.
[114] Vgl. Hoffmanns Brief an Hippel vom 7. Dezember 1794, in: E.T.A. Hoffmann: *Sämtliche Werke in sechs Bänden*, Bd. 1: *Frühe Prosa. Briefe. Tagebücher. Libretti. Juristische Schrift. Werke 1794–1813*, hg. von Hartmut Steinecke u.a., Frankfurt a.M. 2003, S. 14f.
[115] Hippels Erinnerungen an Hoffmann [Anm. 105], S. 7.
[116] Laut Kirchenbucheintrag starb Otto Wilhelm Doerffer am 24. August 1811 und nicht am 4. September 1811, wie bisher fälschlich tradiert wurde. Vgl. Friedrich Schnapp: Hoffmanns Verwandte aus der Familie Doerffer in Königsberger Kirchenbüchern der Jahre 1740–1811, in: *Mitteilungen der E.T.A. Hoffmann-Gesellschaft* 23 (1977), S. 1–11, S. 11.
[117] E.T.A. Hoffmann: *Sämtliche Werke in sechs Bänden*, Bd. 1: *Frühe Prosa. Briefe. Tagebücher. Libretti. Juristische Schrift. Werke 1794–1813*, hg. von Hartmut Steinecke u.a., Frankfurt a.M. 2003, S. 389. Allroggen verzeichnet in seinem Kommentar noch das falsche Geburtsdatum, siehe Anm. 116.
[118] Ebd., S. 58. Vgl. auch E.T.A. Hoffmann in Aufzeichnungen seiner Freunde und Bekannten [Anm. 107], S. 41f.

> Der Tod hat bei uns auf eine so schreckliche Art seine Visite gemacht, daß ich das grausenvolle seiner despotischen Majestät mit Schaudern gefühlt habe – Heute morgen fanden wir meine gute Mutter tot aus dem Bette herausgefallen – Ein plötzlicher Schlagfluß hatte sie in der Nacht getötet, das zeigte ihr Gesicht, vor gräßlicher Verzuckung entstellt – Ich weiß, daß Du im Stande bist eine solche Szene zu fühlen – den Abend vorher war sie munterer als je, und aß mit gutem Appetit.[119]

Im Juni 1796 übersiedelte Hoffmann nach Glogau, wo er im Haus seines Onkels unterkam. „Diese durch seine gesellige Bildung ausgezeichnete Familie war für ihn die Schule des Gesellschaftstons."[120] Am 27. April 1797 starb Hoffmanns Vater in Insterburg, dessen Tod er nur beiläufig erwähnte: „Mancher ist gestorben im Jahr meiner Abwesenheit z.B. mein Vater!"[121]

Johann Ludwig Doerffer wurde am 19. Juni 1798 zum Geheimen Obertribunalsrat ernannt, worauf sich Hoffmann, nach seinem erfolgreich verlaufenen zweiten juristischen Examen, am 29. Juli 1798 um seine Versetzung als Referendar an das Kammergericht in Berlin bewarb. Am 4. August erfolgte bereits seine Versetzung, und am 27. August reiste er mit seinen Glogauer Verwandten nach Berlin.

> Voll des höchsten Jubels zog Hoffmann mit der Familie, deren Mitglied er war, in die Residenz ein. [...] Die Wünsche und Hoffnungen, die er auf Königsberg gesetzt hatte, waren aufgegeben.[122]

3. Die Universitäts-Lehrer Hoffmanns unter besonderer Berücksichtigung des Professors Theodor Schmalz

Den nun vorliegenden Vorlesungsverzeichnissen ist zu entnehmen, dass ab dem Wintersemester 1791/92, zu dem Hoffmann sich an der juristischen Fakultät der Albertus-Universität Königsberg eingeschrieben hatte, die Professoren Holtzhauer, Schmalz und Reidenitz sowie der bisher in der Hoffmann-Forschung unerwähnt gebliebene Privatdozent Dr. Johswich gelehrt hatten und ab dem Wintersemester 1794/95 das Kollegium der Professoren um von der Goltz vergrößert worden war.

3.1 Daniel Christoph Reidenitz

Zu Reidenitz ist bekannt, dass er im Verlaufe seiner akademischen Laufbahn auch Kanzler der Albertus-Universität geworden war und vom dritten Professor im Jahre 1779 zum ersten Professor im Jahre 1802 aufgestiegen war. 1809 wurde er zum Oberlandesgerichtsrat ernannt, und seit 1810 war er auch Oberbürgermeister.[123]

Von den Lehrern Hoffmanns an der Albertina findet in der Literatur bisher vor allem Reidenitz Erwähnung. Er wird teils sogar als „wichtigster" akademischer Lehrer Hoff-

---

[119] Ebd., S. 61.
[120] Hippels Erinnerungen an Hoffmann [Anm. 105], S. 24.
[121] E.T.A. Hoffmann: *Sämtliche Werke in sechs Bänden*, Bd. 1: *Frühe Prosa. Briefe. Tagebücher. Libretti. Juristische Schrift. Werke 1794–1813*, hg. von Hartmut Steinecke u.a., Frankfurt a.M. 2003, S. 101. Vgl. auch E.T.A. Hoffmann in Aufzeichnungen seiner Freunde und Bekannten [Anm. 107], S. 47.
[122] Hippels Erinnerungen an Hoffmann [Anm. 105], S. 25.
[123] Vgl. Georg Christoph Hamberger, Johann Georg Meusel: *Das gelehrte Teutschland. Oder Lexikon der jetzt lebenden teutschen Schriftsteller*, Bd. 19, Lemgo 1823, S. 279.

manns bezeichnet.[124] Mangold formulierte zunächst noch vorsichtig, dass Hoffmann „offenbar die wesentlichen Impulse von Daniel Christoph Reidenitz erhalten"[125] habe bzw. „die wesentlichen Anregungen […] hier wohl von […] Reidenitz" erfuhr[126], um später zu postulieren, dass Hoffmann „in seinem wichtigsten juristischen Lehrer Daniel Christoph Reidenitz einen überzeugten Kantianer und Anhänger der kantianisch geprägten Strafrechtslehre Anselm Feuerbachs" hatte.[127] Als wesentlichen Anhaltspunkt dafür nennt er das oben bereits erwähnte Zeugnis, in dem Reidenitz dem Studenten Hoffmann die Teilnahme an sehr vielen seiner Lehrveranstaltungen bestätigt hatte, „so daß man davon ausgehen kann, daß er ganz wesentlich von dessen rechtstheoretischen Anschauungen geprägt wurde."[128]

Es lohnt sich, bei Professor Reidenitz auf die von ihm gegebenen Lehrveranstaltungen genauer zu schauen, da an den beiden eingangs zitierten Zeugnissen eigentümlich erscheint, dass Reidenitz dem Studenten Hoffmann die Teilnahme an genau den gleichen Vorlesungen (nur in leicht veränderter Reihenfolge) attestierte wie alle anderen Professoren der Fakultät zusammen. Daraus könnte der Schluss gezogen werden, dass Reidenitz auch in seinem eigenen Zeugnis für die anderen Kollegen attestiert hatte. Andererseits ist es möglich, dass Hoffmann tatsächlich all die im Zeugnis genannten Fächer bei Professor Reidenitz gehört hatte.

Die kommentierten Vorlesungsverzeichnisse lassen zu Professor Reidenitz erkennen, dass er im Wintersemester 1791/92 Juristische Encyclopädie verbunden mit Rechtsgeschichte, die Institutionen des römischen Rechts, die Pandekten, Preußisches Recht und Erbrecht, im Sommersemester 1792 Preußisches Recht, Kriminalrecht, Lehnrecht, Privatrecht nach dem System der Pandekten und Kirchenrecht, im Wintersemester 1792/93 Encyclopädie, Institutionen, Lehn- und Wechselrecht, im Sommersemester 1793 wieder Erbrecht, Institutionen, Pandekten und Strafrecht, im Wintersemester 1793/94 wieder Encyclopädie, Institutionen, Pandekten und Lehnrecht, im Sommersemester 1794 wieder Erbrecht, Institutionen, Pandekten, aber auch juristische Praxis und eine Veranstaltung zum ALR, welches am 1.6.1794 während des laufenden Semesters in Kraft trat, im Wintersemester 1794/95 Encyclopädie, preußisches säkulares gemeines Privatrecht, deutsches Recht und Lehnrecht, Kriminalrecht, Wechselrecht und Preußisches Allgemeines Landrecht und im Sommersemester 1795 wieder Encyclopädie, Institutionen und Preußisches Allgemeines Landrecht lehrte und weitere Lehrveranstal-

---

[124] Hartmut Steinecke: Hoffmanns Leben, in: *E.T.A. Hoffmann: Leben – Werk – Wirkung*, hg. von Detlef Kremer, Berlin, Boston ²2012, S. 1–17, S. 2, auf der ohne weitere Begründung formuliert ist: „[S]ein wichtigster akademischer Lehrer war der Kantianer Daniel Christoph Reidenitz." Ebenso https://de.wikipedia.org/wiki/E._T._A._Hoffmann (26.4.2020) und https://austria-forum.org/af/AustriaWiki/E._T._A._Hoffmann (1.4.2020).
[125] Mangold, Gerechtigkeit durch Poesie [Anm. 1], S. 52.
[126] Hartmut Mangold: „Heillose Willkühr". Rechtsstaatliche Vorstellungen und rechtspraktische Erfahrungen E.T.A. Hoffmanns in den Jahren der preußischen Restauration, in: *E.T.A. Hoffmann. Neue Wege der Forschung*, hg. von Hartmut Steinecke, Darmstadt 2006, S. 97–108, S. 97.
[127] https://etahoffmann.staatsbibliothek-berlin.de/leben-und-werk/jurist/vom-studenten-zum-richter/ (1.4.2020).
[128] Mangold, Gerechtigkeit durch Poesie [Anm. 1], S. 52.

tungen hielt, in denen juristische Argumentation und Vortrag unterrichtet sowie eine Einführung in das praktische preußische Rechtswesen gegeben wurden.[129]

Folglich ist es bei der von Reidenitz gelehrten Stofffülle ohne Weiteres möglich, dass Hoffmann all die bestätigten Vorlesungen bei ihm im Zeitraum von 1791/92 bis 1795 gehört hatte.

Zweifellos ist es auch so, dass Reidenitz' rechtstheoretisches Credo „vom Gedanken der Gewaltenteilung, der Gleichheit der Bürger vor dem Gesetz, der Rede- und Gedankenfreiheit, aber andererseits auch von einer weniger demokratisch als obrigkeitsstaatlich geordneten Gesellschaft bestimmt" gewesen war.[130] Auch wird seine Haltung zu Kant schon in die Vorlesungen zu Hoffmanns Studienzeit eingeflossen sein, wenn auch der Nachweis zur Haltung Reidenitz' gegenüber Kant erst aus dem 1803 erschienenen Buch *Naturrecht* gelingen kann, welches auf Vorlesungen gründete, die der Autor, wie bereits oben dargelegt, erst ab 1798 hielt und damit zu einem Zeitpunkt, zu dem Hoffmann sein Studium an der Albertus-Universität bereits drei Jahre beendet hatte. Die Vorlesungen im Naturrecht gab zu Hoffmanns Studienzeit, wie ebenfalls schon erwähnt, jedoch ausschließlich Professor Schmalz.

Ähnlich verhält es sich mit dem Bezug zu Anselm von Feuerbach, der nur ein Jahr älter als Hoffmann war und sein Studium (erst Philosophie, dann Rechtswissenschaft) fast zeitgleich mit Hoffmann begann. Hierzu hatte Mangold erwähnt, „daß Reidenitz im Jahre 1804 Feuerbach las, was dessen rechtstheoretische Einordnung untermauert."[131] Die von Oberhausen und Pozzo veröffentlichten Vorlesungsverzeichnisse der Albertus-Universität beziehen sich auf die Lebzeiten Kants und enden deshalb im Wintersemester 1803/04. Für dieses letzte Semester findet sich dann zu der von Reidenitz angekündigten Vorlesung im Strafrecht auch der Eintrag: „Ius criminale, ad Feuerbachium".[132]

Paul Johann Anselm von Feuerbach (1775–1833) gilt als Begründer des modernen deutschen Strafrechts, der mit seiner Maxime „nulla poena sine lege" klarstellte, dass die Gesetze allgemein bekannt sein, die Tatbestände klar formuliert und die Rechtsfolgen wie eine mögliche Strafe von vornherein feststehen müssen. Dann, so die von Feuerbach begründete Abschreckungstheorie, schreckt bereits die Androhung von Strafe von der Begehung der Straftat ab.[133] Danach hat aber Strafe schon einen anderen Zweck als noch von Kant formuliert, nach dessen Ansicht Strafe keinen anderen Zweck verfolge als zu bestrafen.[134]

---

[129] Vorlesungsverzeichnisse der Universität Königsberg (1720–1804) [Anm. 29], S. 586–628.
[130] Mangold, „Heillose Willkühr" [Anm. 126], S. 97–108, S. 97.
[131] Mangold, Gerechtigkeit durch Poesie [Anm. 1], S. 52.
[132] Vorlesungsverzeichnisse der Universität Königsberg (1720–1804) [Anm. 19], S. 725.
[133] Paul Johann Anselm von Feuerbach: *Lehrbuch des gemeinen in Deutschland geltenden Peinlichen Rechts*, Gießen 1801, S. 63, wonach das Strafgesetz „auf alle Bürger als mögliche Verbrecher, welche es abzuschrecken sucht," wirkt.
[134] Nach Immanuel Kant: *Metaphysische Anfangsgründe der Rechtslehre*, Königsberg 1797, S. 196, erfolgt die Strafe um ihrer selbst willen, also zur Bestrafung des Täters, und verfolgt keinen anderen Zweck. „Richterliche Strafe […] kann niemals bloß als Mittel ein anderes Gute zu befördern, für den Verbrecher selbst, oder für die bürgerliche Gesellschaft, sondern muß jederzeit nur darum wider ihn verhängt werden, weil er verbrochen hat".

Da es während Hoffmanns Studium die Schriften Anselms von Feuerbach noch nicht gab, konnten sie Reidenitz auch nicht beeinflusst und auch über diesen nicht auf Hoffmann gewirkt haben.

Es erscheint aufgrund dieser Faktenlage fraglich, ob Reidenitz weiter als Hoffmanns wichtigster juristischer Lehrer bezeichnet werden kann. Bei den zu Hoffmanns Studienzeit zunächst lediglich drei Professoren Reidenitz, Schmalz, Holtzhauer sowie dem Privatdozenten Dr. Johswich und dem später hinzutretenden Professor von der Goltz wird es aufgrund der zu bewältigenden Stofffülle so gewesen sein, dass Hoffmann alle Dozenten bestens kannte. Wer von ihnen welchen Einfluss auf Hoffmann ausgeübt hat, wird wohl nicht mehr feststellbar sein.

3.2 Theodor Anton Heinrich Schmalz

Die Lebenswege von Hoffmann und Schmalz kreuzten sich nach dem Studium in Königsberg später in Berlin unter Bedingungen, denen die Forschung bisher nicht die erforderliche Bedeutung beimaß; denn schließlich löste Schmalz' Flugschrift gegen vermeintlich bestehende Geheimbünde eine Kontroverse aus, die auch lange Zeit nach seinem Ableben Grund zur Kritik an seiner Person gab[135] und ihn in eine Reihe mit dem damaligen leitenden Direktor des Polizeiministeriums von Kamptz stellte. Der Inhalt der auch während des Wartburgfestes 1817 dem Feuer überantworteten Flugschrift bot ausreichend Anlass für Hoffmann als Mitglied der „Immediat-Untersuchungs-Commission zur Ermittlung hochverräterischer Verbindungen und anderer gefährlicher Umtriebe" (im Weiteren „Immediatkommission"), seinen ehemaligen Professor, der zu diesem Zeitpunkt neben seiner Tätigkeit an der Berliner Universität auch als Richter und damit Kollege Hoffmanns im Oberappellationssenat des Kammergerichts tätig war, förmlich zu vernehmen.

Über das Leben des äußerst produktiven und umstrittenen Professors Schmalz gäbe es viel zu schreiben. Studiert hatte der 1760 in Hannover geborene Schmalz ab 1777 in Göttingen zunächst Theologie und Philosophie. Nach Abschluss dieser Studien begann er 1783 das Studium der Rechte, welches er innerhalb von nur zwei Jahren bewältigen konnte, um gleich anschließend in Göttingen selbst als Privatdozent zu lehren. Nach einem kurzen akademischen Gastspiel an der Universität Rinteln ereilte ihn 1789 der Ruf „an die hochangesehene Albertus-Universität zu Königsberg in Preußen", hin zu dem Universitätskollegen Kant, dem größten Philosophen seiner Zeit.[136]

Schmalz erfüllte die Kollegenschaft zu Kant mit Stolz. So brachte der Professor in einem seiner Bücher zum Naturrecht seine Wertschätzung Kants wie folgt zum Ausdruck:

> Nur noch eine Bemerkung muss ich hier machen. Da ich das Glück habe, mit Herrn Kant an einem Orte zu leben, da unser Amt und der gleiche freundschaftliche Circul mich oft in seine

---

[135] Bruno Gerecke: *Theodor Schmalz und seine Stellung in der Geschichte der Nationalökonomie. Ein Beitrag zur Geschichte der Physiokratie in Deutschland*, Bern 1906, S. 9, 12, wonach die Schrift über politische Vereine „einen direkt denunziatorischen Charakter" bzw. „direkt den Charakter der Demagogenriecherei trug".

[136] Vgl. Kraus, Theodor Anton Heinrich Schmalz (1760 bis 1831) [Anm. 79], S. 23–42.

Gesellschaft führt: so möchte es scheinen, als ob ich seiner mündlichen Belehrung mich bey dieser Schrift bedient hätte.[137]

In seinem Selbstverständnis zählte Schmalz sich zu den echten Kantianern. Seine Rechtsphilosophie stimmte teilweise mit Kants Rechtslehre überein. In ihren politischen Ansichten drifteten sie auseinander. Schmalz war ein Verteidiger des Absolutismus und lehnte die Gewaltenteilung ab.[138]

Kant hingegen soll sich nach Abegg im privaten Kreise recht kritisch zu den Ansichten des jungen Kollegen geäußert haben.

> „O, dieser", sagte Kant, „ist ein Erzroyalist, der in dieser Rücksicht gefährlich ist. Wenn man über die französ. Revolution seine Ideen frei bekannte, so gilt man für einen Jakobiner, da es doch im Grunde, wie andere Lieblings-Ideen, wenigstens in den ersten Jahren eine Art Steckenpferd vieler Menschen gewesen war. Man muß niemanden hindern, auf seinem Steckenpferd auch durch die Straßen zu reiten, wenn er nur nicht verlangt, daß man deswegen von der Gasse weggehe, oder gar ihm nachtrotte, wenn man nicht Lust hat dazu."[139]

Seine weitere akademische Laufbahn führte Schmalz über die Universität Halle[140], die er nach Einverleibung der Stadt und Universität in das Königreich Westfalen wieder verließ[141], 1810 nach Berlin. Dort wurde er erster Rektor der neu gegründeten Friedrich-Wilhelms-Universität. Schmalz wurde am 28.9.1810 durch königliche Kabinettsordre zum Rektor ernannt und in diesem Amt am 17.7.1811 von dem Philosophen Johann Gottlieb Fichte abgelöst.[142] Gleichwohl gewährte Fichte seinem Vorgänger den Vortritt und ließ Schmalz am 3.8.1811 als ersten öffentlichen Akt der Universität die Festrede zum Geburtstag des Stifters halten.[143]

Fichte und Schmalz kannten sich bereits aus Königsberg. Der junge Philosoph Fichte, den es zu Kant gezogen hatte, fand in Kant einen Förderer, welcher den Verlag

---

[137] Schmalz, Das reine Naturrecht [Anm. 71], S. 19.
[138] Hans-Ulrich Stühler: *Die Diskussion um die Erneuerung der Rechtswissenschaft von 1780–1815*, Berlin 1978, S. 93f.
[139] Johann Friedrich Abegg: *Reisetagebuch von 1798*, hg. von Walter und Jolanda Abegg in Zusammenarbeit mit Zwi Batscha, Frankfurt a.M. ²1977, S. 179f.
[140] Gustav Hertzberg: *Kurze Übersicht über die Geschichte der Universität Halle a. S. bis zur Mitte des 19. Jahrhunderts*, Halle 1894, S. 48f. Danach trat „in der juristischen Fakultät […] an die Stelle Kleins in alle akademischen Ämter der Königsberger Professor Theodor Schmalz, der 1801 an der ostpreußischen Universität Kanzler und Direktor geworden war (Anf. 1803)". Hans Martin Sieg: *Staatsdienst, Staatsdenken und Dienstgesinnung in Brandenburg-Preußen im 18. Jahrhundert (1713–1806)*, Berlin, New York 2003, S. 151, der schildert, dass Klein 1800 zum Obertribunal berufen wurde. „Danach blieb der Vorsitz der Fakultät drei ganze Jahre verwaist, weil mehrere ausländische Gelehrte den Ruf nach Halle ablehnten. Die Berufung von Theodor Schmalz aus Königsberg 1803 erfolgte schließlich nur als Notlösung."
[141] Gerecke, Theodor Schmalz und seine Stellung in der Geschichte der Nationalökonomie [Anm. 135], S. 9, auf der zum Verlassen der Universität Halle folgendes zu lesen ist: „Als jedoch Halle im Jahre 1808 nebst seiner Universität durch Napoleon I. dem Königreiche Westfalen einverleibt wurde, legte Schmalz, durch seine patriotischen Gefühle bewogen, alle seine Posten in Halle nieder…"
[142] Kraus, Theodor Anton Heinrich Schmalz (1760 bis 1831) [Anm. 79], S. 155–168.
[143] Vgl. Theodor Schmalz: *Rede als am Geburtstagsfeste des Königs 3. August 1811 die Königliche Universität zu Berlin sich zum ersten Male öffentlich versammelte, gesprochen von Theodor Schmalz D. als Rector der Universität*, Berlin 1811.

für die 1792 erschienene Schrift *Versuch einer Kritik aller Offenbarung* vermittelte. Diese Schrift machte Fichte – nach dem versehentlichen Unterlassen der Namensnennung des Autors und der Klarstellung durch Kant – auf einen Schlag berühmt.[144] Auch Schmalz hatte den sich in prekären Lebensumständen befindenden Fichte während der gemeinsamen Zeit in Königsberg bei der Suche um eine Anstellung wohl erfolgreich unterstützt.[145] Auf Fichtes frühe Schriften hatte Schmalz nach Willms einen nicht unerheblichen Einfluss.

> Sehr viel direkter als Montesquieu und Rousseau ist in Fichtes frühen Schriften der Einfluß eines sonst kaum bedeutenden Autors wirksam: Theodor Schmalz hatte mit seinem *Reinen Naturrecht* von 1791 auf Fichte besonders überzeugend gewirkt. Schmalz' schmaler Band empfahl sich Fichte aus zwei Gründen: erstens war Schmalz Kantianer; als solcher erkannte er, wie er sagte, als erster, die Möglichkeit, „die Grundzüge der kantischen Philosophie auf das Naturrecht anzuwenden". So drang er bereits zu der grundlegenden These vor: „Naturrecht kann nichts anderes sein, als Analyse des Begriffs: Freiheit." Damit hatte Schmalz jenen Begriff an den Anfang des Naturrechts gestellt, dessen Erfassung und theoretische Durchdringung auch Fichte als seine eigentliche und einzige Aufgabe ansah.[146]

In seiner Funktion als Rektor hatte Schmalz die junge Berliner Universität nach außen zu vertreten und deren Interessen wahrzunehmen. So schrieb Schmalz unter anderem auch Heinrich von Kleist als Herausgeber der *Berliner Abendblätter* an mit einer Bitte um Richtigstellung einer Notiz der Polizei, wonach Studenten an einer Prügelei auf dem Tanzboden beteiligt gewesen seien.[147]

Bereits 1809 wurde Schmalz Mitglied des Oberappellations-Senats des Kammergerichts.[148] Hoffmann führten die Kriegswirren ebenfalls zurück an das Kammergericht

---

[144] Kuno Fischer: Fichte, Johann Gottlieb, in: *Allgemeine Deutsche Biographie*, Bd. 6, Leipzig 1877, S. 761–771, S. 761f.

[145] Kraus, Theodor Anton Heinrich Schmalz (1760 bis 1831) [Anm. 79], S. 56f., der meint, dass es sich dabei um die Vermittlung einer Hauslehrerstelle bei dem Grafen Heinrich zu Krockow gehandelt habe.

[146] Bernard Willms: Einleitung, in: ders.: *Johann Gottlieb Fichte. Schriften zur Revolution*, Klassiker der Politik, Bd. 7, Wiesbaden 1967, S. VII–XXXIV, S. XXIf.

[147] *Heinrich von Kleists Lebensspuren. Dokumente und Berichte der Zeitzeugen*, hg. von Helmut Sembdner, Frankfurt a.M. 1977, S. 353.

[148] Julius Hitzig (Red.): *Verzeichnis im Jahre 1825 in Berlin lebender Schriftsteller*, Berlin 1826, S. 240, der zu Schmalz schreibt: „Auch setzte ihn Se. Majestät 1809 in den Ober-Appellations-Senat des Kammergerichts". *Das große Conversations-Lexicon für die gebildeten Stände*, hg. von Joseph Meyer, Bd. 7, Hildburghausen u.a. 1851, S. 1059, lässt hierzu wissen: „bis 1809, wo er in den Oberappellationssenat des Kammergerichts kam". Hierbei handelte es sich nicht nur um eine Ernennung ehrenhalber, was wohl aus der von Kraus, Theodor Anton Heinrich Schmalz (1760 bis 1831) [Anm. 79], S. 285 formulierten Tatsache geschlussfolgert werden kann, dass Schmalz 1827 „aus dem Oberappellationsgericht aus[schied], um sich verstärkt der Arbeit für Universität und Wissenschaft widmen zu können", und daraus, dass Schmalz für diese richterliche Tätigkeit nach Christian Maus: *Der ordentliche Professor und sein Gehalt. Die Rechtsstellung der juristischen Ordinarien an den Universitäten Berlin und Bonn zwischen 1810 und 1945 unter besonderer Berücksichtigung der Einkommensverhältnisse*, Bonn 2013, S. 136, „bis zu 1600 Taler (ca. 57.600 €) jährlich" erhielt. Zum Vergleich: Schmalz erhielt für die Arbeit an der Berliner Universität 1400 Taler (ca. 50.400 €).

nach Berlin, dem er bereits als Referendar zugeteilt worden war.[149] Durch Vermittlung seines Freundes Hippel konnte Hoffmann so nach achtjähriger Unterbrechung 1814 wieder in den Justizdienst zurückkehren.[150] Hoffmann gelang es, im Sommer 1821 sein Ausscheiden aus der ungeliebten Immediatkommission durchzusetzen,[151] und er rückte im Spätherbst 1821 in den Oberappellations-Senat auf,[152] quasi als Kollege seines früheren Professors.

3.3 Schmalz' Schrift über politische Vereine und seine Vernehmung durch Hoffmann

In das öffentliche Licht und die Aufmerksamkeit seines Kollegen Hoffmann rückte Schmalz durch seine 1815 veröffentlichte Schrift über politische Vereine, der er den recht umständlichen Titel *Berichtigung einer Stelle in der Bredow-Venturinischen Chronik für das Jahr 1808. Ueber politische Vereine, und ein Wort über Scharnhorsts und meine Verhältnisse zu ihnen* gab.[153] Der äußere Anlass zur Veröffentlichung dieser Schrift war eher unbedeutend, da die Haltung Schmalz' zu den in der Chronik genannten Vereinen bereits klargestellt worden war. Er nutzte diesen Umstand jedoch, um vor umstürzlerischen Geheimbünden zu warnen und seine besondere Königstreue unter Beweis zu stellen. Mit der Benennung seines bereits 1813 nach einer Verletzung verstorbenen Schwagers Scharnhorst im Untertitel seiner Schrift nutzte er die Autorität des geachteten Kriegshelden.[154] Schmalz behauptete in Bezug auf die Beweggründe des Volkes zur Führung des Freiheitskampfes gegen Napoleon:

> Keine Begeisterung, überall ruhiges und desto kräftigeres Pflichtgefühl. Alles eilte zu den Waffen, und zu jeder Thätigkeit, wie man aus ganz gewöhnlicher Bürgerpflicht zum Löschen einer Feuersbrunst beim Feuerlärm eilt.[155]

---

[149] Hans Günther: *E.T.A. Hoffmanns Berliner Zeit als Kammergerichtsrat. Über den Dichterjuristen, speziell in Sachen „Turnvater Jahn" – von einem Kollegen und heutigen Kammergerichtsrat a.D*, Berlin 1976, S. 10, wonach sich der preußische Justizminister Kircheisen bei der durch Hippel in die Wege geleiteten Wiederanstellung Hoffmanns sofort an diesen erinnerte, der von 1798 bis 1800 als Referendar dem Kammergericht zugeteilt war.

[150] Wulf Segebrecht: *Heterogenität und Integration. Studien zu Leben, Werk und Wirkung E.T.A. Hoffmanns*, Frankfurt a.M. u.a. 1996, S. 17.

[151] Günther, E.T.A. Hoffmanns Berliner Zeit als Kammergerichtsrat [Anm. 149], S. 114. Anderer Ansicht ist Käfer: Widerspiegelungen des Strafrechts im Leben und Werk des Richters und Poeten E.T.A. Hoffmann [Anm. 25], S. 134, die meint, Hoffmann sei bis zu seinem Tode Mitglied der Immediatkommission gewesen.

[152] Kleßmann, E.T.A. Hoffmann oder Die Tiefe zwischen Stern und Erde [Anm. 14], S. 502.

[153] Theodor Schmalz: *Berichtigung einer Stelle in der Bredow-Venturinischen Chronik für das Jahr 1808. Ueber politische Vereine, und ein Wort über Scharnhorsts und meine Verhältnisse zu ihnen*, Berlin 1815.

[154] Der preußische General und Heeresreformer Gerhard Johann David von Scharnhorst „vermählte sich 1785 mit Clara, der Schwester seines Jungendfreundes, des späteren Professors Theodor Schmalz." Vgl. Eduard Schmidt-Weißenfels: *Scharnhorst. Eine Biographie*, Leipzig 1859, S. 17.

[155] Schmalz, Berichtigung einer Stelle in der Bredow-Venturinischen Chronik für das Jahr 1808 [Anm. 153], S. 14.

Diese Schrift gab nach de Bruyn „[d]en Auftakt zu den politischen Auseinandersetzungen der nächsten Jahrzehnte."[156] Nicht ganz diese Bedeutung messen andere Autoren dieser Veröffentlichung bei, sind sich aber im Grunde darüber einig, dass „diese Flugschrift von 1815 [...] zum Vorspiel der Demagogenverfolgung, der Karlsbader Beschlüsse und der ab 1819 einsetzenden restaurativen Phase in der preußischen Geschichte [gehört]."[157]

Die teils heftigen Reaktionen auf die Flugschrift ließen nicht lange auf sich warten. Schmalz sah sich plötzlich einer Phalanx von Kritikern gegenüber. Zuerst meldete sich mit Barthold Georg Niebuhr im Oktober 1815 ein Kollege der Berliner Friedrich-Wilhelm-Universität mit einer Schrift zu Wort, der er voranstellte, dass „der Glaube an geheime Verbindungen, deren unsichtbare Häupter das Schicksal der Völker bestimmen", dem Glauben an „Hexerei und Spuk in seiner Natur sehr nahe verwandt" sei;[158] damit drängte er Schmalz in die Liga der Verschwörungstheoretiker. In sachlicher Hinsicht richtete sich Niebuhr u.a. dagegen, dass sich in Schmalz' Schrift „nicht das geringste was einer Thatsache über das Bestehen geheimer Gesellschaften auch nur ähnlich sähe" finde.[159]

Das ließ Schmalz nicht auf sich sitzen. Er verfasste wiederum eine Gegenschrift und löste damit eine Lawine aus. Er verteidigte sich in seiner weiteren Schrift mit dem Titel *Ueber des Herrn B. G. Niebuhrs Schrift wider die meinige, politische Vereine betreffend*,[160] die noch Ende Oktober bzw. Anfang November 1815 erschien. Seine Verteidigung hinsichtlich des Bestehens vermeintlicher Geheimbünde klang etwas schwach. Schmalz verwies darauf, dass er nicht der Erste war, der dieses Gerücht erhoben hatte, es schon lange und dauernd kolportiert würde und eine politische Zeitschrift sogar schon die Statuten eines solchen Bundes abgedruckt hatte.[161]

Die gesamte Kontroverse über die Schrift zu geheimen politischen Vereinen soll an dieser Stelle nicht erörtert werden. Schmalz sah sich plötzlich nicht nur in der wissenschaftlichen Kritik, sondern musste auch persönliche Angriffe in Kauf nehmen. Der Streit, in den sich gegen Schmalz u.a. auch dessen Universitätskollegen Schleiermacher[162] und Rühs mischten, wurde mit einer solchen Intensität geführt, dass sich der König

---

[156] Günter de Bruyn: *Die Zeit der schweren Not. Schicksale aus dem Kulturleben Berlins 1807 bis 1815*, Frankfurt a.M. ³2011, S. 377.
[157] Vgl. Stühler, Die Diskussion um die Erneuerung der Rechtswissenschaft von 1780–1815 [Anm. 138], S. 95. Was Seeley zu der Wertung veranlasst, dass Schmalz mit seiner Flugschrift „den Apfel der Zwietracht unter die Preußen geworfen" habe, John Robert Seeley: *Stein, Sein Leben und seine Zeit. Deutschland und Preußen im Zeitalter Napoleons*, Gotha 1883, S. 357.
[158] Barthold Georg Niebuhr: *Ueber geheime Verbindungen im preußischen Staat, und deren Denunciation*, Berlin 1815, S. 3.
[159] Ebd., S. 6.
[160] Theodor Schmalz: *Ueber des Herrn B. G. Niebuhrs Schrift wider die meinige, politische Vereine betreffend*, Berlin 1815.
[161] Vgl. ebd., S. 4.
[162] Karl August Varnhagen von Ense: *Denkwürdigkeiten des eigenen Lebens*, hg. von Konrad Feilchenfeldt, Bd. 1, Frankfurt a.M. 1987, S. 360, wonach Varnhagen von Ense die Bekanntschaft mit Schmalz bereits in Halle gemacht hatte. Er betonte in Band 4, S. 670 die besondere Bitterkeit und Schärfe der Schrift Schleiermachers.

selbst bemüßigt sah, den Kontrahenten per königlicher Kabinettsordre das Wort zu verbieten.[163]

Vereinzelt erhielt Schmalz aber auch Schützenhilfe. In einem der Verteidiger, der anonym bleiben wollte und deshalb seinen Artikel lediglich mit dem Kürzel „K" zeichnete[164], glaubte man schnell Carl Christoph Albert Heinrich von Kamptz[165] zu erkennen, den Hoffmann später in seinem Märchen *Meister Floh* als Geheimen Rat Knarrpanti karikierte. Die Auffassung, wonach von Kamptz Urheber der Verteidigungsschrift war, wird von der Forschung bis in die Gegenwart geteilt.[166] Der Autor „K." bezeichnete Schmalz' Schrift als „verdienstliches Werk", welches den „gefährlichen Feind" benenne, der die „innere Ruhe" bedrohe, „nämlich die politischen Vereine."[167]

Kein Wunder, dass auf dem Wartburgfest 1817 neben anderen Schriften auch solche von Kamptz und Schmalz dem Feuer überantwortet wurden. Anlässe des Wartburgfestes waren der vierte Jahrestag der Völkerschlacht bei Leipzig und das 300. Jubiläum der Reformation, weshalb sich Studenten der protestantischen Universitäten versammelten.[168] Die Initiative zu dem Fest ging „offenbar von burschenschaftlichen Turnern im Umkreis von Jahn aus […], die von Berlin nach Jena gekommen waren."[169] Die Enttäuschung über ausgebliebene politische Reformen nach den Befreiungskriegen bahnte sich hier einen Weg. Die Verbrennung seines Werkes konnte Kamptz so nicht dulden:

> Kamptz, dessen „Codex der Gensdarmerie" unter den Opfern des Wartburgfestes gewesen war, beschwerte sich offiziell über die Schmach, die ihm angetan worden war, und er konnte dem Vergehen den Charakter einer Majestätsbeleidigung geben, da das Buch nur eine Zusammenstellung landesherrlicher Verordnungen war. Es folgten diplomatische Unterhaltungen zwischen dem Wiener und Berliner Hofe, die zu einem gemeinsamen Schritte Österreichs und Preußens beim Großherzog Karl August von Sachsen-Weimar führten: er trage die Schuld, er habe die Wartburg zur Verfügung gestellt, er habe – indem er als einziger Fürst Pressefreiheit gewährte – die Zeitungen in Jena ins Kraut schießen lassen und den Herausgebern, den beiden Professoren Luden und Oken, gestattet, scharfe Töne zu reden und die Studenten aufzuwiegeln.[170]

---

[163] Ausführlich zu den Ursachen, der Intensität, den Kontrahenten, den Rahmenbedingungen und Wirkungen des Streits: Kraus, Theodor Anton Heinrich Schmalz (1760 bis 1831) [Anm. 79], S. 189–236.

[164] K.: Berlin, b. Maurer: *Berichtigung einer Stelle in der Bredow-Venturinischen Chronik für das Jahr 1808. Über politische Vereine, und ein Wort über Scharnhorsts und meine Verhältnisse zu ihnen, von Geh. Rath Schmalz in Berlin*, in: *Jenaische Allgemeine Literatur-Zeitung*, Oktober 1815, Sp. 74–76.

[165] Vgl. Carl Gustav Immanuel von Kamptz: *Die Familie von Kamptz*, Schwerin 1871, S. 330, demzufolge Carl Christoph Albert Heinrich von Kamptz seit „1811 Mitglied des Ober-Appellations-Senats des Preussischen Kammer-Gerichts, 1812 Geheimer Legations-Rath und vortragender Rath im Ministerium des Innern [war] […]. Er ward 1817 Wirkl. Geh. Ober-Regierungs-Rath, Mitglied des Staatsraths, sowie Director im Polizei-Ministerium".

[166] Kraus, Theodor Anton Heinrich Schmalz (1760–1831) [Anm. 79], S. 211 f.

[167] K., Berlin, b. Maurer [Anm. 164], Sp. 74.

[168] Vgl. Dietrich Georg Kieser: *Das Wartburgsfest am 18. October 1817 in seiner Entstehung, Ausführung und Folgen*, Jena 1818, S. 1, 9–13.

[169] Peter Kaupp: „Aller Welt zum erfreulichen Beispiel". Das Wartburgfest von 1817 und seine Auswirkungen auf die demokratischen deutschen Verfassungen, in: *Für Burschenschaft und Vaterland. Festschrift für den Burschenschafter und Studentenhistoriker Prof. (FH) Dr. Peter Kaupp*, hg. von Bernhard Schroeter, Norderstedt 2006, S. 27–52, S. 29.

[170] Franz Schnabel: *Deutsche Geschichte im neunzehnten Jahrhundert*, Bd. 2: *Monarchie und Volkssouveränität*. Unveränderter Nachdruck der Ausgabe, Freiburg i. Br. 1933, München 1987, S. 247 f.

Wegen der Auslösung des Tugendbundstreits durch Schmalz, seinem weiteren Beharren hinsichtlich „staatsgefährlicher Geheimbündelei" im weiteren Verlaufe des Streits und der nicht enden wollenden Angriffe gegen Jahn stand sein Name Pate für das Schimpfwort „Schmalzgeselle".[171]

Dieses Schimpfwort schrieb Hoffmann aus beruflichen Gründen selber nieder. Im *Votum in Sachen des Redakteurs, cand. iur. August Adolph Ludwig Follenius*[172] vom 8. November 1819, von dem sich in Schnapp: *E.T.A. Hoffmann. Juristische Arbeiten* der Abdruck einer Abschrift befindet, zitierte Hoffmann aus dem Lied *Bursch und Filister* von A. L. Follen unter anderem folgende Zeilen: „Nun auf ihr Burschen frei und schnell, ihr Brüder du und du, Noch bellt der Kamptz und Schmalzgesell ..."[173] Zwar hatte Hoffmann in anderen Sachen klar seine Auffassung zum Ausdruck gebracht, dass bloße Gedanken frei sind, im Falle Follen jedoch bot das aufrührerische Liederbuch einen weiteren Mosaikstein, um am Ende des ersten Votums zunächst die Empfehlung auszusprechen, „den Follenius in der Haft zu lassen" und „die CriminalUntersuchung wider ihn zu eröffnen."[174] In einem weiteren Votum vom 24. August 1820 kam Hoffmann dann zu dem Vorschlag, Follen aus der Haft zu entlassen, weil nach über einem Jahr andauernder Haft kaum mehr auf eine Freiheitsstrafe erkannt werden könne, sondern die erlittene Haft zur Strafe anzurechnen sei.[175]

Das Schimpfwort „Schmalzgeselle" fand nicht nur Eingang in weitere Lieder und Gedichte,[176] sondern wurde fortan für die Vertreter der Restauration, Demagogenriecherei und Feinde von Jahn und Arndt genutzt.[177]

Hoffmann verfügte als Mitglied der Immediatkommission am 7. Dezember 1819 in der Sache gegen Jahn die Vernehmung u.a. seines ehemaligen Professors „über die eigentlichen Zwecke des teutschen Bundes und über seine etwaige Fortdauer" sowie die Vernehmung „des Borbstaedt", da er in seinen Aufsätzen

---

Vgl. Karl-Heinz Schodrok: *Preußische Turnpolitik mit Blick auf Westfalen*, Berlin 2013, S. 79, wonach Kamptz von dem Feste gewusst und einen Geschäftsmann beauftragt hatte, „diese Feier zu beobachten". Durch einen Zufall ist dieser jedoch verspätet in Eisenach eingetroffen und versäumte dadurch „die wichtigsten Ereignisse".

[171] Vgl. Joachim Burkhard Richter: *Hans Ferdinand Maßmann. Altdeutscher Patriotismus im 19. Jahrhundert*, Berlin, New York 1992, S. 74.

[172] Schnapp, E.T.A. Hoffmann, Juristische Arbeiten [Anm. 4], S. 156–175.

[173] Ebd., S. 169.

[174] Ebd., S. 175.

[175] Ebd., S. 479–486.

[176] Nach Richter, Hans Ferdinand Maßmann [Anm. 171], S. 74, brachten die Berliner Teilnehmer ein Lied des Jahn-Anhängers Friedrich Förster mit zum Wartburgfest, in dem es nach einem Lob des Weimarer Staats, „Verfassung heißt das eine Wort, Des Volkes und des Thrones Hort! Herzog August soll leben!", in der Schlussstrophe heißt: „Zuletzt nun rufet Pereat Den schuft'gen Schmalzgesellen Und dreimal Pere-Pereat! So fahren sie zur Höllen!" Vgl. Gedicht in Stegmann (Red.): *Allgemeine Zeitung* Nro. 64, München 1820, S. 256.

[177] Vgl. Ludwig Rödiger: *Ein deutsches Wort an Deutschland's Burschen gesprochen vor dem Feuer auf dem Wartenberg bei Eisenach am achtzehnten des Siegesmonats im Jahr 1817, dem dritten Jubeljahr der Geistesfreiheit*, Jena 1817, S. 7. Natürlich machte sich bei den politischen Gegnern der Burschenschaften auch die Verärgerung „Über die Verunglimpfung unbescholtener Männer durch das Prädikat Schmalzgesellen und Bonaparte'sche Schildknappen" breit; ohne Angabe des Verfassers: *Grätzer Zeitung* Nro. 9, 15. Jäner 1818.

von den ihm bekannt gewordenen staatsgefährlichen Zwecken des teutschen Bundes spricht. Gleiches haben auch Schmalz und Coelln in ihren Schriften behauptet, auch diese werden daher so wie Borbstaedt die Quellen ihrer Nachrichten genau angeben müssen, damit die weitere Nachforschung erfolgen kann.[178]

In dem äußerst ausführlichen Votum in Sachen Friedrich Ludwig Jahn präsentierte Hoffmann dann das Ergebnis der Vernehmung seines früheren Professors aus Königsberg.[179] Leider ist über die konkrete Vernehmungssituation nichts weiter bekannt geworden. Aus anderen Verfahren und Berichten Betroffener ist bekannt, dass Hoffmann entsprechend dem von ihm gelebten Richterbild bestimmt und höflich aufgetreten ist. Gleiches wird man auch von der Vernehmung des Professors Schmalz annehmen können, der zu diesem Zeitpunkt ordentlicher Professor der Friedrich-Wilhelm-Universität und Mitglied des Oberappellations-Senats des Kammergerichts, quasi ein Kollege Hoffmanns, war. Angesichts der dann ziemlich nichtssagenden Äußerungen von Schmalz musste dieser sich vielleicht den erstaunten Tonfall des Vernehmenden gefallen lassen; hatte doch Schmalz den Tugendbundstreit losgetreten und sich gegen die Angriffe bezüglich seiner Schrift über politische Vereine tatkräftig verteidigt.

Nach außen sachlich schilderte Hoffmann nochmals, weshalb die Vernehmung des Zeugen Schmalz notwendig erschien. Bei genauerem Hinsehen liest man jedoch die Verärgerung Hoffmanns heraus, der seinen früheren Professor, ein wenig übertrieben formuliert, als Wichtigtuer bloßstellt. Bereits oben wurde dargelegt, dass Schmalz mit seiner Broschüre über politische Vereine nicht nur seine besondere Königstreue demonstrieren, sondern sich auch ins rechte Licht stellen wollte. Hatte Hoffmann noch am 7. Dezember 1819 die Notwendigkeit der Vernehmung recht lapidar damit begründet, dass die Quellen der Informationen aus der Schrift für die weiteren Nachforschungen erforderlich wären,[180] formulierte er im Votum in Kenntnis des Ergebnisses der Aussage den Zweck derselben schärfer.

> Ferner schrieb […] der Geheime Rath Schmalz bekanntlich jene Broschüre über Geheime staatsgefährdende Verbindungen die die gehässigsten Reibungen veranlaßte, denen durch die Verordnung vom 6t Januar 1816 ein Ende gemacht wurde. Es war vorauszusetzen daß ihm eine ganz besondere Kenntniß der inneren Verhältnisse und Zwecke geheimer Verbindungen beiwohnen müsse und auch er wurde daher vernommen um wo möglich Stoff zur weitern Nachforschung und Aufklärung des eigentlichen Zusammenhangs der Sache Rücksichts des teutschen Bundes erhalten.[181]

Hoffmann machte es hier wieder besonders spannend. Er kannte als Richter, so wie sonst als Erzähler, den Ausgang der Sache. Er kam am Ende des Votums zu dem Schluss, dass Jahn aus der Untersuchungshaft zu entlassen sei.[182] Deshalb schraubte er argumentativ die Anforderungen an die Aussage von Schmalz besonders hoch und meinte, dass dieser bei der Abfassung seiner Schrift „ganz besondere Kenntniß der inneren Verhältnisse und Zwecke geheimer Verbindungen" gehabt haben müsse, um den Leser dann zu

---

[178] Schnapp, E.T.A. Hoffmann, Juristische Arbeiten [Anm. 4], S. 217 f.
[179] Ebd., S. 290–382.
[180] Ebd., S. 218.
[181] Ebd., S. 303.
[182] Ebd., S. 381.

desillusionieren und sein Ergebnis zu untermauern. Zum Ausgang der Vernehmung ließ er wissen:

> Bey seiner gerichtlichen Vernehmung, die am 26t Dez. v. J. erfolgte, erklärte jedoch der p Schmalz:
> Von diesem (dem teutschen) Bunde und insbesondere der Theilnahme des Jahn an selbigem oder andern geheimen Verbindungen sey ihm speziell nichts bekannt, überhaupt gründe sich seine Wissenschaft über die Existenz von dergleichen Verbindungen nicht auf eigene Wissenschaft, sondern auf Mittheilung anderer.
> In dem schriftlichen Aufsatz den er dem Inquirenten noch besonders überreichte, sich zu dessen Inhalt ausdrücklich bekennend, fügte er noch hinzu:
> daß er den Verdacht, daß p Jahn Teilnehmer eines geheimen Bundes sey bloß aus der von ihm (dem Jahn) selbst verfassten Schrifft: Runen (Runensteine) und aus dem was er darin über Waltschöpfung gesagt, geschöpft habe.[183]

Hoffmann leitete Schmalz' Aussage mit dem den Gegensatz ausdrückenden Adverb „jedoch" ein, und man weiß, dass Schmalz gerade keine besonderen Kenntnisse von geheimen Verbindungen hatte, was dieser so auch während seiner Vernehmung bestätigen musste. Die weitere Erkenntnisquelle, die Schrift Jahns, war Hoffmann ebenfalls bekannt; nur zog dieser daraus, genau wie aus den weiteren ausgewerteten Beweismitteln, genau den gegenteiligen Schluss und kam zu dem Ergebnis, dass eine Strafe nicht begründet werden könne.

Auf das, was Schmalz aufgrund der „Mittheilung anderer", also nur vom Hörensagen zu kennen vorgab, ging Hoffmann nicht weiter ein.

Aber auch bei der Auswertung der Vernehmung seines ehemaligen Professors ließ Hoffmann Augenmaß walten. Bei allen Beweggründen, die Schmalz zur Abfassung seiner Schrift über politische Vereine gehabt zu haben schien, hatte er diese „gehässigsten Reibungen" nicht verdient.

3.4 Georg Friedrich Holtzhauer

Nur wenig überliefert ist zu Professor Holtzhauer. Baur weiß im *Neuen historisch-biographisch-literarischen Handwörterbuch* zu ihm zu berichten:

> Hol[t]zhauer (Georg Friedr.) Kanzler u. Direktor der Universität zu Königsberg, wie auch erster Prof. der Juristenfakultät, geb. 1746 zu Dabern in Hinterpommern, wo sein Vater Bürgermeister war. Er besuchte das Gymnasium zu Stettin und die Universität zu Halle, hielt daselbst seit 1773 mit Beifall juristische Vorlesungen, kam 1779 als ordentlicher Prof. der Rechte nach Königsberg, wurde 1796 Kanzler, u. starb d. 12 August 1801. Geschrieben hat er nur wenige juristische Dissertatt. in zierlichem Latein.[184]

3.5 Julius Friedrich Fabian Freiherr von der Goltz

Professor von der Goltz lehrte ab dem Wintersemester 1794/95 an der juristischen Fakultät der Albertus-Universität.[185]

---

[183] Ebd., S. 303f.
[184] Samuel Baur: *Neues historisch-biographisch-literarisches Handwörterbuch von der Schöpfung der Welt bis zum Schlusse des Jahres 1810*, Ulm 1816, S. 635.
[185] Vorlesungsverzeichnisse der Universität Königsberg (1720–1804) [Anm. 29], S. 741 (Register der Lehrpersonen).

Fabian von der Goltz entstammte einem alten Adelsgeschlecht, zu dem das *Genealogische Taschenbuch der freiherrlichen Häuser* des Jahres 1834 zu berichten weiß, dass es ein „in sämmtlichen Provinzen des preußischen Staates und mit einem Zweige in den Niederlanden blühende[s] Geschlecht der Grafen und Freiherren von der Golz" ist.[186] Einige Seiten weiter wird berichtet, dass der Professor der Rechte Julius Friedrich Fabian Freiherr von der Goltz mit Carolina, geborener Wedelstedt, vermählt war und 1837 in Königsberg verstorben ist.[187]

Ein anderes Mitglied dieses Adelsgeschlechts kreuzte im Zusammenhang mit der Meister-Floh-Affäre Hoffmanns Weg. August Friedrich Ferdinand Graf von der Goltz (1765–1832) war seit 1816 preußischer Gesandter bei der Bundesversammlung in Frankfurt am Main.[188] Er war es, der zusammen mit dem vom damaligen Polizeidirektor Kamptz beauftragten Agenten Dr. Georg Klindworth (1798–1882)[189] „dafür sorgte, dass Wilmans willfährig den Briefwechsel mit Hoffmann und das Meister-Floh-Manuskript den Behörden auslieferte, das einstweilig konfisziert wurde."[190]

3.6 Martin Christian Johswich

Zu Martin Christian Johswich werden nur ungenaue Angaben bezüglich des Geburts- und Sterbedatums gemacht.

In Goldbecks *Nachrichten von der königlichen Universität zu Königsberg* von 1782 ist zu Johswich zu lesen: „wurde 1769 Magister und als Privatlehrer in die philos. Fakultät aufgenommen, liest aber jetzt keine Kollegia."[191] Etwas mehr wusste Goldbeck aber schon ein Jahr zuvor in den *Litterarischen Nachrichten von Preußen* zu berichten. Danach war er

> M. der Philos. zu Königsberg: geb. zu Kutten bei Angerburg, studierte zu Königsberg, wo er 1769 die Magisterwürde erhielt, und wurde 1774 Prorektor der Königl. Provinzialschule zu

---

[186] *Genealogisches Taschenbuch der freiherrlichen Häuser auf das Jahr 1834*, Gotha 1834, S. 180. Die Verbreitung des Geschlechts erschwert auch die Recherche zu Professor der Rechte Julius Friedrich Fabian Freiherr von der Goltz, da ein weiteres Mitglied der Familie später ebenfalls Professor und dann auch Rektor der Universität in Königsberg war. Jener war u.a. 1873 Teilnehmer der Versammlungen des Vereins für Sozialpolitik. *Schriften des Vereins für Socialpolitik, IV. Verhandlungen von 1873. Verhandlungen des Vereins für Socialpolitik am 12. und 13. October 1873*, hg. von Ständiger Ausschuß, Leipzig 1874, S. 199, auf der sich der Eintrag findet: „von der Goltz, Dr. Freiherr, Professor, Königsberg i. Pr.". Hierbei handelte es sich um Theodor Alexander Georg Ludwig Freiherr von der Goltz: *Gothaisches Genealogisches Taschenbuch der Freiherrlichen Häuser 1873*, Gotha 1873, S. 214.
[187] Ebd., S. 184. https://www.deutsche-biographie.de/sfz22901.html (9.4.2020) nennt dazu noch sein Geburtsjahr 1764.
[188] Vgl. *Neuer Nekrolog der Deutschen*, Zehnter Jahrgang 1832, Erster Theil, Ilmenau 1834, S. 51.
[189] Dr. Georg Klindworth, auch von Klindworth, soll nach Klára Hamburger: *Franz Liszt. Leben und Werk*, Köln u.a. 2010, S. 108, ein „berüchtigter Geheimagent der finstersten europäischen Despoten" gewesen sein, der „nacheinander oder auch gleichzeitig in den Diensten der Zaren Nikolaus I. und II., Alexander II., des Fürsten Metternich und von François Guizot" gestanden haben soll. Seine Tochter Agnes Klindworth (1825–1906) – seit ihrem 17. Lebensjahr Mitarbeiterin ihres Vaters und ebenfalls Agentin – war die „heimliche, große Liebe" von Franz Liszt; in der einzigen von ihm autorisierten Biographie musste über sie geschwiegen werden.
[190] Jörg Petzel: *Teufelspuppen, brennende Perücken, Magnetiseure, Hüpf- und Schwungmeister. E.T.A. Hoffmann in Berlin*, Frankfurt (Oder) 2015, S. 27.
[191] J. F. Goldbeck: *Nachrichten von der königlichen Universität zu Königsberg in Preußen und den daselbst befindlichen Lehr-, Schul- und Erziehungsanstalten*, Leipzig, Dessau 1782, S. 89.

Lyck, welche Stelle er aber 1775 niederlegte. Er ist als Privatlehrer der Universität in die philos. Fakult. aufgenommen, hält aber keine Vorlesungen.[192]

Folglich war Johswich zunächst an der philosophischen Fakultät beschäftigt. So weist dann auch das Vorlesungsverzeichnis für das Wintersemester 1770/71 aus, dass Kant Logik und Metaphysik nach Feder zu lesen und auch M. Johswich neben weiteren Dozenten dieses Wissen zu vermitteln hatten.[193] Der letzte Eintrag für eine Lehrveranstaltung bei den Philosophen findet sich dann für das Sommersemester 1776. Vom Wintersemester 1785/86 bis zum Sommersemester 1797 lehrte er an der juristischen Fakultät.[194]

Der Abbruch der Lehrtätigkeit bei den Philosophen 1776 hing möglicherweise mit der Ablehnung Johswichs bei der Nachbesetzung der Professur der Poesie zusammen, zu der Warda in der *Altpreußischen Monatsschrift* Folgendes mitteilte: „Die philosophische Fakultät hatte in ihrem von Kant als Dekan geschriebenen Bericht an den akademischen Senat vom 17. April 1776 drei Personen [...] vorgeschlagen, einen vierten Kandidaten Johswich aber abgelehnt."[195]

Der Wechsel von einer Fakultät zur anderen war auch zu damaligen Zeiten eher die Ausnahme, und wenn, dann geschah dies an der Albertus-Universität zumeist zwischen der philosophischen und theologischen Fakultät. Deshalb war es für Pozzo[196] auch Anlass, den Wechsel von Johswich von den Philosophen zu den Juristen speziell zu erwähnen.

1785 publizierte Johswich zum Geburtstag Friedrichs II. (Friedrichs des Großen) einen Lobgesang, der von einem kaum zu übertreffenden Untertanengeist geprägt war.[197] Zwar waren derlei Lobgesänge, Hymnen und Huldigungen für jene Zeit durchaus als üblich zu werten,[198] jedoch erhob sich Johswich auch gleich selber, in dem er unter sei-

---

[192] *Litterarische Nachrichten von Preußen*, hg. von J. F. Goldbeck, Leipzig, Dessau 1781, S. 238f.
[193] Vorlesungsverzeichnisse der Universität Königsberg (1720–1804) [Anm. 29], S. 311. Genau diese Ankündigung zitiert auch Stark, Nachforschungen zu Briefen und Handschriften Immanuel Kants [Anm. 9], S. 324, dort aber, um den Nachweis zu erbringen, dass die Formulierung, wonach Kant die Metaphysik nach Feder lesen werde, wohl auf einem Fehler des Schreibers oder Druckers beruhe, da Kant Metaphysik früher nach Baumeister, später nach Baumgarten, jedoch nicht nach dem „ungewöhnlichen" Feder gelesen habe.
[194] Ebd., S. 743 (Register der Lehrpersonen) und S. 762 (Register der Personen, Autoren, Werke und Handbücher).
[195] Arthur Warda: Zwei Mitteilungen in der Biographie Kants, in: *Altpreußische Monatsschrift*, hg. von August Seraphim, Bd. 48 (der Provinzial-Blätter Band 114), Königsberg 1911, S. 557–561, S. 561.
[196] Riccardo Pozzo: Kant's *Streit der Fakultäten* and Conditions in Königsberg, in: *History of Universities* XVI.2 (2000), hg. von Mordechai Feingold, Oxford 2001, S. 96–128, S. 126, auf der er formuliert: „There were two double appointments from philosophy to law: Celestin Kowalewski (1700–1772) and Martin Christian Johswich (no dates available)".
[197] Martin Christian Johswich: *Die Glückseligkeit der Preußischen Staaten, in dem Leben ihres großen Monarchen, sang an dem hohen Geburtstage seiner königlichen Majestät, des allerdurchlauchtigsten und großmächtigsten Königs und Herrn Friederichs des Großen, Königes von Preußen, Marggrafen zu Brandenburg, des Churfürsten und Erzkämmerers, den 24. Jänner 1785*, Königsberg 1785.
[198] Vgl. Theodor Josephides von Tomanskiy: *Lobrede zur Ehre Katharina der Zweiten, der mit Loorbern bekränzten Kaiserin und Gesezzgeberin von Rußland, an Ihrem hohen Namenstage den 24. November A. St. 1774 in einer öffentlichen Versammlung der Königl. deutschen Gesellschaft zu Königsberg und in Gegenwart hoher Personen*, Königsberg 1774. Oder ohne Angaben zum Verfasser: *Dem Allerdurchlauchtigsten Großmächtigsten Könige Friedrich Wilhelm König von Preussen. Am Tage der Huldigung in tiefster Ehrfurcht überreicht von der Kaufmannschaft zu Königsberg*, Königsberg 1786.

nem Namen den Zusatz „der Weltweisheit Doctor, der schönen Wissenschaften und freyen Künste Magister der hohen Schule zu Königsberg" hinzufügte. Reaktionen auf dieses Werk sind nicht überliefert.

Der etwas glücklose Johswich fand dann noch einmal Erwähnung in der *Altpreußischen Monatsschrift*. Der spätere Pfarrer Puttlich formulierte während seiner Studienzeit zu Johswich unter dem 22. September 1785 folgenden Tagebucheintrag:

> Ich hörte heute erzählen, daß der Johswich bey seiner Inauguraldisputation gestern wäre ausgepfiffen worden u. daß ihm Nachmittag niemand opponirt hätte.[199]

4. Hoffmanns Selbstzeugnisse aus seiner Studienzeit unter Berücksichtigung der Erinnerungen von Hippels

Hoffmann begann, wie oben dargelegt, sein Studium am 27.3.1792, am Ende des Wintersemesters 1791/92. Erste briefliche Zeugnisse Hoffmanns sind erst seit Dezember 1794 übermittelt, daher bieten die Erinnerungen seines Freundes Hippel eine überbrückende Ergänzung:

> Die erste Studentenzeit Hoffmanns bietet nichts Merkwürdiges dar. Da er die Universität später als der Freund bezog, hörte das Beysammenleben, dessen wir oben gedacht in der Schule auf. Auch trafen sie späterhin in den Vorlesungen nicht zusammen. Ihr Studienplan divergirte eben so von einander, wie die Geister der beyden Oheime, von denen derselbe angeordnet war. Hoffmann betrachtete, für diesen Fall ganz im Geiste seines Oheims, das Studium der Jurisprudenz nur als das Mittel, bald Brod zu erwerben und bald aus dem großmütterlichen Hause zu kommen. Seine Seele gehörte den Künsten. Was mit diesen, oder mit der Brodwissenschaft nicht in unmittelbarer Beziehung stand, berührte ihn nicht. Geradesten Weges ging er auf sein Ziel los. […] Hoffmann besuchte mit gewissenhafter Pünktlichkeit die Vorlesungen, und er konnte für vorzüglich fleißig gelten. Seine ganze übrige Zeit war den Künsten gewidmet.[200]

Hoffmanns Freund Hippel dagegen vertiefte sich „neben der juristischen Fachwissenschaft auch [in] allerhand Humanoria, begab sich auch in das Gewühl des Königsberger Studentenlebens".[201] Er hörte „vor allen Dingen Kant und den berühmten Staatsrechtslehrer Kraus […]. Der Studien- und Collegienplan ward stets genau mit dem Onkel verabredet und strenge innegehalten".[202] Der Stadtpräsident, seit 1790 Theodor Gottlieb von Hippel, hatte seinen Neffen als Universalerben und Verwalter seines Vermögens und seiner Ländereien vorgesehen.[203] 1792 kam es jedoch zu einem ernsten Konflikt, denn der Neffe wollte die Universität verlassen und sich einem rheinischen Husarenregiment anschließen. Der Onkel verhinderte diesen Plan und ließ seitdem Hoffmanns Freund von der Polizei in Königsberg überwachen.[204]

---

[199] Arthur Warda: Aus dem Leben des Pfarrers Christian Friedrich Puttlich, in: *Altpreußische Monatsschrift*, hg. von Rudolf Reicke, Bd. 42 (der Preussischen Provinzial-Blätter CVIII. Band), Königsberg 1905, S. 253–304, S. 282.
[200] Hippels Erinnerungen an Hoffmann [Anm. 105], S. 18f. Vgl. auch dazu Theodor Bach: *Theodor Gottlieb von Hippel, der Verfasser des Aufrufs „An mein Volk." Ein Gedenkblatt zur fünfzigjährigen Feier der Erhebung Preußens*, Breslau 1863, S. 21.
[201] Theodor Gottlieb von Hippel, der Verfasser des Aufrufs „An mein Volk." [Anm. 200], S. 21.
[202] Ebd., S. 24. Vgl. auch S. 28.
[203] Hippels Erinnerungen an Hoffmann [Anm. 105], S. LII.
[204] Theodor Gottlieb von Hippel, der Verfasser des Aufrufs „An mein Volk." [Anm. 200], S. 23.

In den Semesterferien beklagte sich Hoffmann in seinem Brief vom 12. Dezember 1794 an Hippel, der nach seinem abgelegten Auskultatorenexamen[205] zu seinem Vater nach Arnau gezogen war:

> So isoliert, so abgesondert von allen hab' ich seit meinen Studentenjahren noch nicht gelebt […] – ich studiere also jetzt die Kunst in mir selbst alles zu suchen, und glaube auch mit der Zeit in mir zu finden was mir nützen kann […] Reidnitz hat geschlossen – ich sitze ein und bin jetzt mit allem möglichen beschäftigt[.][206]

In dem Brief vom 12. Januar 1795 imaginiert Hoffmann seine Studentenjahre in einer idealisierten Rückschau:

> Hast Du den Herbsttag von Ifland gelesen? – ich kann mir keine herrlichere Szene denken als die des Lizent<iaten> Wanner und des Selbert, wo sie sich ihrer froh durchlebten Universitätsjahre erinnern. – Sollte dies nicht einst bei uns der Fall sein? – Der Rückblick in vergangene frohe Zeiten gewährt einen hohen geistigen Genuß.[207]

Von Migräne und Unwohlsein geplagt beklagte sich Hoffmann gegenüber Hippel: „Seitdem Du in A<rnau> bist, bin ich wirklich hier mitten im größten Gewühl sehr verlassen […]. Das Studieren geht langsam und traurig – ich muß mich zwingen ein Jurist zu werden."[208]

Am 22. Juli 1795 bestand Hoffmann sein erstes juristisches Examen. Hippel erinnerte sich an Hoffmanns Prüfungsängste: „Fast lächerlich war die Furcht vor und nach derselben. Besonders quälte ihn das lange Ausbleiben seiner Bestätigung."[209] Erst am 27. August 1795 erfolgte Hoffmanns Ernennung zum Auskultator an der Regierung (dem Obergericht) in Königsberg.[210]

Am 22. September 1795 klagte Hoffmann gegenüber Hippel: „Es ist, als ob sich alles vereinigte mir meine Tage jetzt abscheulich zu machen – schon gehts in die zehnte Woche, daß ich examiniert bin, und noch ist nichts von Berlin zurück, noch bin ich nicht vereidigt."[211]

Hoffmanns Vereidigung bzw. Verpflichtung erfolgte erst am 29. September 1795.[212] Doch seine künstlerischen Ambitionen konnte er nicht verleugnen:

> Wenn ich von mir selbst abhinge, würd' ich Komponist, und hätte die Hoffnung in meinem Fache groß zu werden, da ich in dem jetzt gewählten ewig ein Stümper bleiben werde.[213]

Weiterhin beschwerte er sich gegenüber Hippel:

---

[205] Ebd., S. 29.
[206] E.T.A. Hoffmann: *Sämtliche Werke in sechs Bänden*, Bd. 1: *Frühe Prosa. Briefe. Tagebücher. Libretti. Juristische Schrift. Werke 1794–1813*, hg. von Hartmut Steinecke u.a., Frankfurt a.M. 2003, S. 18f.
[207] Ebd., S. 21.
[208] Ebd., S. 33.
[209] Hippels Erinnerungen an Hoffmann [Anm. 105], S. 23.
[210] E.T.A. Hoffmann in Aufzeichnungen seiner Freunde und Bekannten [Anm. 107], S. 39f.
[211] E.T.A. Hoffmann: *Sämtliche Werke in sechs Bänden*, Bd. 1: *Frühe Prosa. Briefe. Tagebücher. Libretti. Juristische Schrift. Werke 1794–1813*, hg. von Hartmut Steinecke u.a., Frankfurt a.M. 2003, S. 35.
[212] E.T.A. Hoffmann in Aufzeichnungen seiner Freunde und Bekannten [Anm. 107], S. 40.
[213] E.T.A. Hoffmann: *Sämtliche Werke in sechs Bänden*, Bd. 1: *Frühe Prosa. Briefe. Tagebücher. Libretti. Juristische Schrift. Werke 1794–1813*, hg. von Hartmut Steinecke u.a., Frankfurt a.M. 2003, S. 42.

> Ich lebe in einer Geschäftslosigkeit, die meinen Tätigkeitstrieb abstumpft und mich zu jeder Anstrengung unfähig macht. Auf der Regierung werde ich unter der Menge ganz übersehn und muß mich glücklich schätzen, wenn ich mich dazu drängen kann Supplikanten zu vernehmen oder Protokoll zu führen […][.] Du übst Dich in allen nur möglichen Arbeiten und wirst gewiß längst Rat sein, wenn ich noch als Auskultator (*Ohrenspitzer* – ich hab über diesen Ausdruck mich sehr gefreut) herumlaufe, und irgendwo Präsident, wenn ich irgend eine kleine Stelle von ein paar hundert Taler Gehalt erhasche.[214]

Es folgen Klagen über die trockene Aktenlektüre,[215] aber auch das selbstbewusste Bekenntnis:

> Die Wochentage bin ich Jurist und höchstens etwas Musiker, Sonntags am Tage wird gezeichnet und Abends bin ich ein sehr witziger Autor bis in die späte Nacht[.][216]

Hoffmanns Pläne, seine juristische Karriere in Marienwerder, Danzig oder Thorn zu machen, blieben unerfüllt.[217] Das Schreiben juristischer Berichte, Hoffmann benannte es „Relationenschmieden", vertrieben ihm die Grazien der Poesie, „die sich bei allem, was nur nach Juristerei riecht, […] wegstehlen, als befürchten sie irgend etwas unziemliches von dem Mann mit der langen Nase".[218] Im Februar 1796 erwähnte Hoffmann „einen Instr<uktions>Termin in einer SchwängerungsSache".[219]

Die amourösen Verwicklungen in Königsberg, aber auch der Tod seiner Mutter, nötigten Hoffmann, das Angebot seines Onkels Johann Ludwig Doerffer anzunehmen, der ihm die Aussicht auf eine Beschäftigung als Auskultator bei der Glogauer Oberamtsregierung eröffnete. Am 2. Mai 1796 schrieb Hoffmann daher an König Friedrich Wilhelm II. von Preußen:

> Mein MutterBruder der OberAmtsRegierungsRat Doerffer in GroßGlogau, fordert mich auf, unter seiner Aufsicht bei der Königl. Preuß. OberAmtsRegierung in GroßGlogau als Auskultator zu arbeiten. Da diese Aufforderung mir die Aussicht mich im theoretischen und praktischen Fach auf das zweckmäßigste zu bilden mir eröffnet, und da ich mich emsigst bestrebt, auf meiner bisherigen Laufbahn die mir obliegenden Pflichten getreulich zu erfüllen, so wage ich es alleruntertänigst zu bitten E<w.> K<önigliche> Maj<estät> wollen allergnädigst geruhen mir ein Zeugnis von meinem *Examine* und meiner Führung zufertigen zu lassen, mir die Verlassung des mir Allerhöchst verliehenen AuskultatorPostens etwa während einer zweijährigen Frist zu gestatten […] und mich zu berechtigen […] nach wie vor bei Ew. K<öniglichen> Maj<estät> höchst verordneten Ostpreußischen Regierung arbeiten zu dürfen.[220]

Die erwünschte Bestätigung erfolgte am 3. Mai 1796,[221] und Hoffmann zog im Juni 1796 zu seinen Verwandten nach Glogau.

---

[214] Ebd., S. 43f.
[215] Ebd., S. 50.
[216] Ebd., S. 51.
[217] Ebd., S. 52.
[218] Ebd., S. 57.
[219] Ebd., S. 59.
[220] Ebd., S. 66f.
[221] E.T.A. Hoffmann in Aufzeichnungen seiner Freunde und Bekannten [Anm. 107], S. 42.

5. Kritik meiner Vernunft oder Immanuel Kant im Werk E.T.A. Hoffmanns

Beim Studieren eines alten Stadtplans von Königsberg wird augenfällig, dass die Wohnungen der Familie Doerffer und die des Stadtpräsidenten Hippel recht nahe beieinander lagen, was dessen Neffe 1834 zur folgenden Randbemerkung veranlasste:

> Vielleicht verdient die Bemerkung hier eine Stelle, daß in den zwei Häusern der Junkerstraße zu Königsberg – nur durch das v. Lesgewangsche Stiftshaus, das zwischen ihnen lag, getrennt, – drei Dichter fast gleichzeitig gewohnt und gelebt haben, durch deren Namen ihre Vaterstadt geehrt wird, Zacharias Werner und E.T.W. Hoffmann im Dörferschen Hause, Hippel in seinem eigenen.[222]

Das große Anwesen des alten Hippel, das sogenannte „Borstellsche Haus", befand sich in der Junkergasse unweit der Wohnungen Kants und Hamanns.[223]

Immanuel Kant lehrte an der Königsberger Universität als Professor für Logik und Metaphysik von 1770 bis 1797. Wie schon im ersten Kapitel erörtert, war Kant nicht nur in der philosophischen, sondern auch in der juristischen Fakultät omnipräsent.[224]

> Die Königsberger Universität, die ‚Albertina', zählt während Hoffmanns Studienzeit nicht zu den bedeutenden des deutschen Sprachgebietes. Daran kann auch Kants Ruhm nichts ändern. Halle, Leipzig und Jena – das waren damals die akademischen Metropolen. Die Zahl der Studenten in Königsberg ging zurück. Wäre Kant nicht gewesen, der Rückgang wäre noch dramatischer ausgefallen. Immerhin saßen in Kants Vorlesungen – morgens von 7 bis 9 Uhr – bisweilen ein Drittel aller immatrikulierten Studenten, und dies obwohl Kants Vortragsweise wenig attraktiv gewesen sein soll. […] Seit 1792, Hoffmann beginnt in diesem Jahr sein Studium, reduziert Kant seine Lehrtätigkeit.[225]

Schon zu seiner Schulzeit kam Hoffmann unter dem Einfluss einiger seiner Lehrer, die Kant-Schüler waren, mit den Schriften und der Lehre Kants in Berührung.[226]

Johann Schulz (1739–1805), seit 1776 zweiter Oberhofprediger und später auch Professor der Mathematik an der Universität Königsberg, war Hoffmanns Religionslehrer und Seelsorger; Hippel nannte ihn den „Erklärer Kants".[227]

Ob Hoffmann nun Hörer der Vorlesungen Kants war, lässt sich nicht mehr nachweisen, laut Hippel blieben ihm die „Kantschen Vorlesungen fremd", unmittelbaren Einfluss Kants auf Hoffmann oder eine persönliche Bekanntschaft mit jenem verneinte Hippel.[228]

Hoffmanns Universitätslehrer Reidenitz, Schmalz, Goltz und Holtzhauer standen den rechtstheoretischen Vorstellungen Kants nahe. Laut Hartmut Mangold „relativiert

---

[222] Hippels Erinnerungen an Hoffmann [Anm. 105], S. 325.
[223] Joseph Kohnen: *Theodor Gottlieb von Hippel. Eine zentrale Persönlichkeit der Königsberger Geistesgeschichte. Biographie und Bibliographie*, Lüneburg 1987, S. 141, vgl. auch S. 188. Kants Wohnung befand sich in der Nähe des Gefängnisses, der sich durch die gesungenen Choräle der Insassen gestört fühlte und beim Stadtpräsidenten Hippel den Antrag stellte, man möge den Gesang abstellen, was dann auch geschah. Vgl. dazu Rüdiger Safranski: *E.T.A. Hoffmann. Das Leben eines skeptischen Phantasten*, München, Wien 1984, S. 36.
[224] Vgl. Vorlesungsverzeichnisse der Universität Königsberg (1720–1804) [Anm. 29], S. 589–657.
[225] Safranski, E.T.A. Hoffmann [Anm. 103], S. 40.
[226] Hans von Müller: Die Königsberger Burgschule und ihr Rektor Wannowski, in: ders.: *Gesammelte Aufsätze über E.T.A. Hoffmann*, hg. von Friedrich Schnapp, Hildesheim 1974, S. 147–153.
[227] Hippels Erinnerungen an Hoffmann [Anm. 105], S. 13.
[228] Ebd., S. 18; vgl. auch S. 22.

sich die Bedeutung der Frage, ob der sechzehnjährige Student die kantischen Vorlesungen gar nicht gehört oder nur nicht verstanden hatte – in jedem Fall orientierten sich die Vorlesungen seiner Lehrer in aufklärerischer Tradition an Kants Freiheitsbegriff."[229]

Am 13. Februar 1804 druckte die *Königsberger Hartungsche Zeitung* die Nachricht des am Vortage erfolgten Todes Immanuel Kants, von der Hoffmann in seinem Tagebuch keinerlei Notiz nahm.[230]

In seinem Brief an Hippel vom 11. Dezember 1796 spielte Hoffmann mit dem Titel eines der Hauptwerke Kants und entwickelte dem Freund eine

> Aufwallung von gewissen tollen Ideen [...] und jetzt! – jetzt ist das alles geschehen, was ich damals bloß als möglich der Kritik meiner Vernunft unterwarf.[231]

Wulf Segebrecht verwarf aber schon 1967 den damaligen Forschungsstand, der ein angebliches Desinteresse Hoffmanns an Kant tradierte, mit dem Hinweis, dass Hoffmann „sich wenigstens mit denjenigen Schriften Kants, die sich mit seinen Interessengebieten befaßten, sehr wohl auseinandergesetzt hat".[232]

In einem Brief Hoffmanns an C. F. Kunz vom 12. August 1813 erwähnte Hoffmann seine Ansteckung und einen „Anfall von wirklicher Ruhr", die in Dresden grassiere, und ihn körperlich niederwerfe, „aber nicht geistig, und das Buch: die Kunst seiner krankhaften Gefühle Meister zu werden, ist nicht so schlecht wie es ihnen vorgekommen". Hoffmann zitierte hier aus dem Gedächtnis Immanuel Kants Abhandlung *Von der Macht des Gemüths durch den bloßen Vorsatz seiner krankhaften Gefühle Meister zu sein. Ein Antwortschreiben an Herrn Hofrath und Professor Hufeland*, Jena 1798; eine Antwort auf C. W. Hufelands *Makrobiotik oder die Kunst das menschliche Leben zu verlängern* (1796).[233] Die von Hoffmann zitierte Schrift Kants befand sich in einem Nachdruck (Frankfurt a.M., Leipzig 1800) im Kunzschen Leihbibliothekskatalog unter der Nummer 1300, und daher ist zu vermuten, dass Hoffmann sie in der Zeit seines Bamberger Aufenthalts gelesen hat.[234]

---

[229] E.T.A. Hoffmann: *Sämtliche Werke in sechs Bänden*, Bd. 1: *Frühe Prosa. Briefe. Tagebücher. Libretti. Juristische Schrift. Werke 1794–1813*, hg. von Hartmut Steinecke u.a., Frankfurt a.M. 2003, S. 1353. Vgl. dazu auch Mangold, Gerechtigkeit durch Poesie [Anm. 1], S. 53.

[230] E.T.A. Hoffmann: *Tagebücher. Nach der Ausgabe Hans v. Müllers mit Erläuterungen herausgegeben von Friedrich Schnapp*, München 1971, S. 303.

[231] E.T.A. Hoffmann: *Sämtliche Werke in sechs Bänden*, Bd. 1: *Frühe Prosa. Briefe. Tagebücher. Juristische Schrift. Werke 1794–1813*, hg. von Hartmut Steinecke u.a., Frankfurt a.M. 2003, S. 87.

[232] Wulf Segebrecht: E.T.A. Hoffmanns Auffassung von Richteramt und Dichterberuf. Mit unbekannten Zeugnissen aus Hoffmanns juristischer Tätigkeit, in: *Jahrbuch der deutschen Schillergesellschaft* XI, Stuttgart 1967, S. 62–138, S. 100, Fußnote 146.

[233] Der Erstdruck erschien in: *Journal der practischen Arzneykunde und Wundarzneykunst. Herausgegeben von C. W. Hufeland*, Bd. 5, 1.–4. Stück, Jena 1797–1798, S. 701–751, und war ein Dank an Hufeland für die Übersendung von dessen *Makrobiotik*. Hufelands Buch erwähnt Hoffmann auch in *Die Brautwahl*, in: E.T.A. Hoffmann: *Sämtliche Werke in sechs Bänden*, hg. von Hartmut Steinecke u.a., Bd. 4.: *Die Serapions-Brüder*, hg. von Wulf Segebrecht unter Mitarbeit von Ursula Segebrecht, Frankfurt a.M. 2001, S. 697 sowie den Kommentar auf S. 1491. Vgl. hierzu auch: Klaus Dörner: *Bürger und Irre. Zur Sozialgeschichte und Wissenschaftssoziologie der Psychiatrie*. Überarbeitete Neuauflage, Frankfurt a.M. 1984, S. 202 sowie Friedhelm Auhuber: *In einem fernen dunklen Spiegel. E.T.A. Hoffmanns Poetisierung der Medizin*, Opladen 1986, S. 198f.

[234] E.T.A. Hoffmann: *Sämtliche Werke in sechs Bänden*, Bd. 1: *Frühe Prosa. Briefe. Tagebücher. Libretti. Juristische Schrift. Werke 1794–1813*, hg. von Hartmut Steinecke u.a., Frankfurt a.M. 2003, S. 300 sowie den Kommentar auf S. 1159f.

Werner Keil entdeckte in Hoffmanns Rezension der 5. Sinfonie von Ludwig van Beethoven ein indirektes Zitat aus Kants *Kritik der Urteilskraft* (§64).[235]

Einen weiteren Beleg für Hoffmanns Rezeption der Werke Kants findet sich in seinem fachlichen Votum zum Fall des Mörders Daniel Schmolling (1818/19). Julius Eduard Hitzig publizierte 1825 in der *Zeitschrift für Criminal-Rechts-Pflege in den Preußischen Staaten mit Ausschluß der Rheinprovinzen*, die der Verleger Ferdinand Dümmler verlegte, die Vertheidigungsschrift zweiter Instanz für den Tabacksspinnergesellen Daniel Schmolling, welcher seine Geliebte ohne eine erkennbare Causa facinoris ermordete, als einen Beitrag zur Lehre von der Zurechnungsfähigkeit. Diesen Aufsatz Hitzigs mit dem darin abgedruckten Gutachten Hoffmanns im zweiten Heft des ersten Bandes entdeckte Wulf Segebrecht und publizierte Hoffmanns Text 1967 in seinem Aufsatz *E.T.A. Hoffmanns Auffassung vom Richteramt und vom Dichterberuf*.[236]

Die Gebiete ärztlicher, psychologischer und juristischer Kompetenz versucht Hoffmann in seinem Schmolling-Votum gegeneinander abzugrenzen. Die juristische Problematik ist in den Bestimmungen des Allgemeinen Landrechts klar niedergelegt: „Wer frey zu handeln unvermögend ist, bey dem findet kein Verbrechen, also auch keine Strafe statt." (II, 20, §16)[237]

Hoffmann erklärte dann:

> Für's erste ist zu bemerken, daß das eigentliche Gebiet, in dem sich die Wissenschaft des Arztes bewegt, nehmlich die Kenntniß des physischen menschlichen Organismus, wohl nicht an und für sich selbst auch den psychischen Organismus umfassen, sondern daß die Erkenntniß dieses geistigen Princips, so weit wie möglich, auf ganz andere Prämissen beruhen dürfte. Aus diesem Grunde eignete Kant die Untersuchung des Gemüthszustandes ganz der philosophischen Fakultät zu (Anthropologie §. 41.).

Hoffmann verwies damit auf Kants Buch *Anthropologie in pragmatischer Hinsicht abgefaßt*, Königsberg 1798; dort handelt der erste Abschnitt des ersten Teils mit den §§40–42 „Von den Gemütskrankheiten", die sich nur in der ersten Auflage befinden, die Hoffmann benutzte. Dort sprach Kant „[v]on den Schwächen und Krankheiten der Seele in Ansehung ihres Erkenntnisvermögens".[238]

---

[235] E.T.A. Hoffmann: *Sämtliche Werke in sechs Bänden*, Bd. 1: *Frühe Prosa. Briefe. Tagebücher. Libretti. Juristische Schrift. Werke 1794–1813*, hg. von Hartmut Steinecke u.a., Frankfurt a.M. 2003, S. 535. Werner Keil: E.T.A. Hoffmann als Komponist, in: *E.T.A. Hoffmann. Leben – Werk – Wirkung. 2., erweiterte Auflage*, hg. von Detlef Kremer, Berlin, Boston 2012, S. 425–448, S. 435.

[236] Segebrecht, E.T.A. Hoffmanns Auffassung vom Richteramt und vom Dichterberuf [Anm. 232], S. 62–138, der kommentierte Abdruck des Gutachtens findet sich auf den Seiten 100–128. Vgl. auch den Abdruck in: E.T.A. Hoffmann: *Juristische Arbeiten*, herausgegeben und erläutert von Friedrich Schnapp, München 1973, S. 83–120.

[237] Vgl. dazu Theodore Ziolkowski: *Das Amt des Poeten. Die deutsche Romantik und ihre Institutionen*, Stuttgart 1992, S. 273–276.

[238] Bereits in den Jahren 1772/73 hatte Kant anthropologische Vorlesungen gehalten und gab 1798 seine *Anthropologie in pragmatischer Hinsicht* heraus, „in der die Psychopathologie kenntnisreicher als bei den zeitgenössischen Ärzten abgehandelt ist." Vgl. hierzu ausführlich das Kapitel über Kant und die „Erfahrungsseelenkunde" in: Dörner, Bürger und Irre [Anm. 233], S. 200–212. Vgl. ferner: Franz Loquai: *Künstler und Melancholie in der Romantik*, Frankfurt a.M. u.a. 1984, S. 250f.

In §41 wird die Frage abgehandelt, welcher Fakultät Geisteskranke zuzuweisen sind; die medizinische Fakultät sei überall dort unzuständig, wo keine Krankheitssymptome sichtbar seien, dagegen müsse die philosophische Fakultät zu der psychologischen Frage herangezogen werden, „ob der Angeklagte bei seiner Tat im Besitz seines natürlichen Verstandes- und Beurteilungsvermögens gewesen sei". Die gerichtliche Arzneikunde sei eine „Einmischung in fremdes Geschäfte".[239]

Denn in der Schuldfrage kann das Gericht ihn nicht an die medizinische Fakultät, sondern müsste (der Inkompetenz des Gerichtshofes halber) ihn an die philosophische Fakultät verweisen.

Dagegen argumentiert Hoffmann in seinem Votum:

> Dem im irdischen Leben befangenen Menschen ist es nicht vergönnt, die Tiefe seiner eignen Natur zu ergründen, und wenn der Philosoph sich über diese dunkle Materie in Spekulationen verliert, so darf der Richter sich nur *daran* halten, was die unzweideutigste Erfahrung festgestellt hat.[240]

Hoffmanns Freund und Nachlassverwalter Julius Eduard Hitzig verfasste dazu eine kritische Anmerkung und stellte in seinem Aufsatz das Vorgehen Hoffmanns infrage. Nach Hitzig ist dieser durch Kants Anthropologie angeregte Streit über die Beurteilung psychischer Vorgänge völlig „unnütz".[241]

Mit Kant setzte Ende des 18. Jahrhunderts eine negative Einschätzung der Leidenschaften ein, die laut Kants *Anthropologie in pragmatischer Hinsicht abgefasst* gerade das Gegenteil von Sittlichkeit und Moralität seien: „Leidenschaften sind Krebsschäden für die reine praktische Vernunft und mehrentheils unheilbar".[242]

Daran anknüpfend interpretierte Georg Reuchlein Hoffmanns Handlungsweise im juristisch-medizinischen Kompetenzstreit als eine „konservative, die Stellung der Justiz behauptende Position", die er wie folgt erläuterte:

> Aus diesem Grunde mußte E.T.A. Hoffmann – und darin zeigt sich abermals eine Übereinstimmung in Auffassungen des Dichters und Richters Hoffmann – Schmolling so ablehnend, so antipathisch und scheinbar ‚unromantisch' kalt begegnen, weil dieser sich ihm als Inkarnation einer gänzlich ‚a-' und ‚antiromantischen' Lebensweise darstellen mußte.[243]

Reuchleins Interpretation und Thesen provozierten in der Hoffmann-Forschung zahlreichen Widerspruch; stellvertretend dafür steht Friedhelm Auhubers umfangreiche Rezen-

---

[239] Segebrecht, E.T.A. Hoffmanns Auffassung vom Richteramt und vom Dichterberuf [Anm. 232], Fußnote 146. Das Kant-Zitat findet sich in: Immanuel Kant: *Werke in 6 Bänden*, hg. von Wilhelm Weischedel, Bd. 6, Frankfurt a.M. 1964, S. 528f. Vgl. dazu auch Mangold, Gerechtigkeit durch Poesie [Anm. 1], S. 80–93.

[240] Segebrecht, E.T.A. Hoffmanns Auffassung vom Richteramt und vom Dichterberuf [Anm. 232], S. 109; vgl. auch Segebrechts Deutung dieses Satzes auf S. 133.

[241] *Zeitschrift für die CriminalRechtsPflege*, Bd. 2, S. 368. Vgl. dazu auch Käfer, Widerspiegelungen des Strafrechts im Leben und Werk des Richters und Poeten E.T.A. Hoffmann [Anm. 25], S. 104–107.

[242] *Kants Werke*, Akademie-Textausgabe, Bd. VII: *Der Streit der Fakultäten. Anthropologie in pragmatischer Hinsicht*, Berlin 1968, S. 266. Vgl. dazu auch Auhuber, In einem fernen dunklen Spiegel [Anm. 233], S. 66f.

[243] Georg Reuchlein: *Das Problem der Zurechnungsfähigkeit bei E.T.A. Hoffmann und Georg Büchner. Zum Verhältnis von Literatur, Psychiatrie und Justiz im frühen 19. Jahrhundert*, Frankfurt a.M., Bern, New York 1985, S. 38, S. 41, sowie Fußnote 140, S. 97.

sion, der darin bemerkt: „Reuchleins Art, die Sachverhalte zu beleuchten, stellt die Forschung in ein schiefes Licht."[244]

Hoffmann schloss sich in dem Schmolling-Gutachten also nicht der Auffassung des Gutachters Dr. Merzdorff bezüglich der Unzurechnungsfähigkeit des Täters an.[245]

> Schmolling selbst wäre nur dann der Medizinalbehörde zu überantworten gewesen, wenn auf ihn die Diagnosen „partieller Wahnsinn verbunden mit fixen Ideen" oder „periodischer Wahnsinn" zugetroffen hätten. Für beide Formen gab es bei Schmolling keinen Hinweis; deshalb bestand Hoffmann auf der Anwendung des geltenden Rechts: der Todesstrafe. Der Rest des Gutachtens gilt dieser Beweisführung der Schuld und Schuldfähigkeit Schmollings. Diese Haltung hat nun überhaupt nichts mit einer „konservativen, restriktiven Rechtsauslegung zu tun, [...] sondern Hoffmann, ein vorzüglicher und scharfsinniger Jurist, ließ sich bei seiner Urteilsfindung ausschließlich von Fakten und Beweisen leiten und keinesfalls von restriktiven oder angeblich konservativen Kategorien."[246]

Mit der Ansicht Kants begründete Hoffmann in diesem Votum seine Auffassung, weshalb das medizinische Gutachten des Dr. Merzdorff nicht zwingend sei. Vielmehr betrieb er dessen Demontage.[247]

Hartmut Mangold kommentiert Hoffmanns Votum wie folgt:

> Mit Kant und Feuerbach unterschied er zwischen der Frage der metaphysischen Freiheit des Menschen, die eine philosophische und letztlich hermetische sei [...] und der Willkürfreiheit, auf deren Vorhandensein sich die strafrechtliche Verantwortung gründe.[248]

Auf Kant zurückverweisend differenziert Hartmut Mangold:

> Und letztlich spiegelt die strenge Differenzierung zwischen Moralität und Legalität Hoffmanns akademische Erziehung an der kantianisch geprägten Universität Königsberg wider; er weist den Verfasser als Schüler seines Königsberger Lehrers Reidenitz [...] aus, in dessen Tradition jener stand.[249]

Alfred Hoffmann verweist in seiner ausführlichen Analyse des Schmolling-Gutachtens auf Kants *Anthropologie in pragmatischer Hinsicht abgefasst* und seinen Disput mit den Vertretern der Medizin.[250]

---

[244] Vgl. dazu Friedhelm Auhuber: Das Problem der Zurechnungsfähigkeit im historischen, medizinischen und juristischen Kontext, in: *Georg Büchner Jahrbuch*, Bd. 5, hg. von Thomas Michael Mayer in Zusammenarbeit mit Hubert Gersch und Günter Oesterle, Frankfurt a.M. 1985, S. 358–369, S. 359.

[245] Vgl. ebd., S. 358–369, S. 361–365. Ferner vgl. auch: Bernd Hesse: *Reflexion und Wirkung der juristischen Tätigkeit im Werk E.T.A. Hoffmanns*, Frankfurt a.M. 2009, S. 130–139.

[246] Auhuber, Das Problem der Zurechnungsfähigkeit im historischen, medizinischen und juristischen Kontext [Anm. 244], S. 365. Vgl. dazu auch Franz Loquai: „Hoffmanns liberale Gesinnung gebot es ihm geradezu, im Falle Schmolling für Zurechnungsfähigkeit (und damit das Todesurteil) zu plädieren, weil er sonst einer allzu engen Definition der Normalität Vorschub geleistet hätte.", in: *Mitteilungen der E.T.A. Hoffmann-Gesellschaft* 33 (1987), S. 155.

[247] Bernd Hesse: *Reflexion und Wirkung der juristischen Tätigkeit im Werk E.T.A. Hoffmanns*, Frankfurt a.M. 2009, S. 131.

[248] E.T.A. Hoffmann: *Sämtliche Werke in sechs Bänden*, Bd. 6: *Späte Prosa. Briefe. Tagebücher und Aufzeichnungen. Juristische Schrift. Werke 1814–1822*, hg. von Hartmut Steinecke u.a., Frankfurt a.M. 2004, S. 1514. Vgl. auch Mangold, Gerechtigkeit durch Poesie [Anm. 1], S. 24–34, S. 71–93.

[249] Mangold, Gerechtigkeit durch Poesie [Anm. 1], S. 93.

[250] Hoffmann, E.T.A. Hoffmann. Leben und Arbeit eines preußischen Richters [Anm. 25], S. 69–103, S. 83.

Dies zeigt zum einen, daß Hoffmann von den in Betracht kommenden Wissenschaften jedenfalls die philosophische für ungeeignet hielt, die Voraussetzungen der Zurechnungsfähigkeit zu Gerichtszwecken zu beurteilen.

Die philosophische Fachrichtung war

> bereits aus dem ‚Streit der Fakultäten' als Verliererin ausgeschieden […]. Kants gleichnamiges Werk hatte 20 Jahre nach seinem Erscheinen bereits seine Wirkung verloren.[251]

Zur Möglichkeit der Heranziehung eines Arztes vertrat Hoffmann

> einen differenzierten Standpunkt. Unter Berufung auf § 41 der Anthropologie Kants – wenn auch nicht mit dessen Schlußfolgerung, die Untersuchung des Gemütszustandes stünde gerade der *philosophischen* Fakultät zu – legt Hoffmann dar, daß das eigentliche Gebiet der Medizin lediglich den „physischen", nicht aber den „psychischen Organismus" umfasse. Denn die Erkenntnis der Psyche beruhe nach Hoffmann „auf ganz anderen Prämissen", als die der Physis. […] Hoffmann erkennt darin sehr wohl eine grundsätzliche Verpflichtung des Richters zur Hinzuziehung eines ärztlichen Gutachters an. Für den Fall, daß psychische Ursachen des angeblichen Wahnsinns nicht nachweisbar sind, hat nach Hoffmann allerdings immer der Richter das letzte Entscheidungsrecht über Fragen der Imputabilität.[252]

Alfred Hoffmann verneint folgende Auslegung Rüdiger Safranskis:

> Als kantianisch gesonnener Jurist wehrt sich Hoffmann gegen einen expandierenden Begriff der psychischen Krankheit, gegen die Tendenz, Handlungen, die von der Norm abweichen, die keine erkennbaren und keine gewohnheitsmäßig vertrauten Motive aufweisen, unter Wahnsinnsverdacht zu stellen. […] Der verengte Begriff geistiger Gesundheit und Normalität läßt in der Verbindung mit staatlicher Macht das Netz der allgegenwärtigen Normalitätskontrolle engmaschiger werden.[253]

Das hart ausfallende Gutachten E.T.A. Hoffmanns erklärt sich laut Alfred Hoffmann wie folgt:

> Er kommt zu diesem Ergebnis, weil er, der romantische Dichter als Richter jede Spekulation meidet, strenge Wissenschaftlichkeit beim Nachweis exkulpierender Krankheitsbilder verlangt und außerrechtliche Kriterien rigoros ablehnt. Hoffmann ist weit von einer Romantisierung des Täters und des Wahnsinns entfernt. Er ist damit in erstaunlich hohem Maß in der Lage, zwischen Künstler- und Richtertum zu trennen und die Gesetzlichkeiten seiner beiden Wirkungskreise zu respektieren.[254]

Für Margret Käfer verdeutlicht der Fall Schmolling zwei Überzeugungen Hoffmanns:

> Zum einen geht Hoffmann grundsätzlich davon aus, dass ein Mensch fähig ist, mit freiem Willen zu handeln. Zum Zweiten nimmt er an, dass die freie richterliche Überzeugung nicht unhin-

---

[251] Ebd., S. 86f.
[252] Ebd., S. 87.
[253] Safranski, E.T.A. Hoffmann [Anm. 103], S. 433f. Vgl. dazu Hoffmann, E.T.A. Hoffmann. Leben und Arbeit eines preußischen Richters [Anm. 25], S. 96.
[254] Hoffmann, E.T.A. Hoffmann. Leben und Arbeit eines preußischen Richters [Anm. 25], S. 101. Hartmut Mangold erkennt dagegen in seiner Rezension des Buches von Alfred Hoffmann „deutliche Hinweise dafür, daß daneben auch die von Safranski vertretene Auffassung richtig ist, daß sich der preußische Richter damit auch gegen einen zu umfassenden Zugriff des Staates auf das Individuum gewehrt habe – nicht, indem er den Bereich der Zurechnungsfähigkeit zu weit ausdehne, sondern dessen Kriterien zu objektivieren suche.", in: *Mitteilungen der E.T.A. Hoffmann-Gesellschaft* 37 (1991), S. 73–75, S. 73.

terfragt durch die Bezugnahme auf und die Hinnahme eines Sachverständigengutachtens gebildet werden kann. Ob der Täter frei zu handeln vermögend war, muss nach Hoffmann der Tatrichter selbst feststellen. [...] Hoffmann nimmt an, dass, solange das Gegenteil nicht erweislich ist, die Tat auf einer Willensübung beruht. Auch wenn der Sachverständige zu einem anderen Ergebnis gelangt, so bleibt Hoffmann bei seiner durch richterliche Überzeugung erlangten Entscheidung.[255]

Zur „Frage nach der Zurechenbarkeit auf Grund einer mit freiem Willen getroffenen Entscheidung" verweist Käfer auf einen Aufsatz von Kristian Kühl.[256] Dessen kritischer Einwand lautet:

Deshalb sollte man das Recht auch nicht so in den Dienst der Sittlichkeit stellen, wie dies gerade juristische Kant-Interpreten immer wieder getan haben. Denn trotz der gemeinsamen Basis der praktischen Philosophie bei Kant gilt für sein Vernunftrecht in Abgrenzung zur Moral unstreitig folgendes: Weder kann irgendjemand von mir aus Rechtsgründen verlangen, dass ich Vernunftsrechtsgesetze aus Pflicht erfülle und mich dabei als frei im Sinne von moralisch gut erweise, noch können andere von mir die Erfüllung speziell moralischer Pflichten wie z.B. die Tugendpflicht zur Nächstenliebe einfordern.[257]

Im Zeitraum des Schmolling-Votums 1818/19 entstand auch der erste Band von Hoffmanns Erzählsammlung *Die Serapions-Brüder*, der 1819 im Verlag von Georg Reimer erschien. Das darin einleitende Gespräch der Freunde thematisiert durchaus kritisch die Problematik einer weiteren „Clubb"-Gründung:

Mir fallen dabei jene Philosophen ein – doch, das muß ich fein ordentlich erzählen! – Denkt euch zwei Leute – ich will sie Sebastian und Ptolomäus nennen – denkt euch also, daß diese auf der Universität zu K– mit dem größten Eifer die Kantische Philosophie studieren, und sich beinahe täglich in den heftigsten Disputationen über diesen, jenen Satz erlaben.

Der philosophische Streit der Freunde wird aber unterbrochen, und erst nach zwanzig Jahren treffen sie sich in B– auf der Straße wieder und setzen ihr Streitgespräch nahtlos fort.

Beide disputierten zwei, drei Stunden hindurch Straß' auf Straß' ab wandelnd. Beide geben sich ganz erhitzt das Wort den Professor selbst zum Schiedsrichter aufzufordern, nicht bedenkend, daß sie in B** sind, daß der alte Immanuel schon seit vielen Jahren im Grabe ruht, trennen sich und finden sich nie mehr wieder. – Diese Geschichte die das Eigentümliche für sich hat, daß sie sich wirklich begeben, trägt für mich wenigstens beinahe etwas schauerliches in sich. Ohne einiges Entsetzen kann ich nicht diesen gespenstischen Philistrismus anschauen.[258]

Diese ironische Bezugnahme auf die Kantische Philosophie und seine Ausdeuter findet ihre Fortsetzung in Hoffmanns Doppel-Roman *Lebens-Ansichten des Katers Murr nebst fragmentarischer Biographie des Kapellmeisters Johannes Kreisler in zufälligen Makulaturblättern* (1820):

---

[255] Käfer, Widerspiegelungen des Strafrechts im Leben und Werk des Richters und Poeten E.T.A. Hoffmann [Anm. 25], S. 107.
[256] Ebd., S. 56, Fußnote 207.
[257] Kristian Kühl: Die Bedeutung der Kantischen Unterscheidung von Legalität und Moralität sowie von Rechtspflichten und Tugendpflichten für das Strafrecht – ein Problemaufriss, in: *Recht und Moral*, hg. von Heike Jung, Heinz Müller-Dietz, Ulfrid Neumann, Baden-Baden 1991, S. 139–176, S. 144.
[258] E.T.A. Hoffmann: *Sämtliche Werke in sechs Bänden*, Bd. 4.: *Die Serapions-Brüder*, hg. von Hartmut Steinecke u.a., Frankfurt a.M. 2001, S. 21f. sowie den Kommentar auf S. 1257.

> Ich schwieg einige Augenblicke, über Pontos geäußerte Grundsätze nachdenkend, mir fiel ein, irgend wo gelesen zu haben, ein jeder müsse so handeln, daß seine Handelsweise als allgemeines Prinzip gelten könne, oder wie er wünsche, daß alle Rücksichts seiner handeln möchten, und bemühte mich vergebens, dies Prinzip mit Ponto's Weltklugheit in Übereinstimmung zu bringen.[259]

Georg Ellingers Kommentar dazu lautet:

> Gemeint ist, wie aus der wörtlichen Anlehnung mit Sicherheit hervorgeht, Kants „Kritik der praktischen Vernunft", §7: „Handle so, daß die Maxime deines Willens jederzeit als Prinzip einer allgemeinen Gesetzgebung gelten könne!" Der scherzhaft angefügte, durchaus unkantische Satz: „oder wie er wünsche usw." erinnert in der Formgebung an Ev. Matthäi 7, 12.[260]

Andreas Seidler bemerkt dazu in seinem Aufsatz *Die Paradoxien des Genies* zusammenfassend,

> dass Kant den Begriff des Genies bestimmt über die Momente: Naturhaftigkeit, Angeboren-Sein, Originalität, Nicht-Erlernbarkeit, Musterhaftigkeit für Nachfolgende und den Gegensatz zur Nachahmung. Dieses Konzept soll zunächst konfrontiert werden mit dem Tun und Schreiben des dichtenden Katers Murr, der den Ausdruck „Genie" so penetrant häufig vor allem in Bezug auf sich selbst im Munde bzw. in der Feder führt.[261]

Ein weiterer, eher verborgener Bezug zu Werken Kants findet sich in Hoffmanns Erzählung *Die Marquise de la Pivardiere* aus dem Jahr 1820. Darin erkennt Hartmut Mangold eine Verarbeitung des „Lügenverbots" nach Kants *Metaphysik der Sitten*.[262]

Theodore Ziolkowskis Fazit dazu lautet:

> Kurz, der erfahrene Richter Hoffmann hebt bei jeder sich bietenden Gelegenheit die Zweideutigkeit und Unzuverlässigkeit von Aussagen und Indizien hervor, um zu demonstrieren, wie behutsam und vorsichtig man bei der Interpretation jeglichen Beweismaterials verfahren müsse.[263]

6. Fazit

Die nun vorliegenden Vorlesungsverzeichnisse der Albertus-Universität in Königsberg sind für die E.T.A. Hoffmann-Forschung ein Fundus, welcher der weiteren Ausschöpfung harrt. Der mit vorliegender Arbeit unternommene erste Abgleich dieser jetzt zugänglichen Quellen mit dem Forschungsstand fördert neue Erkenntnisse zutage.

Die Ausbildung an der Albertina entsprach der damaligen Üblichkeit mit vielen Vorlesungen und Lehrveranstaltungen zum Naturrecht, den Institutionen und Pandekten des römischen Rechts, aber auch schon dem modernen Preußischen Allgemeinen Landrecht. Immanuel Kant übte als Philosoph einen großen Einfluss auch auf die Professo-

---

[259] E.T.A. Hoffmann: *Sämtliche Werke in sechs Bänden*, Bd. 5: *Lebens-Ansichten des Katers Murr. Werke 1820–1821*, hg. von Hartmut Steinecke u.a., Frankfurt a.M. 1992, S. 137.
[260] *E.T.A. Hoffmanns Werke in fünfzehn Teilen*, Fünfzehnter Teil: *Kleine Schriften, Dramatisches und Register*, hg. von Georg Ellinger, 2. erweiterte Auflage, Berlin, Leipzig 1927, S. 288.
[261] Andreas Seidler: Die Paradoxien des Genies. Varianten ihrer Entfaltung in E.T.A. Hoffmanns *Lebens-Ansichten des Katers Murr*, in: *E.T.A. Hoffmann-Jahrbuch* 13 (2005), S. 59–77, S. 61.
[262] Mangold, Gerechtigkeit durch Poesie [Anm. 1], S. 197f., S. 281.
[263] Theodore Ziolkowski: *Das Amt der Poeten. Die deutsche Romantik und ihre Institutionen*, Stuttgart 1992, S. 158–161, S. 161.

ren der juristischen Fakultät aus, die insbesondere das Naturrecht ausgerichtet an den philosophischen Grundsätzen des berühmtesten Lehrers dieser Universität lehrten.

Neu ist unter anderem die Erkenntnis, dass neben dem in der Forschung immer wieder benannten Professor Reidenitz auch Professor Schmalz, der mit seiner Schrift zu politischen Vereinen im Zusammenhang mit der Demagogenverfolgung eine unrühmliche Rolle spielte, eine nicht zu unterschätzende Bedeutung für Hoffmanns Ausbildung an der Albertina gehabt haben dürfte.

Die bisweilen vertretene Auffassung von Hoffmanns Desinteresse an den Lehren Kants kann auch hier widerlegt werden. Die besondere Bedeutung des Faches Naturrecht, der Umstand, dass die Lehrer Hoffmanns insbesondere dieses Fach im Geiste Kants lehrten, und der Einfluss der Philosophie der Aufklärung auf die damaligen Gesetzesvorhaben zeigen die enge Verflechtung von Philosophie und dem Recht, das Hoffmann als Student zu lernen und als Richter anzuwenden hatte. Letztlich nutzte Hoffmann Aussagen der Lehren Kants für seine künstlerische und richterliche Tätigkeit.

Nicolas von Passavant

Zur Frage der Judenfeindlichkeit bei E.T.A. Hoffmann.
Eine Lektüre der Erzählungen *Die Brautwahl* und *Die Irrungen/Die Geheimnisse* im Diskurszusammenhang des Preußischen ‚Emanzipationsedikts' von 1812

Nachdem die Hoffmann-Philologie bereits früh auf antijüdische Klischeebilder in den späten Erzählungen *Die Brautwahl* und *Die Irrungen/Die Geheimnisse* aufmerksam geworden ist, hat es nach der völkischen Indienstnahme von Hoffmanns Literatur in der Zeit des Nationalsozialismus lange gedauert, bis man sich der Thematik wieder wissenschaftlich angenommen hat. Die jüngere Forschung zieht aus ihren Lektüren der späten Erzählungen dann weitreichende Schlüsse: Ihnen liege eine anti-emanzipatorische bzw. anti-aufklärerische Programmatik zugrunde, die eine grundlegende judenfeindliche Prägung nicht nur dieser Erzählungen, sondern von Hoffmanns Werk als Ganzem anzeige.

Nach einer Darstellung dieser Forschungslage (I.) rekapituliert der Aufsatz die Darstellung jüdischer Figuren in der *Brautwahl* (II.). Überraschenderweise finden sich hierbei auch Passagen, in denen judenfeindliche Diskriminierung in durchaus kritischer Weise thematisiert wird (III.). Diese paradoxe Gemengelage erklärt sich, so die These, aus einem verworrenen Bezug der Erzählung auf zeitgenössische Emanzipationsdiskurse (IV.), was eine Neulektüre der Schlussszene plausibilisieren soll (V.). Die Grundthese der jüngeren Forschung, dass in der *Brautwahl* eine das ganze Werk Hoffmanns grundierende antijüdische Programmatik zum Ausdruck kommt, lässt sich somit nicht bestätigen (VI.). Darauf deutet auch ein knapper Blick auf die weniger implikationsreiche Darstellung jüdischer Figuren in *Die Irrungen/Die Geheimnisse* (Anhang).

I. Forschungssituation

Im Zuge der Wiederentdeckung von Hoffmanns Literatur im frühen 20. Jahrhundert stellte man eine Verwendung judenfeindlicher Stereotype in den späten Erzählungen *Die Brautwahl* (1820) und *Die Irrungen/Die Geheimnisse* (1821/22) fest.[1] Diese Polemik versuchte man sich damals in biografischen Argumentationen mit Ressentiments Hoffmanns spezifisch gegen ‚emanzipierte' Juden zu erklären.[2] In der Zeit des Nationalsozia-

---

[1] Die Begriffe ‚Judenfeindlichkeit' und ‚Antisemitismus' finden in der Forschung unterschiedliche Verwendung. Da diskursgeschichtlich mit der Konzeptualisierung des Judentums als ‚Rasse' verbunden, wird der Begriff des Antisemitismus hier verwendet, wenn der Artikel sich auf entsprechende Äußerungen bezieht oder Forschungspositionen paraphrasiert, die mit dem Begriff operieren. Als judenfeindlich wird dagegen jegliche Abwertung aufgrund von als ‚jüdisch' konzeptualisierten Eigenschaften bezeichnet.

[2] Vgl. Friedrich Holtze: Hoffmanns „Brautwahl". Einleitung, in: *Schriften des Vereins für die Geschichte Berlins* XLIII (1910), S. 46–72; Hans von Müller: Nachwort zu Hoffmanns *Brautwahl* [1911], in:

lismus, in der bekanntermaßen auch die unrühmlichen Ursprünge der E.T.A. Hoffmann-Gesellschaft liegen, erfuhr die Thematik eine andere Bewertung: Wie von Detlef Kremer dargestellt, schusterte man Ahnentafeln zusammen, konstruierte abstruse biografische Zusammenhänge und legte hochgradig tendenziöse Lesarten der Texte vor,[3] um Hoffmann in einem Reigen literarischer Antisemiten zu verorten.[4]

In der Folgezeit vollzog sich in der Forschung eine Abkehr vom völkisch geprägten Hoffmannbild,[5] über die problematischen Stellen in den späten Erzählungen schwieg man sich aus. Ab Mitte der 1990er-Jahre begann man sich indessen für einen anderen Aspekt von Hoffmanns Verhältnis zum Judentum zu interessieren: Im Zusammenhang der Konjunktur von Forschungsthemen der Interkulturalität und der Medienforschung wurde Hoffmanns Rekurs auf die Kabbala im Rahmen seines an frühromantische Programmatiken einer ‚Neuen Mythologie' angelehnten Synkretismus religiöser Motive untersucht. Diese Adaption gestalte sich, so stellte man fest, durchwegs affirmativ, indem der jüdischen Mystik aufgrund ihrer sprachmagischen Implikationen besondere Reflexivität zukomme.[6]

Die späten Erzählungen wurden bis zur Jahrtausendwende nur zwei Mal Gegenstand einer Untersuchung: einmal durch Gerhard R. Kaiser, der 1989 zur Erklärung der besagten Stellen an die frühe These einer Abneigung Hoffmanns gegen ein ‚emanzipiertes' Judentum anknüpfte. Anhaltspunkte dafür, dass dies über diese späten Erzählungen hinaus für Hoffmanns Werk von Belang wäre, sah er nicht.[7] Noch weniger dramatisch beschrieb Josef Quack die Lage: In den späten Erzählungen zitiere Hoffmann juden-

---

Gesammelte Aufsätze über E.T.A. Hoffmann, hg. von Friedrich Schnapp, Hildesheim 1974, S. 223–260; Carl Georg von Maassen: Vorbericht, in: *E.T.A. Hoffmann: Sämtliche Werke. Historisch-kritische Ausgabe*, hg. von Carl Georg von Maassen, Bd. 7: Die Serapions-Brüder, München, Leipzig 1914, S. VII–LII, bes. S. XI–XXX; zu Maassen ferner auch Ludwig Geiger: E.T.A. Hoffmann und die Juden Berlins, in: *Allgemeine Zeitung des Judenthums* 78/22 (29.5.1914), S. 263.

[3] Vgl. Detlef Kremer: Grundzüge der Hoffmann-Forschung, in: *E.T.A. Hoffmann. Leben – Werk – Wirkung*, hg. von Detlef Kremer, Berlin ²2010, S. 593–616, bes. S. 599–602.

[4] Exemplarisch für die wüsten judenfeindlichen Auslassungen, siehe den Abschnitt über Hoffmann in Hans Karl Krüger: *Berliner Romantik und Berliner Judentum*, Bonn 1939, bes. S. 64–73.

[5] Vgl. den Überblick bei Kremer, Grundzüge der Hoffmann-Forschung [Anm. 3], S. 602–607.

[6] Vgl. Detlef Kremer: Alchemie und Kabbala. Hermetische Referenzen im „Goldenen Topf", in: *E.T.A. Hoffmann-Jahrbuch* 2 (1994), S. 36–56; das Kapitel „Dämonische Magie der Kabbala und metaphorische Magie der Poesie" in Andreas Kilcher: *Die Sprachtheorie der Kabbala als ästhetisches Paradigma. Die Konstruktion einer ästhetischen Kabbala seit der Frühen Neuzeit*, Stuttgart, Weimar 1998, S. 317–327; Detlef Kremer: Kabbalistische Signaturen. Sprachmagie als Brennpunkt romantischer Imagination bei E.T.A. Hoffmann und Achim von Arnim, in: *Kabbala und die Literatur der Romantik. Zwischen Magie und Trope*, hg. von Eveline Goodman-Thau u.a., Tübingen 1999, S. 197–221; Renate Lachmann: Geheimwissen in der phantastischen Literatur, in: *Literarische Fundstücke. Wiederentdeckungen und Neuentdeckungen*, hg. von Ariane Neuhaus-Koch, Gertrude Cepl-Kaufmann, Heidelberg 2002, S. 160–182; Danny Praet: Kabbala Ioculariter Denudata. E.T.A. Hoffmann's ironical use of Rosicrucianism, alchemy and esoteric philosophy as narrative substructures in „Die Irrungen" and „Die Geheimnisse", in: *Deutsche Vierteljahrsschrift für Literaturwissenschaft und Geistesgeschichte* 79/2 (2005), S. 253–285; Marco Lehmann: Kabbalistische Mysterien des Selbst. Schrift und Identität in E. T. A. Hoffmanns Doppelerzählung „Die Irrungen"/„Die Geheimnisse", in: *E.T.A. Hoffmann-Jahrbuch* 14 (2006), S. 7–36.

[7] Vgl. Gerhard R. Kaiser: Illustration zwischen Interpretation und Ideologie. József von Divékys antisemitische Lesart zu E.T.A. Hoffmanns *Klein Zaches genannt Zinnober*, in: *Mitteilungen der E.T.A. Hoffmann-Gesellschaft* 35 (1989), S. 21–48.

feindliche Klischeebilder im Sinne bestehender gesellschaftlicher Vorurteile, ohne sich zu ihnen affirmativ zu verhalten.[8]

Ab der Jahrtausendwende erfährt die Darstellung jüdischer Figuren insbesondere in der *Brautwahl* eine wesentlich negativere Beurteilung.[9] Und während man bis dahin davon ausgegangen war, dass es sich bei den späteren Erzählungen um die einzigen handle, in denen jüdische Figuren dargestellt werden, zieht man nun Rückschlüsse bezüglich früherer Texte: So vermutet Wolf-Daniel Hartwich auch in der Darstellung der Salondamen in der Novelle *Nachricht von den neuesten Schicksalen des Hundes Berganza* (1814) versteckte Ressentiments.[10] Hierbei ist er um eine kritische Einordnung bemüht: Die kulturalistische Judenkritik der Romantik sei nicht mit dem später rassistisch begründeten Antisemitismus zu verwechseln.[11] Auch fänden sich bei Hoffmann durchaus anders gewertete jüdische Motive, etwa die Wendung des Negativ-Klischeebilds des ‚ewigen Juden' ins Positive.[12] In der *Brautwahl* würden dann aber „die negativen Stereotypen, die sich seit dem Ende des 18. Jahrhunderts gegen das sogenannt ‚emanzipierte' Judentum richteten"[13] augenscheinlich, die eine „umfassende Jüdische[] Finanz-Mythologie"[14] kolportierten und „ein konstitutives Element im poetischen Universum des Autors"[15] bildeten.

Diese Einschätzung verschärft sich in einem Artikel von Gunnar Och: Nicht bloß das assimilierte Judentum werde in der *Brautwahl* angegriffen, die Figuren seien „Zerr- und Spiegelbilder einer ewig sich gleichbleibenden Imago des geldgierigen, heimtückischen oder wie auch immer böse gearteten Juden, den es buchstäblich auszutreiben gilt".[16] Im Zusammenhang einer Argumentation, die weiter unten diskutiert wird, kommt Och zu

---

[8] Vgl. Josef Quack: Über E.T.A. Hoffmanns Verhältnis zum Judentum. Eine Lektüre der „Brautwahl", der „Irrungen" und der „Geheimnisse", in: *Zeitschrift für Germanistik* NF 10/2 (2000), S. 281–297.

[9] Anstoß zur Neubewertung mag die öffentliche Diskussion um die Umbenennung des „Hoffmann-Gartens" neben dem Jüdischen Museum Berlin gewesen sein: In dessen Bestandsbau befand sich ehemals das Kollegienhaus des Preußischen Kammergerichts, bei dem der Schriftsteller tätig war. Daniel Libeskind entwarf mit dem Neubau des Museums daher einen nach Hoffmann benannten Garten. Nach Hinweisen auf die problematische Figurenzeichnung in Hoffmanns späten Erzählungen entschloss man sich indessen zu einer anderen Benennung (vgl. hierzu Vera Bendt: „Wahnsinnige Wissenschaft". E.T.A. Hoffmann, Exil und das Jüdische Museum Berlin, in: *E.T.A. Hoffmann-Jahrbuch* 8 (2000), S. 106–139).

[10] „Obwohl Hoffmann in der Erzählung Jüdisches mit keinem Wort erwähnt, zitiert der Text doch zahlreiche Motive aus der antisemitischen Kritik des Salons" (Wolf-Daniel Hartwich: Jüdische Gespenster: E.T.A. Hoffmann und der romantische Antisemitismus, in: *Das Judentum im Spiegel seiner kulturellen Umwelten*, hg. von Dieter Borchmeyer, Helmuth Kiesel, Neckargemünd 2002, S. 111–153, S. 129).

[11] Vgl. ebd., S. 116f.

[12] Vgl. ebd., S. 132. Diese Beobachtung auch bereits Kaisers (Illustration zwischen Interpretation und Ideologie [Anm. 7], S. 35) unterstreicht Mona Körte im Hoffmann-Kapitel ihrer ausführlichen Studie zur Geschichte des Ahasverus-Motivs (vgl. Mona Körte: *Die Uneinholbarkeit des Verfolgten. Der Ewige Jude in der literarischen Phantastik*, Frankfurt a.M. 2000, S. 168–211).

[13] Hartwich, Jüdische Gespenster [Anm. 10], S. 136.

[14] Ebd., S. 139.

[15] Ebd., S. 124.

[16] Gunnar Och: Literarischer Antisemitismus am Beispiel von E.T.A. Hoffmanns Erzählung *Die Brautwahl*, in: *Integration und Ausgrenzung. Studien zur deutsch-jüdischen Literatur- und Kulturgeschichte von der Frühen Neuzeit bis zur Gegenwart*, hg. von Mark H. Gelber, Jakob Hessing und Robert Jütte, Tübingen 2009, S. 57–71, S. 71.

dem Schluss, Hoffmanns Erzählung sei als pauschaler „Einspruch gegen den Diskurs der Aufklärung [...] durch Korrektur einer von Toleranz geprägten Perspektive auf das Judentum"[17] zu verstehen.

Die Einschätzung Ochs steht in Widerspruch zu zwei Paradigmen der neueren Hoffmann-Forschung: dass sich Hoffmanns Literatur im Allgemeinen nicht gegen die Aufklärung wendet, sondern ihre kritische Fortführung zum Ziel hat,[18] und sich, wie zitiert, bei Hoffmann eine sympathisierende Adaption kabbalistischer Motive findet. Eng wiederum an Hartwichs These einer Kritik jüdischer Assimilation argumentiert Michael Mandelartz, der sich im Anschluss an Hartwichs Lektüre des *Berganza* der Erzählung *Der Artushof* (1816) annimmt.[19] Zur Plausibilisierung der These eines „unterschwellige[n] Antisemitismus" in den Erzählungen verweist er denn auch auf die Forschung zu den späteren Erzählungen, in denen eine diskriminierende Grundhaltung offen zutage trete.[20]

Von einer judenfeindlichen Prägung früherer Erzählungen geht auch ein Aufsatz von Jan Süselbeck und Hans-Joachim Hahn aus, der eine entsprechende Färbung der Coppelius-Figur im *Sandmann* (1816) postuliert: Zwar handle die Erzählung „nicht explizit von Juden",[21] bereits Coppelius' „starke[] über die Oberlippe gezogene[] Nase" (3,15)[22] folge jedoch „gewissen Konventionen zeitgenössischer Judenkarikaturen".[23] Diese stünden auch hinter dem Hausiererberuf und dem fremdländischen Akzent seines Wiedergängers Coppola.[24] Und wie die Konnotationen des Ekelhaften und Ansteckenden entspreche auch die Ikonografie des Diabolischen, auf die Hoffmann zurückgreift, einer jahrhundertealten antijüdischen Tradition (ein Punkt, auf den auch Hartwich hingewiesen hatte).[25]

Manche der Schlüsse Süselbecks und Hahns in der Deutung der Coppelius/Coppola-Figur scheinen nicht zwingend: So wird der Bösewicht im Text mehrfach ausdrücklich

---

[17] Ebd., S. 67f.
[18] Wie Gerhard Neumann feststellt, inszeniert Hoffmann das Verhältnis von Vernunft und Einbildungskraft als „Duell zweier Prinzipien der Weltwahrnehmung". Ihm komme es auf „eben dieses Spannungsmuster konkurrierender Wahrnehmungsinstanzen, nicht auf die ausschließliche Gültigkeit eines der beiden Pole, [...] an" (Gerhard Neumann: Romantische Aufklärung. Zu E.T.A. Hoffmanns Wissenschaftspoetik, in: *Aufklärung als Form. Beiträge zu einem historischen und aktuellen Problem*, hg. von Helmut Schmiedt, Helmut J. Schneider, Würzburg 1997, S. 106–148, S. 116).
[19] Auch Mandelartz geht von einer „Verachtung [...] gegen diejenigen Juden" aus, „die nach der Assimilation in der bürgerlichen Gesellschaft aufgestiegen waren" (Michael Mandelartz: *Berganza* und *Der Artushof*. Poetische (Un-)Gerechtigkeit bei Lope de Vega, Cervantes und E.T.A. Hoffmann, in: *Zeitschrift für interkulturelle Germanistik* 8 (2017), S. 25–40, S. 35).
[20] Vgl. ebd., S. 32.
[21] Jan Süselbeck, Hans-Joachim Hahn: Ekel und Abscheu. Zur Affektpoetik des literarischen Antisemitismus in E.T.A. Hoffmanns Erzählung *Der Sandmann*, in: *E.T.A. Hoffmann-Jahrbuch* 28 (2020), S. 46–67, S. 54.
[22] Der Nachweis der Zitate aus Hoffmanns Werken erfolgt mit Bandnummer direkt im Text nach der Ausgabe E.T.A. Hoffmann: *Sämtliche Werke in sechs Bänden*, hg. von Hartmut Steinecke und Wulf Segebrecht, Frankfurt a. M. 1985–2004.
[23] Süselbeck, Hahn, Ekel und Abscheu [Anm. 21], S. 54.
[24] Vgl. ebd., S. 56f., S. 69f.
[25] Vgl. ebd., S. 62; Hartwich, Jüdische Gespenster [Anm. 10], S. 126.

als Italiener ausgewiesen,[26] was zwar nicht bedeutet, dass er nicht zudem Jude sein oder ‚jüdische' Eigenschaften tragen kann, aber den Akzent und den Krämerberuf auch anders erklärt. Ebenfalls berücksichtigen sie nicht, dass die *Sandmann*-Erzählung maßgeblich über die Wahrnehmung einer psychisch erkrankten Figur erzählt wird. Eine paranoide Zuschreibung von Negativtypisierungen könnte auch in diesem Zusammenhang interpretiert werden.

Die Autoren diskutieren das Thema der ‚jüdischen' Typisierung des Teuflischen in der Erzählung dagegen im Kontext einer These, die gar nicht primär auf die Frage nach der Wirkungsintention des Texts abzielt: Im Zusammenhang der literarischen Konstruktion gesellschaftlicher Gemeinschaftsgefühle habe Hoffmanns Literatur – gegebenenfalls auch ohne Absicht – die „affektive Evolution des modernen literarischen Antisemitismus"[27] mitgeprägt. Für diese implikationsreiche Annahme stehe zwar, so die Autoren, ein „empirischer Beleg […] noch aus". Es sei aber womöglich kein Zufall, dass die Nationalsozialisten „ein ‚weltanschauliches' Interesse"[28] an Hoffmanns Werk gehabt hätten.

Dass Detlef Kremer die Verkürzungen und Verfälschungen überzeugend herausgearbeitet hat, auf denen das faschistische Hoffmann-Bild beruhte, berücksichtigen sie nicht.[29] Stattdessen erscheint das entstellte Hoffmann-Bild des Nationalsozialismus unversehens als potenziell aufschlussreiche Lesart.[30] In diesem Zusammenhang führen die Autoren an (und damit kommt die Kategorie der Intention dann doch hinzu), dass in den späten Erzählungen *Die Brautwahl* und *Die Irrungen/Die Geheimnisse* eine antisemitische Haltung „sehr viel expliziter erprobt worden"[31] sei.

Diesen späten Erzählungen kommt somit in allen neueren Untersuchungen die Funktion des Kardinalbeweises einer judenfeindlichen Grundtendenz von Hoffmanns Literatur zu, und dies, obwohl über die genaue Programmatik der dortigen Verwendung von Klischeebildern keine Einigkeit besteht: Wird dort vor allem über sogenannt ‚emanzipierte' Juden gespottet oder über das Judentum überhaupt? In welchem Bezug dazu steht der hochgradig komplexe Bezug auf kabbalistische Motive? Inwieweit besteht eine

---

[26] Nathanael berichtet zunächst vom Hörensagen: „Er gibt sich hier, wie ich höre, für einen piemontesischen Mechanicus aus, und nennt sich Giuseppe Coppola" (3,20). Er bestätigt wenig später, man höre es „auch seiner Aussprache an, daß er wirklich Piemonteser ist" (3,24). Und auch der Erzähler spricht vom „Italiäner Coppola" (3,44).
[27] Süselbeck, Hahn, Ekel und Abscheu [Anm. 21], S. 67.
[28] Ebd.
[29] Versucht man, wenngleich philologisch ohnehin fragwürdig, aus der Wirkungsgeschichte von Texten auf ihren Gehalt zu schließen, müsste man in Hoffmanns Fall wohl auch berücksichtigen, dass sich die Popularisierung seiner Literatur im frühen 20. Jahrhundert auch und gerade im Zusammenhang von künstlerischen Bewegungen (des Expressionismus, des Surrealismus) vollzogen hat, die im Nationalsozialismus als ‚entartet' diffamiert wurden. Dasselbe gilt für die Hoffmann-Rezeption in der im deutschen Faschismus verschrienen psychoanalytischen Theorie Sigmund Freuds.
[30] Süselbeck und Hahn vermuten, dass ihre These bloß deshalb schwer zu plausibilisieren ist, weil „die gruppenspezifische Akzeptabilität derartiger [antisemitischer] Lesarten nach 1945 ja verneint und mit dem Ende des Zweiten Weltkrieges zumindest in der Öffentlichkeit unmöglich wurde" (Süselbeck, Hahn, Ekel und Abscheu [Anm. 21], S. 67).
[31] Ebd., S. 66. – Der Bezug auf die späten Erzählungen erfolgt über die hier in Anmerkung 7 und 10 genannten Artikel von Gerhard Kaiser (ebd., S. 50f.) und Wolf-Daniel Hartwich (ebd., S. 61).

antiaufklärerische Haltung Hoffmanns? Ja, hatte es sogar mit der nationalsozialistischen Hoffmann-Rezeption in übler Weise seine Richtigkeit?

Zur Klärung dieser Fragen soll eine neuerliche Lektüre der späten Erzählungen beitragen.

II. Antijüdische Klischeebilder

Der wichtigste Referenzpunkt der bisherigen Diskussion um die Verwendung antijüdischer Klischees bei Hoffmann ist die Darstellung des jungen jüdischen Barons Benjamin Dümmerl, kurz ‚Bensch', in der *Brautwahl*. Der junge Jude, der in der Geschichte gegen den sonderlichen Kanzleisekretär Tusmann und den genialischen Maler Edmund Lehsen um die Hand der hübschen Bürgertochter Albertine Voßwinkel buhlt, wird folgendermaßen eingeführt:

> Den jungen Baron Dümmerl sieht man häufig im Theater, wo er sich in einer Loge des ersten Rangs brüstet, noch häufiger in allen nur möglichen Konzerten; jeder weiß daher, daß er lang und mager ist wie eine Bohnenstange, daß er im schwarzgelben Gesicht von pechschwarzen krausen Haaren und Backenbart beschattet, im ganzen Wesen den ausgesprochensten Charakter des Volks aus dem Orient trägt, daß er nach der letzten bizarrsten Mode der englischen Stutzer gekleidet geht, verschiedene Sprachen in gleichem Dialekt unserer Leute spricht, die Violine kratzt, auch wohl das Piano hämmert, miserable Verse zusammenstoppelt, ohne Kenntnis und Geschmack den ästhetischen Kunstrichter spielt und den literarischen Mäzen gern spielen möchte, ohne Geist witzig und ohne Witz geistreich sein will, dummdreist, vorlaut, zudringlich, kurz, nach dem derben Ausdruck derjenigen verständigen Leute, denen er gar zu gern sich annähern möchte – ein unausstehlicher Bengel ist. Kommt nun noch hinzu, daß trotz seines vielen Geldes aus Allem was er beginnt, Geldsucht und eine schmutzige Kleinlichkeit hervorblickt […]. (4,677f.)

Mit Klischeezuschreibungen der Wichtigtuerei, der Unoriginalität, Zudringlichkeit und Geldsucht werden hier klassische antijüdische Stereotypen aufgerufen. Obschon literarische Judenfeindlichkeit nicht bloß eine Frage der Verwendung von Klischeebildern ist, sondern auch der Art und Weise ihrer Inszenierung und Perspektivierung;[32] und wenngleich hier nicht ganz deutlich wird, wie weit Hoffmanns Erzähler diese Klischeezuschreibungen selbst verantwortet und wie weit er die Meinung der Gesellschaft spiegelt, in der „jeder weiß", wie es sich mit Dümmerl (angeblich) verhalte: Der Text wiederholt solche Motive im Verlauf der Geschichte und scheint sie zum Schluss deutlich zu bestätigen. Daher leuchtet die in der Forschung prominente These zunächst ganz unmittelbar ein, den Text prägten judenfeindliche Ressentiments.

Weniger Aufmerksamkeit kam in den bisherigen Untersuchungen daher dem Umstand zu, dass Hoffmanns Text hinsichtlich dieser Vorurteile die Haltung einer gewissen Reflexivität entfaltet: So heißt es über Albertines Vater, Melchior Voßwinkel: „Trotz seiner grenzenlosen Habsucht, seiner Charakter- und Gewissenlosigkeit, empörte sich doch sein Inneres, wenn er sich lebhaft Albertinens Verbindung mit dem widerwärtigen

---

[32] Vgl. Mona Körte: Literarischer Antisemitismus, in: *Handbuch des Antisemitismus*, Bd. 3: *Begriffe, Ideologien, Theorien*, hg. von Wolfgang Benz, Berlin, New York 2010, S. 195–200, bes. S. 196f. – Körte legt ihrer Darstellung einen Kriterienkatalog aus der Studie von Martin Gubser zugrunde (vgl. Martin Gubser: *Literarischer Antisemitismus. Untersuchungen zu Gustav Freytag und anderen bürgerlichen Schriftstellern des 19. Jahrhunderts*, Göttingen 1998, S. 83–102).

Bensch vorstellte." (4,678) Der Text macht hier deutlich, dass der Spötter seine eigene Habsucht und Charakterlosigkeit auf den jungen Juden projiziert.[33]

In Dümmerls nächstem Auftritt, einer Einladung bei Voßwinkels, finden wiederum weitere Klischeebilder Verwendung: Als Dümmerl auf Albertine zutritt, schaltet sich der unheimliche Goldschmied und Zauberer Leonhard ein, der als Mentor des Malers Eduard im Kampf um Albertine figuriert, und bietet magische Kräfte auf, um den Juden lächerlich zu machen:

> Bensch's ansehnliche Nase schoß plötzlich zu einer solchen Länge hervor, daß sie dicht bei Albertinens Gesicht vorbeifahrend mit einem lauten Knack hart anstieß an die gegenüber stehende Wand. Bensch prallte einige Schritte zurück, sogleich zog sich die Nase wieder ein. Er näherte sich Albertinen, dasselbe Ereignis; kurz hinaus, hinein schob sich die Nase wie eine Baßposaune. (4,689f.)

Was bei der obigen Beschreibung Dümmerls im Theater noch ‚fehlte' – eine übergroße (phallische) Nase – wird hier zum Hauptgegenstand des Spotts.[34] Auch hier bleibt die Beschreibung jedoch insofern ambivalent, als nicht deutlich ist, ob das Diskriminierungsverfahren bloß beschrieben oder ob es positiv gewertet wird. Jedenfalls verfehlt Leonhards Zauberei aber den gewünschten Effekt, denn Dümmerls Onkel Manasse, ebenfalls heimlicher Magier, reagiert mit einem Gegenzauber: Er droht dem Kaufmann Voßwinkel mit einem Fluch, der dessen Geschäfte schädigen soll.

Auf diesen Fluch antwortet auch Leonhard mit einer Drohung: Sollte sich Voßwinkel von dem alten Juden einschüchtern lassen, so werde sein Schützling Eduard ein Bild von Voßwinkel malen, auf dem an Verlustgeschäfte Voßwinkels erinnert werde. Den Effekt eines solchen Bilds malt Leonhard dem Kaufmann in düsteren Farben aus:

> Haben […] nur funfzig Menschen […] das Bild gesehen, dann dringt die Kunde davon […] durch die ganze Stadt. Alles Lächerliche, alles Alberne, das man von Ihnen erzählt hat und noch erzählt, wird aufgefrischt mit neuen, glänzenden Farben, jeder, dem Sie begegnen, lacht Ihnen ins Gesicht und was das schlimmste ist, […] Ihr Credit ist hin. (4,703)

In einer Gesellschaft, in der sich alle gegenseitig zu übervorteilen versuchen, so ein Topos romantischer Kritik, muss jeder ständig darum fürchten, in ‚Misskredit' zu kommen – und dies sowohl im übertragenen als auch im wörtlichen Sinn: Ein gesellschaftlicher Reputationsverlust bringt den finanziellen Ruin und umgekehrt. Mit Leonhards Rede von der Wirkung eines entsprechend strategisch eingesetzten Gemäldes erreicht die Erzählung in der Darstellung von Diskriminierungsstrategien einen reflexiven Höhepunkt: Im Kampf um die gesellschaftliche und ökonomische Geltung zählen nicht Tat-

---

[33] Friedrich Holtze deutete diesen Umstand so, dass es sich bei Voßwinkel um einen christlich getauften ehemaligen Juden handle, womit Habsucht, Gewissen- und Charakterlosigkeit in der Erzählung weiterhin als ‚jüdische' Eigenschaften ausgewiesen würden (vgl. Holtze, Einleitung [Anm. 2], S. 58f.). Bereits Carl Georg von Maassen merkt indessen an, dass für eine solche Lektüre im Text belastbare Hinweise fehlen (vgl. Maassen, Vorbericht [Anm. 2], S. XXVI). In der neueren Forschung spielt Holtzes Vermutung keine Rolle mehr.

[34] Es scheint unklar, ob das Wort ‚ansehnlich' bei der Beschreibung von Dümmerls Nase im ironischen Wortsinn als ‚auffällig' zu verstehen ist oder ob diese im ursprünglichen Wortsinn (als Gegenteil von ‚unansehnlich') zunächst als ‚zierlich' aufzufassen ist: Damit würde die Nase erst durch Leonhards Zauberei zu auffälliger Größe anschwellen.

sachen an sich, sondern deren Darstellungen. Auch Leonhards Verzauberung der Nase von Benjamin Dümmerl wird hierdurch als Waffe im gesellschaftlichen Konkurrenzkampf kenntlich.[35]

Weil sich Voßwinkel aber weiterhin vor dem jüdischen Fluch fürchtet, ersinnt Leonhard eine neue Strategie: Nach dem Vorbild eines Motivs aus dem *Kaufmann von Venedig* soll sich jeder der Anwärter eines von drei durch Leonhard präparierten Kästchen aussuchen. Zwar enthält nur eines Albertines Porträt, in den anderen befinden sich jedoch Trostpreise, angesichts derer die anderen Anwärter ihre Rachegelüste vergessen sollen. Beim Sonderling Tusmann, der zuerst wählt, geht Leonhards Plan sofort auf.[36] Dümmerl, der als zweiter an die Reihe kommt, scheint dagegen zunächst weniger zufrieden: Sein Kästchen enthält eine „kleine saubere englische Feile" (4,715), mit der der Baron zunächst nichts anzufangen weiß. Als Leonhard ihm aber erklärt, dass man damit Münzen zum Glänzen bringen könne, zeigt auch er sich begeistert. Nach einem kurzen Handgemenge mit seinem Onkel Manasse, der ihm die Geldfeile entreißen will, setzt sich Dümmerl in eine Ecke und feilt vor sich hin.

Das Bild des Gerangels der beiden Juden um die Feile schien der Forschung dermaßen klischeebeladen, dass neben den genannten Aspekten der Erzählkonstruktion auch die Schlusspassage wenig Berücksichtigung fand: Eduard schiebt die Hochzeit mit Albertine auf, um in Rom Kunst zu studieren und sie dort bald zu vergessen. Sie lernt derweil einen „Referendarius *Gloxin*" kennen. Das ist: „ein hübscher, junger Mann, mit schmaler eingeschnürter Taille, zwei Westen und auf englische Art geknüpftem Halstuch" (4,718), vermögend und mit Faible für gesellschaftliche Anlässe. Ist dieser Gloxin in seinem galant-schnöseligen Habitus aber nicht ein genaues Abbild des verschmähten Benjamin Dümmerl? Ihm hatte man das Auftreten in der „bizarrsten Mode der englischen Stutzer" (4,677) übel genommen. Weshalb erscheint Gloxin in den Augen Albertines dagegen nun als Märchenprinz?

III. Manasse und Lippold

Im Forschungsüberblick wurde darauf aufmerksam gemacht, dass die neuere Forschung sehr weitreichende Thesen aus der Darstellung jüdischer Figuren in der *Brautwahl* entwi-

---

[35] Analog dazu wird der dritte Bewerber Tusmann ausgeschaltet, indem ihm Eduard das Gesicht mit grüner Farbe anmalt, die nach Leonhards Zauber haften bleibt. Dies stürzt Tusmann in äußerste Verzweiflung: „Je mehr ich mich mit dem Wasser wasche, das er mir angeraten, desto grüner werde ich", sodass er sich „[i]n einem abgelegenen Teil des Tiergartens" (4,695) „in den schnöden Froschlaich" (4,696) zu stürzen plant. – Angesichts auch wiederholter Hinweise auf Tusmanns weibliche Stimme wäre im Zusammenhang seiner mehrfachen Bezeichnung als Frosch und seines Besuchs in dunkeln Ecken des Tiergartens der Frage nachzugehen, ob der alternde Junggeselle als homosexuelle Figur gezeichnet wird. (Frösche figurieren in der Bibel als gleichermaßen sexualisierte wie ,unreine' Tiere. In den *Briefen über die Galanterien von Berlin*, den berüchtigten Beschreibungen der sexuellen Halbwelt der Stadt, die auch homosexuelle ,Laster' eingehend thematisieren, wird der Tiergarten als einer der Orte heimlicher Treffen aufgeführt [vgl. [Johann Friedel:] *Briefe über die Galanterien von Berlin. Auf einer Reise gesammelt von einem österreichischen Offizier*, Gotha 1782, S. 273].)

[36] Das Kästchen enthält ein Zauber-Buch mit leeren Seiten, auf denen immer genau jener Text erscheint, den Tusmann sich gerade wünscht (vgl. 4,713). – Unter den vielen technischen Erfindungen, die Hoffmann vorweggenommen hat, befindet sich also auch der *E-Book-Reader*.

ckelt: Hier trete ein programmatischer Antisemitismus zutage, der in versteckter Form auch Hoffmanns andere Werke bestimme. Dazu steht jedoch nicht nur in Widerspruch, dass man in anderen Bereichen der Forschung Motivbestände der jüdischen Mystik bei Hoffmann positiv gewertet fand. Es stellt sich nunmehr auch die Frage, weshalb gerade in der *Brautwahl* – dieser der neueren Forschung zufolge ganz und gar judenfeindlich geprägten Erzählung – für Verfahren fahrlässiger (Voßwinkel) und mutwilliger (Leonhard) Diskriminierung ein durchaus kritisches Sensorium zu bestehen scheint.

Anstatt solchen Fragen nachzugehen, hat sich die Sicht der Forschung seit Wolf-Daniel Hartwichs Aufsatz von vor zwanzig Jahren jedoch zunehmend vereindeutigt: Ging Hartwich von einer Kritik gegen das ‚emanzipierte' Judentum aus, glaubt Gunnar Och bei Hoffmann einen noch tiefer greifenden Antisemitismus im Zusammenhang einer generellen Ablehnung der Aufklärung am Werk. Wie Hartwich zu seinem Urteil kommt, ist in den Dümmerl-Szenen bereits nachvollziehbar geworden (wenngleich mit den genannten Vorbehalten bezüglich der Art und Weise der dortigen Erzählkonstruktion). Ochs These dagegen bezieht sich primär auf die Einführung der Figur Manasses zu Beginn der Erzählung.

In dieser ersten Szene unterhalten sich Leonhard und Tusmann über die Brandenburgische Festkultur des 17. Jahrhunderts. Leonhard bekundet im Rekurs auf einen Topos der frühromantischen Kritik, Berlin habe sich damals „bei weitem lustiger und bunter [ausgenommen], als jetzt, wo alles auf einerlei Weise ausgeprägt wird" (4,649). Manasse, zu dem sie sich gesetzt hatten, wirft ein: „Vergeßt doch die schönsten Feste nicht, an denen [...] auf dem Neumarkt die Scheiterhaufen dampften, und das Blut floß der unglücklichen Schlachtopfer, die auf die entsetzlichste Weise gemartert alles gestanden, was der tollste Wahn, der plumpste Aberglaube nur sich erträumen konnte" (4,651).

Tusmann fragt: „Sie meinen gewiß die schnöden Hexen- und Zauberprozesse, wie sie in alter Zeit statt fanden, mein bester Herr! – Ja, das war freilich ein schlimmes Ding, dem unsere schöne Aufklärung ein Ende gemacht hat." Leonard hingegen ist klar, dass Manasse insbesondere die Judenverfolgung im Blick hatte, die „Geschichte vom Münzjuden Lippold" (4,651). Dieser, so Leonhard, habe „[b]öse Künste [...] getrieben, um den Herrn sich ganz zu eigen zu machen", und sei dafür „auf dem Neumarkt hingerichtet" (4,652) worden.

Leonhards Erzählung der (realhistorischen) Episode ist hochgradig tendenziös: Schon Geschichtsbücher des 18. Jahrhunderts hatten Lippold weniger als bösen Zauberer denn als Justizopfer gezeichnet, das mittels Folter zu falschen Geständnissen gezwungen worden war. Wie die Forschung früh rekonstruiert hat, war Hoffmann diese aufklärerische Neubeurteilung bekannt.[37] Dass er sich trotzdem dazu entschieden hat, Leonhard die ältere, antijüdische Variante der historischen Geschichte in den Mund zu legen, ist für Gunnar Och nun Beleg der These, in der Erzählung werde „Einspruch gegen den

---

[37] So belegt Hans von Müller 1911 eine Transkription Hoffmanns aus Anton Balthasar Königs *Versuch einer Historischen Schilderung der Hauptveränderungen, der Religion, Sitten, Gewohnheiten, Künste, Wissenschaften etc. der Residenzstadt Berlin* von 1792 (vgl. Hans von Müller, Nachwort zu Hoffmanns *Brautwahl* [Anm. 2], S. 246–251).

Diskurs der Aufklärung erhoben [...] durch Korrektur einer von Toleranz geprägten Perspektive auf das Judentum".[38]

Während Leonhard auch später als Mentor Eduards (und damit Gegenspieler Manasses) keine Gelegenheit auslässt, Juden zu verunglimpfen, verwehrt sich Manasse bereits hier gegen dessen Invektiven: Ganz im Sinne der aufklärerischen Berichtigung der Lippold-Geschichte spricht er vom „tollste[n] Wahn" und dem „plumpste[n] Aberglauben", der sich gegen Juden als „unglückliche[] Schlachtopfer" gerichtet habe. Auch lobt Tusmann, dass die Aufklärung den „schnöden Hexen- und Zauberprozesse[n]" ein Ende gemacht hat. Diese Position deckt sich mit Hoffmanns Rechtsverständnis, wie es auch in Erzählungen wie dem *Fräulein von Scuderi* (1819) oder dem *Meister Floh* (1822) zum Ausdruck kommt.[39] Wenngleich die Darstellung sowohl der Figur Manasses als auch der Bezüge auf Lippold bei Hoffmann zwiespältig bleibt, scheint die These eines pauschalen Vorwurfs gegen die Aufklärung im Hinblick auf diese rechtsgeschichtlichen Aspekte also wenig plausibel.

Interessant ist im Zusammenhang von Fragen der antijüdischen Diskriminierung auch die Art und Weise, wie die Erzählung die Figuren Manasses und Leonhards in der Wirtshausszene einführt. Über Manasse heißt es knapp: „Sein Blick war scharf und stechend, und nur der stattliche Bart verriet den Juden, der alter Sitte und Gewohnheit treu geblieben." Der judenfeindliche Magier Leonhard wird dagegen ausführlicher beschrieben. Bei ihm „blitzten die großen Augen unter den schwarzen buschigten Augenbrauen" hervor. Er verfügt über eine „stark gebogene Adlers-Nase" und ein „gewölbtes Kinn", was ihn jedoch, wie es heißt, „vor hundert andern eben nicht ausgezeichnet" (4, 643) hätte.

Während Dümmerls Aussehen im Theater im Spiegel seiner gesellschaftlichen Wahrnehmung bzw. Leonhards Verzauberung beschrieben wird, schweigt sich der Text über Manasses Physiognomie ganz aus: Als Jude ist er ausdrücklich nur an seinem Bart zu erkennen. Leonhard wird dagegen mit genau jenen Attributen des Diabolischen versehen, in denen die Forschung mit Blick auf andere Erzählungen Anleihen an ein antijüdisch geprägtes Teufelsbild vermutete.[40]

Dieses physiognomisch typisiert ‚jüdische' Aussehen Leonhards wird im Text später direkt angesprochen: Der junge Maler Eduard erzählt, er habe als Kind gedacht, Leonhard sei „Ahasverus, der ewige Jude". Dieser antwortet lachend: „Warum nicht gar der

---

[38] Och, Literarischer Antisemitismus [Anm. 16], S. 67f.
[39] Vgl. Wulf Segebrecht: E.T.A. Hoffmanns Auffassung vom Richteramt und Dichterberuf. Mit unbekannten Zeugnissen aus Hoffmanns juristischer Tätigkeit, in: *Jahrbuch der Deutschen Schillergesellschaft* 11 (1967), S. 62–138; Hartmut Mangold: *Gerechtigkeit durch Poesie. Rechtliche Konfliktsituationen und ihre literarische Gestaltung bei E.T.A. Hoffmann*, Wiesbaden 1989; Heinz Müller-Dietz: E.T.A. Hoffmanns Erzählung „Das Fräulein von Scuderi" im (straf-)rechtsgeschichtlichen und kriminologischen Kontext, in: *E.T.A. Hoffmann: Das Fräulein von Scuderi*, mit Kommentaren von Heinz Müller-Dietz und Marion Bönnighausen, Berlin 2010, S. 69–96; sowie die Kommentare von Thomas Vormbaum und Michael Niehaus in E.T.A. Hoffmann: *Meister Floh. Ein Mährchen in sieben Abentheuern zweier Freunde*, mit Kommentaren von Thomas Vormbaum und Michael Niehaus, Berlin 2018, S. 183–222, bzw. 223–260.
[40] Vgl. Hartwich, Jüdische Gespenster [Anm. 10], S. 126; Süselbeck, Hahn, Ekel und Abscheu [Anm. 21], S. 62.

Rattenfänger von Hameln, oder der Alte Überall und Nirgends, oder das Petermännchen, oder sonst ein Kobold" (4,657). In der Erzählung findet somit also ein Bewusstsein für die Problematik einer ‚jüdischen' Prägung unheimlicher Figuren Ausdruck, wird jedoch als kindlicher Aberglaube abqualifiziert – und dies auch durch den Erzähler, der ja betont, die große Nase, die markanten Augenbrauen und das vorstehende Kinn Leonhards ließen keine bestimmten Rückschlüsse zu (sie unterscheiden ihn von „hundert andern eben nicht").

In der Wirtshausszene wird Leonhard sein Gesicht kurz zu einer Fuchsfratze verzaubern, um den dritten Mitbewerber, Tusmann, zu erschrecken. Der Goldschmied wird als Wiedergänger Leonhard Turnhäusers kenntlich: ein Alchemist des 16. Jahrhunderts, der behauptet hatte, Gold machen zu können, ohne dies aber einlösen zu können.[41] Um Leonhard zu foppen, zaubert nun auch der zuvor beleidigte Manasse: Er holt „einen großen schwarzen Rettig aus der Tasche", zerschneidet ihn, und

> so wie er mit geballter Faust auf eine Rettigscheibe schlug, sprang klappernd ein schön ausgeprägtes flimmernden Goldstück hervor, das er faßte, und dem Goldschmidt zuwarf. Doch, so wie dieser das Goldstück auffing, zerstäubte es in tausend knisternde Funken. Das schien den Alten zu ärgern, immer rascher und stärker prägte er die Rettigscheiben aus, immer prasselnder zersprangen sie in des Goldschmidts Hand. (4,654)

Während der Alchemist vergeblich Gold zu machen versuchte, so die Aussage, sei dies den Hoffaktoren der frühen Neuzeit gewissermaßen gelungen. Damit werden die Finanzgeschäfte der Hoffaktoren als undurchsichtige und potenziell zwielichtige Machenschaften deutlich. Wolf-Daniel Hartwich erkennt darin, sicher zurecht, die Kolportage einer „jüdische[n] Finanzmythologie".[42] In welchem Zusammenhang aber steht dieses zweifellos judenfeindliche Motiv zu den anderen genannten Stellen in der Erzählung, und welche Aussage ergibt sich daraus?

Solche angebliche ‚Magie' hatte sich Anfang des 19. Jahrhunderts, nach der Gründung von Staatsbanken, in Form des ‚Hofjudentums' erübrigt. Das bedeutete indessen nicht, dass zuvor zu Reichtum aufgestiegene jüdische Familien damit an gesellschaftlicher Bedeutung verloren hätten. Ein sprechendes Beispiel ist die Geschichte der Nachkommen des Bankiers und wichtigen Förderers der jüdischen Aufklärung Daniel Itzig: Als Hoffaktor Friedrich Wilhelm II. verfügte er über eine enorm wichtige Stellung, 1791 erhielten seine Familienangehörigen als erste Juden die preußische Staatsbürgerschaft. Wie die Historikerin Thekla Keuck nachweist, nehmen seine Nachkommen Ende des 18. Jahrhunderts, den aufklärerischen Ideen Daniel Itzigs folgend, auf Basis ihrer staatsbürgerlichen Anerkennung reputationsreiche bürgerliche Berufe an und festigen ihre gesellschaftliche Stellung so neu.[43]

Daniel Itzig hatte mit der Gründung der Jüdischen Freischule in Berlin Wichtiges zur innerjüdischen Reformbewegung der Haskala beigetragen, die jüdische Religion und auf-

---

[41] Dieser firmiert gängiger unter dem Namen Leonhard Thurneysser.
[42] Hartwich, Jüdische Gespenster [Anm. 10], S. 139.
[43] Vgl. Thekla Keuck: *Hofjuden und Kulturbürger. Die Geschichte der Familie Itzig in Berlin*, Göttingen 2011.

klärerisches Gedankengut zu verbinden suchte.[44] Da auch staatsbürgerlich anerkannte Juden indessen vom Studium der Rechtswissenschaften ausgeschlossen blieben, konvertiert sein Großsohn Julius nach Abschluss der Schule zum Christentum. Julius Hitzig, so sein Nachname nach der Taufe, wird eine hohe Stellung am Preußischen Kammergericht einnehmen und stellt als Herausgeber (u.a. des *Neuen Pitaval*) und Gründer literarischer Gesellschaften eine wichtige Figur im Berliner Kulturleben der ersten Hälfte des 19. Jahrhunderts dar. Er war bekanntlich einer der engsten Freunde E.T.A. Hoffmanns und dessen erster Biograf.

IV. Juristische und historische Zusammenhänge

Die Figuren des alten Manasse und des jungen Barons deutete die Forschung als Gegenüberstellung zweier Ausprägungen des Judentums um 1800: Der Neffe werde als ‚emanzipierter Jude' profiliert, Manasse dagegen als Traditionalist. Da Dümmerl den besagten Kampf um die Geldfeile gewinnt, folgert Wolf-Daniel Hartwich, im „Generationskonflikt zwischen dem traditionellen und dem emanzipierten Judentum" erweise sich „das akkulturierte Judentum []dem orthodoxen Glauben überlegen, weil es das größere ökonomische und gesellschaftliche Potenzial besitzt".[45] Das ist plausibel, impliziert aber noch keine Wertung gegen die Emanzipationsdiskurse.

Manasse wird als Jude gezeichnet, der an den religiösen Bräuchen festhält: Als vor der Kästchenwahl bei Voßwinkels ein üppiges Frühstück aufgetragen wird, greift Dümmerl beherzt zu. In Manasses unwirschem Gesichtsausdruck indessen liest man

> jene Antwort Shylocks: „Ja, um Schinken zu riechen, von der Behausung zu essen, wo euer Prophet, der Nazarener, den Teufel hineinbeschwor. Ich will mit Euch handeln und wandeln, mit Euch stehen und gehen und was dergleichen mehr ist; aber ich will nicht mit Euch essen, mit Euch trinken, noch mit Euch beten!" (4,711)

Das Shakespeare-Zitat zeigt Manasses affektive Verhaftung in den jüdischen Bräuchen und deutet auf eine (wie sich zeigen wird: nicht unbegründete) Skepsis den Gastgebern gegenüber.[46] Zumindest vordergründig scheint er mit Blick auf seinen Neffen an der jüdischen Religionszugehörigkeit dabei nicht festzuhalten. Als er bei Voßwinkel für die Ehe Dümmerls mit Albertine wirbt, bekundet er: „Mein Neffe ist nun einmal verliebt in Ihre Demoiselle Tochter und will sie glücklich machen, auf ein paar Tropfen Wasser wird es ihm daher wohl nicht ankommen, er bleibt ja doch derselbe." (4,678)

Es klingt ganz so, als würde ihm die Taufe als bloß äußerlicher Akt nicht besonders ausschlaggebend erscheinen. Darin hat die Forschung eine Absicht der Darstellung

---

[44] Vgl. zur Haskala Christoph Schulte: *Die jüdische Aufklärung. Philosophie, Religion, Geschichte*, München 2002.
[45] Hartwich, Jüdische Gespenster [Anm. 10], S. 140.
[46] Es entstammt der dritten Szene des ersten Akts. Shylock weist das Fleisch dabei nicht einfach mit einem Verweis auf die jüdischen Speisegesetze zurück, sondern bezieht sich sarkastisch auf die Episode, in der Christus die Dämonen in eine Schweineherde bannt (vgl. die eingehende Diskussion der Shakespeare-Stelle in David B. Goldstein: Failures of Eating in *The Merchant of Venice*, in: *Shakespeare et les arts de la table*, hg. von Pierre Kapitaniak u.a., Paris 2012, S. 31–46).

Manasses als ‚kryptojüdische' Figur vermutet.[47] Allerdings bleibt er selbst ja Jude und als solcher, wie oben genannt, an seinem Bart gut erkennbar. Sein Neffe indessen hat sich von jüdischem Brauchtum bereits weitgehend verabschiedet. Sogar wenn Manasse die Taufe seines Neffen also als ‚kryptojüdisches' Projekt verfolgen sollte (was am Text nicht weiter zu belegen ist), hätte dieser Plan kaum Aussichten auf Erfolg. Dass er als gläubiger Jude einer Taufe womöglich keine enorme Wirkung zuspricht, muss vor allem aber nicht bedeuten, dass er irgendwelche Verschwörungspläne hegt.

Ganz unmittelbar steht die Rede von der Taufe im Zusammenhang des 1812 in Preußen verabschiedeten sogenannten ‚Judenedikts': Nicht mehr nur einzelnen Familien (wie die genannten Itzigs), sondern allen in Preußen wohnhaften Juden kam damit die Möglichkeit ihrer staatsbürgerlichen Anerkennung sowie zwar nicht umfassende, aber doch relativ weitreichende Gewerbefreiheit zu – weiterhin ausgeschlossen blieben Juden im Allgemeinen von Tätigkeiten in Justiz und Beamtenschaft.[48] Eine Heirat mit einer Nichtjüdin bzw. einem Nichtjuden war möglich, bedingte jedoch einen Übertritt zum Christentum.[49] Wenn Manasse in Hoffmanns Erzählung also von einer möglichen Taufe seines Neffen spricht, buchstabiert er zunächst einmal diese juristischen Voraussetzungen einer Hochzeit des Barons mit Voßwinkels Tochter aus.

Neben den damaligen Bestrebungen zur Besserstellung von Juden wurden im Zusammenhang von Paradigmen des erstarkenden Nationalgedankens alte judenfeindliche Muster reaktiviert: Hartwich und Och verorten Hoffmanns späte Erzählungen, und davon ausgehend sein Werk überhaupt, im Wirkungskreis der Schrift *Wider die Juden* (1803) des Juristen Carl Wilhelm Friedrich Grattenauer.[50] Dieser hatte eine grundlegende Unvereinbarkeit eines ‚jüdischen' mit einem ‚deutschen' Geist behauptet.[51] Ende der 1810er-Jahre sprachen sich Autoren wie Friedrich Rühs und Jakob Friedrich Fries für die Markierung von Juden mit Erkennungszeichen zwecks einer ‚Ausrottung' des Judentums aus.[52] Die judenfeindlichen Ressentiments, die in solchen Schriften zum Ausdruck kamen, brachen sich schließlich in den sogenannten ‚Hep-Hep'-Unruhen Bahn, den

---

[47] Hartwich deutet Manasses Worte im Sinn „der zynischen Anschauung Grattenauers, daß die Taufe für die Assimilierten nur ein äußerlicher Akt ist, den sie aus äußeren Interessen vollziehen" (Hartwich, Jüdische Gespenster [Anm. 10], S. 137).

[48] Vgl. Marion Schulte: *Über die bürgerlichen Verhältnisse der Juden in Preußen. Ziele und Motive der Reformzeit (1787–1812)*, Berlin 2013, S. 435–449.

[49] Zur zeitgenössischen Diskussion um die jüdisch-christliche Mischehe vgl. ebd., S. 459–476.

[50] Vgl. den Verweis auf Grattenauer in Hartwich, Jüdische Gespenster [Anm. 10], S. 138; Och, Literarischer Antisemitismus [Anm. 16], S. 60.

[51] Zu Grattenauer vgl. Günter Oesterle: Juden, Philister und romantische Intellektuelle. Überlegungen zum Antisemitismus in der Romantik, in: *Athenäum – Jahrbuch für Romantik* 2 (1992), S. 55–89, bes. S. 73–78).

[52] Zu Friedrich Rühs vgl. Marco Puschner: *Antisemitismus im Kontext der Politischen Romantik. Konstruktionen des „Deutschen" und des „Jüdischen" bei Arnim, Brentano und Saul Ascher*, Tübingen 2008, S. 211–218. Eine Zusammenstellung von Texten Rühs' und Fries' findet sich in der Neuausgabe von Karl Christian Ernst von Bentzel-Sternau: *Anti-Israel. Eine projüdische Satire aus dem Jahre 1818. Nebst den antijüdischen Traktaten Friedrich Rühs' und Jakob Friedrich Fries' 1816*, Heidelberg 2004.

gewaltsamen Übergriffen gegen Juden in vielen deutschen Städten ab dem Sommer 1819.[53]

Gegen eine Zuordnung von Hoffmanns Literatur zu solcher programmatischer Judenfeindlichkeit mag zwar schon Biografisches sprechen: Hoffmanns Freundschaft zu den ‚Serapionsbrüdern' Julius Hitzig und David (dann Johann) Koreff oder seine Verteidigung des Komponisten Giacomo Meyerbeer gegen judenfeindliche Kritiker.[54] Bereits in der Frühphase der Diskurse zur staatsbürgerlichen Anerkennung von Juden schlossen sich ‚emanzipatorische' und abwertende Rhetorik jedoch nicht aus.[55]

Wilhelm von Humboldt formulierte dann in seinem *Entwurf zu einer neuen Konstitution für die Juden* (1812) das Ziel, dass „jeder, der nicht in religiöser Hinsicht danach zu fragen hat, ungewiß bleibe, ob jemand Jude sey oder nicht".[56] Die Nichtbeachtung ihrer Religionszugehörigkeit sollte die gesellschaftliche Abwertung von Juden unterbinden. Im Umkehrschluss bedeutet dies aber, dass Juden ihre gesellschaftliche Achtung mit einem hohen Konformitätsdruck bezahlten: Gaben sie sich öffentlich als Juden zu erkennen und folgten ‚ihren' verpönten Verhaltensmustern weiter, so trugen sie dieser Logik nach

---

[53] Vgl. die Überblicksdarstellung in Werner Bergmann: *Tumulte – Excesse – Pogrome. Kollektive Gewalt gegen Juden in Europa 1789-1900*, Göttingen 2020, S. 137–183.

[54] Wie Gerhard Kaiser es ausführt, verteidigte Hoffmann Meyerbeer in einem Zeitungsartikel gegen eine vorangegangene Rezension, in welcher der Vorwurf erhoben wurde, dessen Kompositionen enthielten Elemente religiöser jüdischer Musik. Hoffmann schreibt, „daß der seelenvolle Komponist, wie es eben die ernste Oper mit vollem Recht fordert, seiner Komposition den Kirchengesang zum Grunde legte und sehr rühmlich ist es, daß er [Meyerbeer] die Weise der Väter festhielt, sie hoch ehrend und nichts anders zur Schau tragend, als was in tiefster Seele eingenistet" (3,686, Anm. NP). Vgl. hierzu Kaiser, Illustration zwischen Interpretation und Ideologie [Anm. 7], S. 35f. – Zur genaueren Einordnung ist auch der weitere Argumentationsverlauf bei Hoffmann zu berücksichtigen: Der vorherige Rezensent habe „selbst im Tadel zugestehen" müssen, dass „der junge Komponist solche originelle Melodien und Melismen in lobenswerter Bescheidenheit nur sparsämlich ans Licht förderte, vielmehr, dankbarer Lehrling, den Ruhm großer bewährter Meister, vorzüglich des süßen und dabei so tiefsinnigen Rossini laut zu verkünden strebte" (3,686). – Wie in Hoffmanns eigenem Mythensynkretismus steht also auch seine Argumentation hier im Zusammenhang von künstlerischen Verfahren der Kombination unterschiedlicher kultureller Bezüge.

[55] Schon Christian Wilhelm Dohm, der 1781 mit seinen zwei Bänden *Über die bürgerliche Verbesserung der Juden* einen zentralen Beitrag zum Preußischen Emanzipationsdiskurs leistet, verknüpft die staatsbürgerliche Anerkennung von Juden mit religionsspezifischen Bedingungen. Wolf Christoph Seifert, Herausgeber der kommentierten Studienausgabe der Schrift, stellt bezüglich Dohms Befürwortung der rechtlichen Gleichstellung von Juden aus der Perspektive „staatsmännischer Rationalität und wirtschaftlicher Prosperität" fest: „Freilich besitzt dieses utilitaristische Argument in seiner Umkehrung durchaus problematisches Potential: Wie Dohm zugleich betont, wäre eine rechtliche Unterdrückung der Juden dann gerechtfertigt, wenn die Juden durch ihre Religion gehindert würden, [...] die mit dem Recht auf Partizipation verbundenen Pflichten zu erfüllen." (Wolf Christoph Seifert: „... geradezu gegen das Christenthum"? Christian Wilhelm Dohm und Heinrich Friedrich Diez zu Judenemanzipation und Religionskritik, in: *Heinrich Friedrich von Diez (1751–1817). Freidenker – Diplomat – Orientkenner*, hg. von Christoph Rauch, Gideon Stiening, Berlin 2020, S. 109–132, S. 113.

[56] Wilhelm von Humboldt: Über den Entwurf zu einer Konstitution für die Juden, in: Werke in fünf Bänden, Bd. IV: *Schriften zur Politik und zum Bildungswesen*, Stuttgart 1964, S. 95–112, S. 103.

Mitschuld an ihrer Diskriminierung.[57] Für Humboldt war die Konsequenz dessen, was er die gesellschaftliche „Verschmelzung"[58] der Juden nannte, denn letztlich ihre christliche Taufe.[59]

An solche Argumentationsfiguren einer Abwertung des ‚Jüdischen' im Rahmen der Emanzipationsdiskurse schlossen die genannten Autoren Friedrich Rühs und Jakob Friedrich Fries an, um sie in Richtung von Initiativen zur Homogenisierung der Gesellschaft zuzuspitzen: Bei Rühs christlich, bei Fries säkular orientiert,[60] sollte die Taufe von Juden aus nun stärker forciert werden, wobei sie zu Humboldts Vorschlägen gerade gegenteilige Forderung erhoben: Juden, die sich nicht ‚emanzipierten', seien mit ‚Abzeichen' zu versehen und zur Auswanderung zu bewegen.[61]

Mit Blick auf diese hochgradig problematische Argumentationsfigur – der vermeintlichen Förderung der ‚Emanzipation' von Juden durch deren Diskriminierung – , so die These im Folgenden, wird plausibel, wie sich in Hoffmanns *Brautwahl* eine relativ hellsichtige Darstellung von Diskriminierungsverfahren mit der gleichzeitig schroffen Abwertung jüdischer Figuren in der Erzählung verträgt.[62] Die Bezüge der Erzählung auf die nationalistisch gewendeten Emanzipationsnarrative werden in der Szene mit der Kästchenwahl gegen Ende der *Brautwahl* besonders deutlich.

---

[57] Vgl. zur Zwiespältigkeit von Humboldts Haltung dem Judentum gegenüber Marjanne E. Goozé: Wilhelm von Humboldt und die Judenemanzipation: Leistungen und Widersprüche, in: *Seminar* 48/3 (2012), S. 317–332; Hannah Lotte Lund: *Der Berliner „jüdische Salon" um 1800. Emanzipation in der Debatte*, Berlin 2012, besonders S. 390–408; Dietz Bering: Namenannahme. Nur scheinbar unproblematische Paragrafen im preußischen Emanzipationsedikt, in: *Das Emanzipationsedikt von 1812 in Preußen. Der lange Weg der Juden zu „Einländern" und ‚preußischen Staatsbürgern'*, hg. von Irene A. Diekmann, Berlin 2013, S. 201–218; Werner Treß: Liberale Politik im Christlichen Staat? Wilhelm von Humboldt und das Bürgerrecht für die Juden, in: *Zeitschrift für Religions- und Geistesgeschichte* 69/2 (2017), S. 193–207.

[58] Ebd., S. 96.

[59] Humboldt schreibt: „Die Individuen werden gewahr werden, dass sie […] eigentlich keine Religion hatten, und werden, getrieben von dem angeborenen menschlichen Bedürfniss nach einem höheren Glauben, sich von selbst zu der christlichen wenden." (Ebd., S. 104)

[60] Zur Unterscheidung des „christlichen Nationalismus" Rühs' von einem „liberalen Nationalismus, der nicht christlich argumentiert", bei Fries siehe Jan Weyand: *Historische Wissenssoziologie des modernen Antisemitismus. Genese und Typologie einer Wissensformation am Beispiel des deutschsprachigen Diskurses*, Göttingen 2016, S. 216.

[61] Jakob Friedrich Fries schreibt 1816 im Rekurs auf Rühs: „Nicht den Juden, unsern Brüdern, sondern der Judenschaft erklären wir den Krieg." Die Taufe von Juden beschreibt er als Befreiung aus der „Judenschaft" als einem „Ueberbleibsel aus einer ungebildeten Vorzeit, welches man nicht beschränken, sondern ganz ausrotten soll." (Jakob Friedrich Fries: *Über die Gefährdung des Wohlstandes und Charakters der Deutschen durch die Juden*, Heidelberg 1816, S. 10) Es müsse daher „für die Juden von der größten Wichtigkeit seyn, der Judenschaft bald möglichst ein Ende zu machen" (ebd., S. 11). Dazu diene die Erhöhung des gesellschaftlichen Konformitätsdrucks, indem man ihnen „wie auch Rühs anräth, nach alter Sitte wieder ein Abzeichen in der Kleidung aufnöthigte" bzw. ihre „Auswanderung nach Möglichkeit begünstigte" (ebd., S. 21).

[62] Hartwich erwähnt in einem historischen Abriss am Anfang seines Artikels zwar die antijüdischen Tendenzen in den Emanzipationsdiskursen, bezieht Hoffmanns Texte dann aber nicht spezifisch darauf (vgl. Hartwich, Jüdische Gespenster [Anm. 10], S. 112). Umgekehrt betont Josef Quack die Bedeutung der Emanzipationsdiskurse für Hoffmanns Erzählung, ohne allerdings deren problematische Seite in Rechnung zu stellen (vgl. Quack, Über E. T. A. Hoffmanns Verhältnis zum Judentum [Anm. 8], S. 295–297.).

V. Schlussszene und Rahmengespräch

Die alte Diskriminierungsstrategie Leonhards (die Verzauberung von Dümmerls Nase) hat nicht den gewünschten Erfolg gebracht. Also ersinnt er einen neuen perfiden Plan: Der jüdische Baron soll sich als Anwärter um Albertines Hand *selbst* disqualifizieren. Nachdem sich Tusmann von den „schönen verschlungenen Schriftzüge[n]" (4,712) des einen Kästchens einnehmen lässt, zieht Dümmerl ein „unwiderstehlicher Instinkt an das goldene Kästchen mit den blinkenden Dukaten auf dem Deckel" (4,715). Im Unterschied zu Eduard, dessen Selbstbild als Künstler nicht von einer gesellschaftlichen Rolle determiniert wird,[63] war die Wahl Tusmanns und Dümmerls also berechenbar.

Als Dümmerl in seinem Kästchen die besagte Feile vorfindet, erfüllt sich die genannte zwiespältige Logik der teils von religiösem und kulturellem Chauvinismus geprägten Emanzipationsdiskurse in grotesker Überzeichnung: Dümmerl macht sich seiner Diskriminierung demnach mitschuldig, weil er auch nach 1812 noch an ‚jüdischen' Eigenschaften festhält – weil er die Geldfeile der Taufe und der Heirat (sowie im Zuge dessen einer Niederlegung seines Spottnamens)[64] vorzieht.

Entsprechend lässt sich auch die Schlusswendung der Erzählung erklären: Albertine wird mit Gloxin zwar einen Bräutigam wählen, der dem jüdischen Baron in seinem Auftreten entspricht. Dass man diesem als Arroganz ankreidete, was bei Gloxin löblich scheint, hängt wohl damit zusammen, dass Gloxin „Referendarius" (4,718) ist; also jene Beamtenlaufbahn einschlägt, die dem jüdischen Baron ohne christliche Taufe verwehrt bleibt. Den Baron träfe in Hoffmanns Geschichte demnach – den zwiespältigen Parametern der christlich geprägten Fortschrittsprogramme entsprechend – nicht deshalb Spott, weil er *zu* ‚emanzipiert' ist, sondern weil er *nicht* ‚emanzipiert' *genug* ist.

Diesen Punkt soll, so die These, in der *Brautwahl* das abschließende Gerangel der beiden Juden um die Feile unterstreichen. An dem Gerät zeigt sich dabei zunächst weder Dümmerl noch Manasse besonders interessiert: Erst nachdem Leonhard dem Baron erklärt hat, dass man damit Geld zum Glänzen bringen könne, und erst als der junge Jude dies dann „mit einer Geschicklichkeit" tut, die „von langer Übung zeugte" (4,715), greift der Onkel ein. So heißt es:

> Manasse hatte bis jetzt ruhig alles, was sich begeben, mit angesehen, doch jetzt sprang er mit wildfunkelnden Augen los auf den Neffen und schrie mit hohler entsetzlicher Stimme: Gott meiner Väter – was ist das – mir her die Feile – mir her die Feile – es ist das Zauberstück, für das ich meine Seele verkauft vor mehr als dreihundert Jahren. – [...] Unter einem Strom hebräischer Schimpfwörter krallte sich Manasse nun fest an den Baron und strengte knirschend und schäumend alle seine Kraft an, ihm die Feile zu entwinden [...]. (4,715f.)

---

[63] Es gehöre, heißt es in einem Künstlergespräch Eduards mit seinem Mentor, zu wahrhafter Kunst „ein tiefes Gemüt, eine Seelenkraft [...]. Nur dann wird sich aus dem Innersten heraus der Funke entzünden, und die wahre Begeisterung Werke schaffen, die ohne blinde Nachahmerei eines besseren Zeitalters würdig sind." (4,658)

[64] Während Gunnar Och kommentiert: „Als sprechender Name bedarf Benjamin Dümmerl keiner Erläuterung" (Och, Literarischer Antisemitismus [Anm. 16], S. 69), kann man den Namen auch als der Figur auf der diegetischen Ebene auferlegten Spottnamen lesen. – Zu problematischen Aspekten der Namenspolitik des preußischen Emanzipationsedikts vgl. Bering, Namenannahme [Anm. 57].

Manasses Intervention greift offenkundig Elemente aus Leonhards Lippold-Darstellung vom Beginn der Erzählung in der Kneipe auf: Demnach steht die Figur Lippolds für einen durch den Glanz von Geldstücken eingenommenen Juden. Das Unrecht der Diskriminierung des ‚Münzjuden' wurde zwar in der Wirtshausszene deutlich. Dennoch bekundet der Geist Lippolds hier, er habe damals seine Seele für die Feile verkauft.

Diese Aussage ist, ähnlich wie zuvor die Kritik am ständigen Kampf um Kreditwürdigkeit, im Zusammenhang von Diskursen einer romantischen Kapitalismuskritik zu verstehen.[65] Im Zuge der Entwicklungen deutscher Judenfeindlichkeit im weiteren 19. und dann dem 20. Jahrhundert erfahren die judenfeindlichen Motive der Kapitalismuskritik eine rassistische Neubegründung. Hier indessen steht eine Argumentationsfigur jüdischer ‚Emanzipation' im Hintergrund, in deren Zusammenhang, wie gezeigt, zeitgenössische Theoretiker zum Umgang mit Juden unterschiedliche Schlüsse ziehen. Bei der Figur Leonhards mag es sich um eine Karikatur von Jakob Friedrich Fries handeln, dessen Indienstnahme des Emanzipationsnarrativs kann man aber nicht umstandslos als Moral der Geschichte verstehen, da dieses Theorie-Versatzstück bei anderen Autoren wenn auch nicht auf unproblematische, so doch auf wesentlich andere Weise eingesetzt wird.

Folgt gar Manasse in seiner Intervention selbst einem solchen Argumentationsmodell? Erhitzt ihn womöglich nicht die Gier nach der Feile, sondern die Wut über Leonhards Plan, den er erkennt? Ist er doch die ganze Erzählung hinweg bemüht, das Heiratsvorhaben seines Schützlings zu unterstützen. Die ‚alten' Diskriminierungsverfahren aufgrund von Physiologie und Teufelsbildern stellt die Erzählung als überkommen dar: Sie können und sollen nicht mehr funktionieren. Erkennt aber Manasse, dass der Verweis auf die Tätigkeit von Juden in Berufen des Geldwesens dagegen nach wie vor zum Schüren von Ressentiments dient, so spielte er die Rolle Lippolds als ‚Schreckgespenst' womöglich mit Kalkül: Mit seinem Auftritt hätte er es dann weniger auf die Feile abgesehen, als darauf, seinen Neffen davor zu bewahren, sich von Leonhard in die Rolle des diskriminierungsanfälligen ‚Münzjuden' drängen zu lassen.

Unabhängig davon, ob man der Manasse-Figur eine solche reflexive Motivation zurechnet, geschieht genau dies: Nicht bloß weil er Jude ist, kann Dümmerl in der Erzählung auf das eine Klischeebild reduziert werden, sondern auch weil er Leonhards abgekartetes Spiel nicht durchschaut. Als Dümmerl seinen Onkel im Streit vor die Tür gesetzt hat, triumphiert Leonhard denn auch mit den bezeichnenden Worten: „[N]un sind wir den entsetzlichen Menschen, den alten Manasse auf immer los […] – *ich* habe ihm, da ich auch einige Erfahrung in geheimnisvollen Dingen besitze, den Garaus gemacht!" (4,716, Hervorh. NP) Es mag Dümmerl gewesen sein, der Manasse hinausgeworfen hat, dahinter aber steht der ‚Diskriminierungszauber' Leonhards.

Eine solche Interpretation scheint die Rahmung der Erzählung in den *Serapionsbrüdern* zu stützen: Wie oben ausgeführt, werden dort sowohl Manasse als auch Leonhard als klischiert überzeichnete Figuren kritisiert. Daraufhin gibt der fiktive Autor zwar zu, er

---

[65] Die Genese des romantischen Antikapitalismus auch jenseits antijüdischer Motive untersucht Patrick Eiden-Offe: *Die Poesie der Klasse. Romantischer Antikapitalismus und die Erfindung des Proletariats*, Berlin 2017.

habe „die heterogensten Stoffe willkürlich durcheinander geschüttelt", beharrt aber darauf, er habe „doch zuletzt artige Figuren" gebildet: „[A]n die Spitze dieser artigen Personen stelle ich den liebenswürdigen Baron Bensch, der durchaus der Familie des Münzjuden Lippolt entsprossen sein muß." (4,720)

Das ist eine hochgradig problematische Stelle, indem hier unterstrichen wird, die klischierte Darstellung träfe – wenngleich nicht Manasse und Leonhard – zumindest die Figur Benjamin Dümmerls zurecht. Besonders verheerend scheint dabei die Formulierung mit der Abkunft aus der „Familie des Münzjuden" – als wäre ein kulturelles oder *avant la lettre* gar biologisches Erbgesetz am Werk. Zugleich lohnt sich gerade in diesem Zusammenhang aber auch ein Blick auf das Rahmengespräch vor der *Brautwahl*-Erzählung. Dieses handelt von Hexenprozessen, die ja dann zu Beginn der *Brautwahl* im Zusammenhang der frühneuzeitlichen Judenverfolgung wieder thematisiert werden.

Während sich die Diskutanten in der Rahmenerzählung rasch einig sind, dass eine tatsächliche „Einwirkung des Teufels" auf die vermeintlichen Hexen Unsinn sei, bekundet Theodor (der dann die Stereotypen in der *Brautwahl* kritisieren wird): „Vor ein paar Jahren fielen mir über Hexerei verhandelte Original-Akten in die Hände, und ich traute meinen Augen kaum als ich Geständnisse las, vor denen mir die Haut schauderte" (4,634). Nicht nur der Glaube der Verfolger der „vermeintlichen Hexen" beruhte demnach auf „tollsten Hirngespinste[n]". Auch manche der Beschuldigten selbst glaubten wohl in „innerer Überzeugung" an diese „seltsame[n] Einbildungen" (4,634).

Dass solche Geständnisse mit Folter erzwungen wurden, wie es in der *Brautwahl* dann ausgeführt wird, kümmert die Diskutanten hier nicht. Sie interessiert der Umstand, dass der gesellschaftliche Wahn, aus dem solche Gewalt hervorgeht, sowohl die Täter- als auch die Opferseite definieren kann. Das mag sich auf den ersten Blick als Schuldzuweisung an die Opfer lesen, die dem Spott Leonhards über Lippold ähnelt. Tatsächlich spricht hier in der Rahmenerzählung aber Theodor – jene Figur, die in der Diskussion nach der *Brautwahl* die Manasse- und Lippold-Figuren als unzulängliche Stereotypen kritisiert und eben bezüglich der Hexerei ja von „Hirngespinste[n]" (4,634) gesprochen hat.

Es scheint demnach ganz so, dass die Erzählung die Perspektive Leonhards nicht schlicht teilt und Emanzipationsforderungen somit auch nicht als bloßes Mittel zu verstehen sind, Juden zu schikanieren. Dass Hoffmanns Text Typisierungen des Jüdischen aufruft, von denen man sich als heutiger Leser wünscht, er hätte sie vermieden, ist deutlich, und insofern bleibt auch richtig und wichtig, dass die jüngere Forschung auf die Problematizität solcher Stellen aufmerksam gemacht hat. Versucht man die Geisteshaltung hinter diesen antijüdischen Invektiven zu verstehen, ist indessen zu beachten, dass der springende Punkt, an dem Leonhards hinterhältiger Plan aufgeht, nicht auf die christliche Taufe bezogen ist, sondern in der Festlegung des jungen Juden auf das alte Rollenmuster des ‚Geldjuden' besteht.

Eine mögliche Deutung der Intention der Geschichte liefe darauf hinaus, dass bei Hoffmann in aus heutiger Perspektive natürlich mehr als zwiespältiger Weise Formen ‚unberechtigter' und ‚berechtigter' Diskriminierung von Juden unterschieden werden: Als unberechtigt müsste demnach jeder Spott gelten, der sich auf Äußerlichkeiten richtet, insbesondere auf das Aussehen von Juden, als ‚berechtigt' wäre dagegen Kritik zu verstehen, die sich auf ein Festhalten von Juden an Berufen im Finanzwesen bezieht, da sie dies gewissermaßen selbst ‚verschulden'.

Der Spott über Juden geht in der *Brautwahl* infolgedessen dann fehl, wenn er bloß äußerliche Aspekte wie die Physiognomie betrifft, verfängt hingegen, wenn er von gesellschaftlich-ökonomischen Gesichtspunkten ausgeht. Die Bewertung der Frage der Taufe scheint hierbei weniger deutlich, da auf der Rolle des ‚Münzjuden' mehr Gewicht liegt als auf spezifisch religiösen Aspekten etwa in Zusammenhang der Taufe: Wohl zeigt das Gloxin-Ende, dass Dümmerl mit seiner Taufe gesellschaftlich weiter gekommen wäre. Verschmäht aber letztlich nicht auch Eduard die Braut, da ihm sein Künstlertum in Italien wichtiger ist als eine bürgerliche Ehe?

In der *Brautwahl* gibt es Passagen, in denen die Erzählung sich mit antijüdischer Diskriminierung in kritischer Perspektive beschäftigt: etwa Voßwinkels Projektion seiner eigenen Unzulänglichkeiten auf die Figur des jüdischen Barons oder Manasses Erwähnung der Geschichte von Folter und Unrechtsprozessen. Insgesamt scheint die Erzählung die Fehler für ihr Unglück aber hauptsächlich bei den jüdischen Figuren zu suchen. Sie formuliert an sie damit einen größeren Anspruch der kritischen Selbstreflexion als an die anderen Figuren und vermag diesen nicht zuletzt deshalb wohl selbst nicht zu erfüllen. Auch wenn man sie im Zusammenhang einer durchaus komplexen Beschäftigung mit Diskriminierungsphänomenen liest, behalten die Passagen, in denen die Erzählung in wie auch immer ‚emanzipatorischer' Absicht antijüdische Klischeebilder verwendet, ihren schalen Geschmack.

VI. Ausblick

In der Buchpublikation der *Brautwahl* erfolgt im Anschluss an gerade diese Erzählung nebst den zitierten Erwägungen zur Figurendarstellung die Definition der wohl wichtigsten poetologischen Selbstverortung Hoffmanns: des ‚serapiontischen Prinzips'. Diesem zufolge muss „die Basis der Himmelsleiter, auf der man hinaufsteigen will in höhere Regionen, befestigt sein […] im Leben, so daß jeder nachzusteigen vermag" (4,721). Um dem Konformismus der Gesellschaft zu entkommen, reicht es nicht aus, in höhere Regionen des Mystischen zu entschweben: Man muss zugleich in der Sphäre des Alltäglichen befestigt bleiben, um aus der Spannung zwischen dem Geheimnisvollen und dem Gewöhnlichen heraus agieren zu können.

Wie die Forschung zur Adaption kabbalistischer Motive gezeigt hat, kommt der jüdischen Mystik in Hoffmanns ästhetischer Konzeption eine wichtige Rolle zu.[66] Ebenfalls zeigt die Forschung, dass das Bild des ‚ewigen Juden' als Sinnbild des Leidens an der Unausweichlichkeit des Alltäglichen bei ihm in sympathisierender Weise Verwendung findet.[67] Sowohl auf der Seite der höheren Sphären als auch in den Bereichen der ‚Befestigung' der serapiontischen Leiter also werden jüdische bzw. als jüdisch konnotierte Kultur- und Motivbestände bei Hoffmann künstlerisch produktiv. (Im Übrigen entstammt ja

---

[66] Vgl. die Angaben zur Forschung von u.a. Detlef Kremer, Andreas Kilcher und Renate Lachmann in Fußnote 6.
[67] Vgl. die Angaben zu den Texten Kaisers und Hartwichs sowie der Studie Mona Körtes in Fußnote 12.

auch das Bild der Himmelsleiter der Hebräischen Bibel.)[68] Die Figur Dümmerls scheint indessen in gleich zweifacher Hinsicht zu scheitern: als Philister und als Künstler.

Dem jungen Baron gelingt es nicht, in die philisterhafte Sphäre der Voßwinkels vorzudringen. Mit Blick auf das satirische Gloxin-Ende scheint der Grund dafür eben darin zu bestehen, dass Dümmerl seine ‚Emanzipation' nicht konsequent genug verfolgt: Er lässt sich nicht taufen und kann Albertine nicht heiraten, sondern kann von Leonhard in typisierte Rollenmuster des ‚Jüdischen' gedrängt werden. Wie weit Hoffmanns Erzählung diese kulturchauvinistisch geprägten Argumentationsmuster propagiert, ist an dieser Stelle schwer zu entscheiden, da die Taufe als Motiv zwar vorkommt, aber wohl nicht eindeutig bewertet wird.

Vor dem Hintergrund der Geschichte um die Figur Eduard, der Albertine verschmäht, um Künstler zu werden, stellt sich nämlich die Frage, ob die Geschichte eine glückende bürgerliche Emanzipation überhaupt als Maß aller Dinge darstellt: Würde Dümmerl glücklicher, wenn er nicht Philister, sondern Künstler werden wollte? Auch als Künstler ist man Hoffmanns Kunstkonzeption zufolge von gesellschaftlichem Konformitätsdruck nicht völlig befreit: Immerhin soll dem serapiontischen Prinzip nach das Geheimnisvolle und Wunderbare mit dem Gewöhnlichen, Gesellschaftskonformen verbunden werden. Ein vorbehaltloses Bemühen um gesellschaftliche Selbstbestätigung verträgt sich mit dem romantischen Künstlerselbstbild jedoch nicht.

Obschon in seiner ersten Beschreibung Affinitäten zu Theater, Musik und Dichtung erwähnt werden, kann Dümmerl aber offenbar nicht Künstler werden. Nach Maßgabe der Kategorien des serapiontischen Prinzips ist er für das Gewöhnliche, die Befestigung der Himmelsleiter, zu überheblich. In die Höhen der Kunstmystik kann er nicht aufsteigen, da er zu sehr an oberflächlichem Eigennutzdenken festhält. Ist dafür primär seine Religionszugehörigkeit verantwortlich? Auch dies bleibt in der *Brautwahl* unklar. Denn Dümmerl will ja eben nicht nur zugleich auch Philister werden, er ist auch adelig: Beides für sich schon ungute Voraussetzungen für romantisches Künstlertum bei Hoffmann.

Wohl noch zentraler ist bezüglich der Abwertung der Figur, dass die Erzählung in äußerst stereotyper Weise finanzielles Eigennutzdenken als Signum des ‚Jüdischen' inszeniert. Bedeutet dies, dass jüdische Identität für Hoffmann damit zwingend verbunden ist? In Bezug auf italienische, französische, ‚orientalische' und auch und gerade dezidiert ‚deutsche' Figuren hat er keine Mühe, teils hochgradig klischierte Stereotypen des Philister- und Künstlertums neben- und gegeneinander zu stellen. Ähnlich legen manche seiner Künstlerfiguren teils aggressive Frauenfeindlichkeit an den Tag, während Hoffmann zugleich mit dem Fräulein von Scuderi eine Schriftstellerin als sehr gewinnende Heldin gezeichnet hat. Eine solchermaßen emphatisch positiv gewertete jüdische Gestalt sucht man zumindest unter den Künstlerfiguren in seinen Texten aber vergeblich.

Nebst noch *Die Irrungen/Die Geheimnisse* (siehe den Anhang) gibt es aber bei Hoffmann ganz allgemein nur sehr wenige ausdrücklich als ‚jüdisch' markierte Figuren. Nun nimmt die jüngere Forschung vor allem an, dass Hoffmann negative Typisierungen des Jüdischen vor allem verdeckt verwendet. Sollte dies der Fall sein, stellte sich nicht nur die

---

[68] Das Bild aus dem Traum Jakobs (Gen 28,10–22) wird im Neuen Testament wieder aufgegriffen (Joh 1,51).

Frage, ob dies absichtlich geschieht oder nicht, sondern auch, ob die Intention zwingend negativ sein muss: Denn ein solches Vorgehen kann natürlich Ausdruck eines boshaften Plans sein, diese Klischees heimlich zu perpetuieren. Es kann aber auch in Zusammenhang der Emanzipation des nicht-jüdischen Blicks auf Juden stehen: als Versuch, die judenfeindlichen Konnotationen von den Attributen des Teuflischen zu lösen.

Selbst wenn man aber davon ausgeht, dass in Hoffmanns Romantikkonzeption insbesondere jüdisches Künstlertum nicht vorgesehen ist und ‚jüdische' Negativtypisierungen – ob mutwillig oder fahrlässig – verdeckt in die Texte einfließen, fragt sich, weshalb dies so ist: Steht dahinter eine eigene Überzeugung des Autors, und wenn ja, welche? Eine latente Judenfeindlichkeit wie in Humboldts Emanzipationskonzept? Religiöser Chauvinismus wie bei Johann Rühs? Der Nationalismus Jakob Friedrich Fries'? Oder aber die Überzeugung, dass die jüdische Identität so eng mit wirtschaftlichem Eigennutzdenken verbunden ist, dass ein bekennender Jude nicht zugleich Künstler sein kann?

Auf der Basis der Judendarstellung in der *Brautwahl* scheint, wie oben gezeigt, die letzte Variante am plausibelsten. Als bewiesen kann sie aber nicht gelten, und sobald man weitere Zeugnisse hinzuzieht – oben wurde seine Unterstützung des jüdischen Komponisten Giacomo Meyerbeer erwähnt –, ergibt sich jedenfalls kein konsequent geschlossenes Bild einer solchen negativen Einstellung jüdischem Künstlertum gegenüber mehr. Gerade mit Blick auf die antijüdischen Ressentiments, gegen die Hoffmann Meyerbeer verteidigte, kann man die Abwesenheit jüdischer Künstlerfiguren bei Hoffmann auch als Ausdruck eines gewissen darstellerischen Realismus sehen: Der Verankerung der serapiontischen Himmelsleiter in den Untiefen des Gewöhnlichen verpflichtet, wüsste Hoffmanns Literatur dann schlicht zu gut um die Persistenz der antijüdischen Ressentiments der Epoche, um in die ‚illusorische' Sphäre einer gesellschaftlichen Anerkennung jüdischen Künstlertums zu entrücken.[69]

Aus all diesen Beobachtungen und Überlegungen resultiert trotz deutlicher Bezüge auf Zeitdiskurse somit ein relativ diffuses Bild: Zwar kann man feststellen, dass in der negativen Darstellung der Figur Dümmerls eher gesellschaftlich-ökonomische als hauptsächlich religiöse oder nationalistische Gesichtspunkte im Vordergrund stehen. All diese Diskurse sind aber natürlich teils auch in unterschiedlicher Weise verquickt. Und wenngleich kapitalismuskritische Gesichtspunkte in romantischen Poetiken generell auch von judenfeindlichen Motiven unabhängig bestehen können, bleibt in der *Brautwahl* undeutlich, ob das umgekehrt für das Judentum gilt: Ist jüdische Identität auch jenseits der in der Erzählung aufgerufenen Klischeebilder vorstellbar, oder müsste ein Jude, um sich von ihnen zu lösen, – dann wie in den genannten Beispielen aus den Emanzipationsdiskursen – zum Christentum konvertieren?

Indem die *Brautwahl*-Erzählung auf ambivalente oder undeutliche Weise Bezug auf antijüdische Argumentationsmuster der Emanzipationsdiskurse nimmt, erweisen sich die ‚Verteidigungen' Hoffmanns in der Forschung als zu kurz gegriffen: Mal, weil die Bezü-

---

[69] Über die praktische Unmöglichkeit für Juden, die nicht getauft waren, im späten 18. und frühen 19. Jahrhundert als Schriftsteller Resonanz zu finden, schreibt Willi Jasper im Kapitel „Das Dilemma der Akkulturation" seines Buchs *Deutsch-jüdischer Parnass. Literaturgeschichte eines Mythos*, Berlin 2004, S. 63–89.

ge auf diese Diskurse nicht erkannt und die Fragen nach möglichen Kontinuitäten antijüdischer Motive in Hoffmanns Werk daher vorschnell abgetan werden (wie bei Gerhard R. Kaiser), mal, weil diese Bezüge zwar deutlich werden, nicht aber die zwiespältige Seite des Emanzipationsbegriffs (so bei Josef Quack). Als vermeintlich ‚legitim‘ zeigt sich antijüdische Polemik bei Hoffmann hierbei wohl weniger in religiöser oder nationaler als in früher antikapitalistischer Perspektive.

Von den Beiträgen der jüngeren Forschung liegt dieser Beobachtung die Darstellung Wolf-Daniel Hartwichs am nächsten, der die Klischeebilder der Erzählung in Zusammenhang einer judenfeindlichen Finanz-Mythologie sah. Hartwichs These, es werde über jüdische Emanzipation an sich gespottet, ist indessen zu differenzieren: Sie ist dann haltbar, wenn man davon ausgeht, dass in den Schriften Friedrich Rühs' und Jakob Friedrich Fries' die Anliegen der Emanzipationsdiskurse pervertiert werden. Tatsächlich kann man ihre Theorien aber auch als Zuspitzung von judenfeindlichen Tendenzen lesen, die Teilen der Emanzipationsdiskurse schon zuvorkommen.

Dass ein starker Konformitätsdruck der Emanzipationsdiskurse auch schon vor der Radikalisierung von religiösem und nationalistischem Chauvinismus eine kritische Betrachtung verdient, entspricht Hartwichs Blick auf die Epoche. Problematisch wäre die Erzählung Hoffmanns dann aber weniger in einer Gegnerschaft als einer zu großen Nähe zu dieser Variante des Emanzipationsnarrativs. Im Gegensatz zu Hartwichs Lektüre kann man es denn auch als potenzielle Qualität von Hoffmanns Erzählung verstehen, wenn sie im Zeichen der romantischen Philisterkritik eine mögliche kritische Perspektive auf diesen Konformismus eröffnet – indem sie die bürgerlichen Ehe-Phantasmen der Figuren zum Schluss einem spöttischen Blick unterzieht.

Ähnlich verhält es sich mit der These Gunnar Ochs, der zufolge in Hoffmanns Erzählung eine antiaufklärerische Haltung Konturen gewinnt: Sowohl die ‚harmlosere‘ Variante Humboldts oder die deutlich aggressiveren Versionen Johann Rühs' und Jakob Friedrich Fries' verstehen sich zumindest selbst in teilweiser Kontinuität zu Theoremen der Aufklärungen (bei Rühs durch die Adaption von Herders Geschichtsphilosophie, bei Fries durch Konzepte einer Weiterentwicklung der Kantischen Philosophie geprägt). Der Begriff der Aufklärung ist somit in der Tradition etwa der Kritischen Theorie zu differenzieren und kann – da wie das Emanzipationskonzept selbst mitunter zwiespältig – nicht ohne weiteres zur Unterscheidung von Problematischem und Unproblematischem dienen.

Die Konzeption der Erzählung Hoffmanns deckt sich aber wohl auch unter diesem Gesichtspunkt nicht mit diesen christlich-nationalistischen Wendungen von Konzepten der Emanzipationsdiskurse: Der Darstellung in der *Brautwahl* zufolge scheint antijüdische Diskriminierung nach dem Emanzipationsedikt von 1812 weder primär unter religiösen noch unter nationalistischen Hegemonialansprüchen zu ‚funktionieren‘. Als ‚wirksam‘ erscheint sie vor allem unter Gesichtspunkten einer ökonomischen Kritik. Just dort, wo die Konformitätsforderungen der Emanzipationsdiskurse im Zeichen romantischer Gesellschaftstheorie also kritisch reflektiert werden, gerät die Darstellung ins Fahrtwasser der ebenfalls von judenfeindlichen Stereotypen geprägten frühen Kapitalismuskritik.

Auch solche Kapitalismuskritik mag bei Hoffmann indessen nicht das letzte Wort haben: Dem serapiontischen Prinzip verpflichtet, pendelt seine Poetik ja beständig zwischen der Anerkennung von bestehenden gesellschaftlichen Konformitätsansprüchen und einer Zuneigung zu damit inkommensurablen Phantasmen künstlerischer Erfüllung hin und her. Angesichts der dennoch verworrenen Gemengelage wird deutlich, weshalb die Erzählung das in ihr angelegte reflexive Potenzial bezüglich einer kritischen Thematisierung antijüdischer Diskriminierung nicht ausspielen kann. Eben aufgrund der undurchsichtigen Interpretationssituation zeichnet sich jedoch auch ab, weshalb ein Rekurs auf das Hoffmann-Bild des Nationalsozialismus, wie ihn Jan Süselbeck und Hans-Joachim Hahn im Zusammenhang ihrer affektpoetischen Überlegungen erwägen, im Hinblick auf die Frage der Autor- oder Textintention (die bei ihnen nicht im Vordergrund steht) womöglich mehr verstellte als erklärte.

Nicht nur trüge man damit nämlich der Komplexität von Hoffmanns Poetik zu wenig Rechnung. Auch würden die verschiedenen Ausprägungen kulturalistischer Judenfeindlichkeit des frühen 19. Jahrhunderts wohl allzu umstandslos auf den rassistischen Antisemitismus des Nationalsozialismus hin perspektiviert. Die antijüdischen Auslassungen von Karl Marx etwa – eines, vermutlich davon auch unabhängig, begeisterten Hoffmann-Lesers[70] – zeigen, wie man die Beschwörung judenfeindlicher Typisierungen auch jenseits religiöser und nationalistischer Dispositive mit politischen Anliegen verbinden zu können glaubte[71] (und heute noch glaubt).

Mehr Aufschluss als solche Rückschlüsse aus dem Nachhinein bietet bezüglich der Verwendung judenfeindlicher Klischeebilder bei Hoffmann eher die weitergehende Untersuchung möglicher Bezüge seiner Literatur auf Diskurse seiner Epoche. Diese wurden mit dem Hinweisen auf Schriften Humboldts, Rühs' und Fries' hier erst holzschnitthaft umrissen. Ebenfalls steht auch eine Studie aus, die diese Stellen bei Hoffmann mit Blick auf mögliche Interferenzen zu romantischen Poetiken anderer Autoren erörtert, um Gemeinsamkeiten und Unterschiede in deren Verhältnis zu den unterschiedlichen Ausprägungen der Emanzipationsdiskurse herauszuarbeiten.

Allenfalls bleibt eine genauere Programmatik von Hoffmanns Judenbild aber auch dann undeutlich: Womöglich sind seine Texte zu sehr auf Ambivalenz zur Erzeugung kritischer Reflexivität hin angelegt, als dass sie entsprechende Schlussfolgerungen vorwegnähmen. Oder aber in Hoffmanns Texten erscheinen deswegen überhaupt nur so selten ausdrücklich als jüdisch gekennzeichnete Figuren, weil er – über seine Lektüren zur

---

[70] Der Tochter Eleanor zufolge improvisierte Karl Marx für die Kinder Geschichten im Geist von Hoffmanns Erzählungen (vgl. die auszugsweise Wiedergabe in Karl Marx, Friedrich Engels: *Über Kunst und Literatur*, hg. von Manfred Kliem, Bd. 1, Berlin 1967, S. 28–30, bes. S. 28f.). Von dessen Vorliebe für Hoffmanns Satiren berichtet auch Franziska Kugelmann in ihren Erinnerungen an Marx (vgl. ebd., S. 30–38, bes. S. 38).

[71] Marx codiert den Begriff der ‚Emanzipation' in seiner Schrift *Zur Judenfrage* (1843) um, indem er ihn, areligiös und internationalistisch konfiguriert, auf die Gesellschaft als Ganzes ausweitet und damit gerade gegen jene christlich-nationalen Phantasmen wendet, die in den Emanzipationsdiskursen zuvor eine große Rolle spielten. Indem er hierbei das antijüdische Vokabular der früheren Diskurse aber übernimmt, erweist sich der vermeintlich gewiefte Zug als beschämend kurzsichtig. – Für einen Abriss über die Forschung zu Marx' problematischem Bezug auf das Judentum vgl. Matthias Vetter: Marx, Karl, in: *Handbuch des Antisemitismus. Judenfeindschaft in Geschichte und Gegenwart*, Bd. 2/1: Personen A–K, hg. von Wolfgang Benz, Berlin 2009, S. 525f.

jüdischen Mystik und jene zwiespältigen ‚Kenntnisse' hinaus, wie sie die Emanzipationsdiskurse und die frühe Kapitalismuskritik prägten – über Juden vielleicht letztlich nur wenig mitzuteilen wusste. Als Kardinalbeweis für eine programmatische Judenfeindlichkeit von Hoffmanns Werk als Ganzem kann die *Brautwahl* in diesen beiden Varianten nicht gelten.

Anhang: Die jüdischen Figuren in *Die Irrungen/Die Geheimnisse*

Wie sich zeigte, bleibt die genaue Deutung der Darstellung jüdischer Figuren in der *Brautwahl* deshalb offen, weil Hoffmann sie mit großangelegten Reflexionen mit Fragen des romantischen Künstlertums verquickt (bzw. in aus heutiger Sicht unbefriedigender Weise überfrachtet). Wesentlich einfacher gestaltet sich der Fall im zweiten Hoffmann-Text, der jüdische Figuren zum Gegenstand hat: der Doppelerzählung *Die Irrungen/Die Geheimnisse* (1821/22), hier jedoch in Nebenrollen. Hauptfigur ist der reiche Baron Theodor, der sich in romantischer Verklärung mit einer geheimnisvollen griechischen Prinzessin seelisch verbunden glaubt, die er gelegentlich ephemer durch den Berliner Tiergarten wandeln sieht. Dabei handelt es sich aber wohl bloß um das geistig umnachtete Mündel eines zwielichtigen Juristen – eine Satire auf die Gräkomanie der preußischen Repräsentationskultur.[72]

In dieser Konstellation, die an die Ausgangslage im *Sandmann* erinnert, steht der geheimnisvollen Griechin mit der Jüdin Amalia Simson eine eher prosaische Figur gegenüber, die das Realitätsprinzip verkörpert – schon der Vorname (‚die Tüchtige') zeigt ihren zupackenden Pragmatismus an. Theodor hatte der Jüdin früher, wie es heißt, „sehr stark den Hof gemacht, sie aber dann verlassen" (4,499). Um ihn wieder zu Verstand zu bringen, beteuert sie, seine Phantastereien seien „himmlisch, göttlich, sublim" (4,499f.), wobei sie „sehr geschickt das Lachen [bezwang], zu dem sich ein paar mal die Mundwinkel verzogen" (4,500), ja ihm sogar eigene Visionen mitteilt: „Da sie in Friedrich Richters [Jean Pauls] Werken wohlbelesen, so gelang es ihr in dem Augenblick einen Traum zu improvisieren" (ebd., Anm. NP). Diese Strategie geht auf: Theodor wendet sich ihr wieder zu.

Eine Klischeefigur im Stil Benjamin Dümmerls ist Amalia nicht: Zwar weisen ihre Verstellungs- und ihre später auch erotische Verführungskunst Elemente ‚jüdischer' Typisierungen auf, und als Bankierstochter ist sie auch etwas luxusversessen. Mit der sympathischen Mischung aus Spott, Frohsinn und Geschicklichkeit, mit der sie Theodors Phantastereien begegnet, wird sie jedoch als originelle, belesene und gewinnende Figur gezeichnet, die nicht auf eine stereotype Folie reduzierbar ist.

Als Amalias Strategie Früchte trägt, tritt der Vormund der verwirrten ‚Prinzessin' in Aktion. Er rät Theodor: „Meiden Sie vorzüglich das Simsonsche Haus", denn Amalias Vater sei „ein Jude, unerachtet er Schinken frißt und Schlagwurst" (4,522). Theodors Verwandtschaft stellt jedoch bestürzt fest, dass er diesen Rat in den Wind schlägt: Ein Onkel

---

[72] Vgl. Wulf Segebrecht: Von der Graecomanie-Kritik zur poetischen Reaktion auf den Philhellenismus: E.T.A. Hoffmanns Erzählungen „Die Irrungen" und „Die Geheimnisse", in: *Europavisionen im 19. Jahrhundert. Vorstellungen von Europa in Literatur und Kunst, Geschichte und Philosophie*, hg. von Wulf Segebrecht, Würzburg 1999, S. 171–182.

berichtet, Theodor habe das „fatale Judenkind" neuerlich „feurig in seine Arme" geschlossen, sodass man sie habe „zum Fenster herauswerfen mögen" (4,555). Solche abfälligen Bemerkungen und Gewaltfantasien gegen Amalia und ihren Vater werden als ungerechte Ressentiments von Theodors Umfeld kenntlich.

Dies wird gegen Ende der zweiten Erzählung deutlich, als der merkwürdige Anwalt, ein heimlicher (mitunter kabbalistischer)[73] Zauberer, sein Mündel mit einer magischen Tarnkappe ausrüstet: Wann immer sich Theodor der Jüdin nähert, soll sie ihm eine Ohrfeige verpassen. Der Baron versteht jedoch den Zusammenhang zwischen seinem Handeln und den Schlägen nicht, sondern verfällt, von der Hetze der Verwandtschaft angestachelt, der Überzeugung, dass an den Schlägen aus dem Nichts „niemand anders Schuld sei, als der alte Nathanael Simson und seine Eroberungssüchtige Tochter" (4,559). Dieser unbegründete Groll setzt einen verheerenden psychischen Mechanismus in Gang: „[D]er Baron erhitzte sich immer mehr, so daß er zuletzt dem Bankier alles, was er erlitten in die Schuhe schob und fürchterliche Rache beschloß" (4,559).

Mit unmissverständlicher Deutlichkeit werden hier die irrigen Prämissen des Judenhasses bloßgestellt.[74] So scheitert Theodors Racheaktion denn auch: Wutentbrannt reitet er zum Anwesen des Juden im Tiergarten, wo die Familie gerade beim Abendessen sitzt, und ruft aus einem Versteck: „Nathanael Simson – Nathanael Simson – frißt du mit deiner Familie? Gift in deine Speise verruchter Mauschel, es ist dein böser Dämon der dir ruft!" (4,560) Als er sich davonmachen will, geht sein Pferd jedoch nicht von der Stelle und er wird ertappt. Der Familienvater ruft ihm zu: „Ei, schönen guten Abend, lieber Herr Baron – wollen Sie nicht lieber absteigen, vortrefflichster Dämon!" Von der versammelten Familie erschallt „das unmäßigste Gelächter [...], während der Baron ganz Wut und Verzweiflung sich vergebens abquälte, um sich zu retten aus dieser Traufe von Verhöhnung und tötendem Spott." (4,560f.)

Obschon sich Theodor hier offenkundig blamiert, rückte die frühe Forschung die Szene ins Zwielicht, da sie auf eine Saufgeschichte von Hoffmanns Schauspieler-Freund Ludwig Devrient zurückgehen soll.[75] Die kolportierte Anekdote stellt ein stoßendes Zeugnis für die Alltäglichkeit antijüdischen Spotts dar,[76] wurde allerdings erst 1833 (nach

---

[73] Vgl. Kilcher, Die Sprachtheorie der Kabbala [Anm. 6], S. 323; Praet, Kabbala Ioculariter Denudata [Anm. 6]; Lehmann, Kabbalistische Mysterien des Selbst [Anm. 6].

[74] Auch Quack geht davon aus, „in dem Antijudaismus des Barons" werde „ein sozialpsychologisch bedeutsam[es] Moment der Judenfeindschaft" dargestellt; man habe es daher „mit einem Antisemitismus von Erzählpersonen, nicht mit einem Antisemitismus des Autors zu zun" (Quack, Über E.T.A. Hoffmanns Verhältnis zum Judentum [Anm. 8], S. 289).

[75] „Durch den Verkehr mit Ludwig Devrient und den Edelleuten, meist ehemaligen Offizieren [...], die zu seinen Tischgenossen bei Lutter und Wegner gehörten, scheint sich Hoffmanns Abneigung gegen die Juden entwickelt oder verschärft zu haben [...]. Besonders kräftig äußert sich diese Abneigung in [...] den ‚Geheimnissen', und es ist bekannt, daß des Barons Theodor mißglückte Beschwörung des Bankiers Nathanael Simsons auf ein Reitabenteuer Ludwig Devrients zurückgeht" (von Maassen, Vorbericht [Anm. 2], S. XXVIf.).

[76] Sie ist durch den Musikkritiker und Novellisten Ludwig Rellstab überliefert, einen Bekannten sowohl Hoffmanns als auch Devrients. Rellstab widmete dem Schauspieler nach dessen Ableben einen ausführlichen Nachruf in zwei Teilen. Die Anekdote findet sich im zweiten Teil (vgl. Ludwig Rellstab: Ludwig Devrient (Fortsetzung), in: *Zeitung für die elegante Welt* 222 (12.11.1833), S. 886f.).

sowohl Hoffmanns als auch Devrients Tod) ein erstes Mal veröffentlicht. Damit steht nicht nur ihre Authentizität infrage,[77] sie kann vor allem bei der Leserschaft von Hoffmanns Doppelerzählung (Anfang der 1820er-Jahre) nicht als bekannt vorausgesetzt werden. In der neueren Forschung spielt dieser Verweis denn auch keine Rolle mehr.

Dem kritischen Blick auf Theodors Racheversuch entspricht auch, dass Nathanael Simson zum Ende der Erzählung an Theodor schreibt: „Der gestrige Auftritt vor meinem Gartenhause war bloß abscheulich und lächerlich, dazu. Niemand kann sich fühlen beleidigt, und nur Sie hat getroffen ein Unglück und ein Spott. Doch müssen wir Beide, ich und meine Tochter Sie bitten künftig zu vermeiden unser Haus." Es folgt allerdings ein Nachsatz, den die Forschung Hoffmann noch übler genommen hat als das jiddisch gefärbte Deutsch. Der Bankier schließt mit den Worten: „Sehr bald ziehe ich nach die Stadt, und wenn Sie, wertester Herr Baron, vielleicht wieder Geschäfte machen wollen in guten Papieren, bitte ich nicht vorbei zu gehen mein Comtoir." (4,561)

Noch den Anlass der Rüge Theodors lasse Hoffmann den jüdischen Bankier dazu nutzen, Werbung für seine Geldgeschäfte zu machen, so die Forschung.[78] Vielleicht wird aber gerade hier – analog zum Verfahren in der *Brautwahl* – eine Unterscheidung zwischen spezifisch antikapitalistischer Judenkritik und religiösem, nationalistischem oder kulturellem Chauvinismus kenntlich. Während die erste Hoffmanns Spott wohl treffen soll, spricht sich die Erzählung gegen die zweite Form deutlich aus. Denn wiewohl auch die antikapitalistische Judenkritik eine sehr kritische Beurteilung verdient, darf nicht vergessen gehen, dass sich Simsons Schlussbemerkung in erster Linie auf Theodors ungerechte Aktion bezieht: Dieser solle sich unterstehen, geschäftliche Beziehungen vorzuschieben, um Amalia im Privathaus der Simsons nachzustellen.

Theodor hat derweil eine Einladung der phantasmagorischen Griechin angenommen und ist verschwunden. Als er zwei Jahre später wieder in Berlin auftaucht, hat er offensichtlich seinen Verstand verloren. Noch einmal gibt die Geschichte also Amalias Skepsis gegen seinen Griechenland-Fimmel und Simsons Beurteilung von Theodors Rache-Aktion als „abscheulich und lächerlich" (4,561) recht: Theodors Schuldzuweisungen gegen die Juden werden in der Erzählung deutlich als Teil eines Wahnkonstrukts erkennbar.

Auch die Forschung, die der *Brautwahl* eine deutlich judenfeindliche Haltung ablas, stellte hier denn eine wesentlich weniger verfängliche Darstellung jüdischer Figuren fest.[79] Im Zusammenhang der oben vorgeschlagenen Lektüre der *Brautwahl* ergibt sich

---

[77] Rellstab berichtet, Devrient habe ihm die Geschichte selbst erzählt, was allerdings über 10 Jahre zurückliegen würde (sie müsste sich ja vor Hoffmanns Erzählung zugetragen haben). Rellstab erwähnt in seinem Text nicht, dass Hoffmann die Anekdote adaptiert habe, womit prinzipiell denkbar scheint, dass der Schauspieler bloß von der Erzählung Hoffmanns berichtet hatte und Rellstab dies fälschlich als eigenes Erlebnis Devrients auffasste oder erinnerte.

[78] Vgl. Kaiser, Illustration zwischen Interpretation und Ideologie [Anm. 7], S. 30; Hartwich, Jüdische Gespenster [Anm. 10], S. 145.

[79] Nicht nur Josef Quack betont, man habe es in *Die Irrungen/Die Geheimnisse* „mit einem Antisemitismus von Erzählpersonen, nicht mit einem Antisemitismus des Autors zu tun" (Quack, Über E. T. A. Hoffmanns Verhältnis zum Judentum [Anm. 8], S. 289). Auch Wolf-Daniel Hartwich stellt mit Blick auf die Doppelerzählung fest: „Die Erzählung führt vor, wie Theodor die[] selbstverschuldete Demütigung durch einen antisemitischen Projektionsmechanismus verarbei-

indessen kein solch grundlegender Unterschied zwischen den späten Erzählungen: Eine Andersartigkeit im Gestus der Texte läge eher darin, dass das reflexive Potenzial von Hoffmanns Darstellung antijüdischer Diskriminierung in der *Brautwahl* aufgrund der dortigen Verquickung mit Argumentationsmustern von Emanzipationsdiskursen mit Motiven der romantischen Adels- und Kapitalismuskritik verstellt wird. Von diesem reflexiven Überbau weitgehend befreit, wird die Logik judenfeindlicher Diskriminierung in *Die Irrungen*/*Die Geheimnisse* demnach – eingedenk aller oben offen gebliebener Fragen – in nicht grundsätzlich anderer, sondern bloß deutlicherer Weise dargestellt.

---

tet" (Hartwich, Jüdische Gespenster [Anm. 10], S. 145) und kommt zu dem Schluss: „Die Diabolisierung der Ereignisse und ihrer ‚jüdischen' Verursacher wird als bloß subjektive Interpretation offengelegt" (ebd., S. 146).

Tobias Unterhuber

Die dunkle Seite des gezähmten Spiels in E.T.A. Hoffmanns *Spieler-Glück*

Die häufige Feststellung, dass E.T.A. Hoffmanns Erzählung *Spieler-Glück* kaum wissenschaftlich bearbeitet wurde, ist durch die Forschung der letzten zehn Jahre glücklicherweise obsolet geworden. Mit Ulrich Stadler, Mario Grizelj und vor allem Peter Schnyder wurde die Erzählung nicht nur als Gegenstand entdeckt, sie wurde auch immer komplexer interpretiert. Dabei verabschiedeten sich die Ansätze immer mehr von den zuvor dominierenden Lesarten,[1] die *Spieler-Glück* „als moralisierendes Plädoyer gegen das Glücksspiel"[2] mit einer „offensichtliche[n] didaktische[n] Dimension"[3] verstanden. So sehr der Abkehr von solchen vereinfachten und unterkomplexen Lesarten zuzustimmen ist, scheint es dennoch verkürzt, Pädagogik und Didaktik vollkommen aus den Interpretationen des Texts zu verbannen. Nicht, weil es sinnvoll wäre, die Erzählung trotz aller Ambivalenz, die die genannten Forscher aufgezeigt haben, weiterhin als moralisierend oder pädagogisierend zu lesen. Sondern weil in der Abkehr von diesen Lesarten mitunter übersehen werden könnte, dass Hoffmanns Erzählung mit der Fokussierung auf das Spiel einen Gegenstand verhandelt, der um 1800 zum Gegenstand der Pädagogik gemacht wurde; eine Entwicklung, die das Sprechen über Spiel auch heute noch zentral mitbestimmt. Im Folgenden soll aufgezeigt werden, inwiefern Hoffmann diese Pädagogisierung in seiner Erzählung reflektiert und gleichzeitig ad absurdum führt. Hoffmann zeigt, dass der sich um 1800 etablierende Spielbegriff in sich bereits höchst ambivalent ist. Der Text verdeutlicht, dass die Vereindeutigungsversuche der Pädagogik diesen eben nicht vereindeutigen, sondern weitere Widersprüche produzieren, die auch den heutigen pädagogischen Diskurs über Spiele immer noch mitbestimmen.

Reflexionsraum und Spielbegriffe

Hoffmanns Werke können, wie schon Gerhard Neumann feststellt, als Reflexionsraum auf die Wissensformation der Moderne verstanden werden, denn sie entfalten „nicht weniger als das umfassende Geschichtsbild einer ganzen europäischen Epoche, ihrer historischen Strukturen und Dispositive"; darüber hinaus stellen sie „ein Narrativ, also eine Art Erzähl-Modell und Erzähl-Repertoire dessen, was die mannigfaltige Diskurswelt

---

[1] Vgl. Wulf Segebrecht: Wirkung von Spieler-Glück, in: E.T.A. Hoffmann: *Sämtliche Werke in sieben Bänden*, Bd. 4: *Die Serapions-Brüder*, hg. von Wulf Segebrecht unter Mitarbeit von Ursula Segebrecht, Frankfurt a.M. 2008, S. 1534–1536.
[2] Peter Schnyder: Spieler-Glück (1819), in: *E.T.A. Hoffmann Handbuch. Leben – Werk – Wirkung*, hg. von Christine Lubkoll, Harald Neumeyer, Stuttgart 2015, S. 130–133, S. 131.
[3] Mario Grizelj: Verschaltete Ordnungen, verschachtelte Identitäten: E.T.A. Hoffmanns *Spieler-Glück* und das Strukturschicksal der Moderne, in: *Glück paradox. Moderne Literatur und Medienkultur – theoretisch gelesen*, hg. von Anja Gerigk, Bielefeld 2010, S. 67–87, S. 70.

und deren komplexes und undurchsichtiges Spiel […] so nachhaltig prägte",[4] bereit. Insbesondere die Auseinandersetzung mit naturwissenschaftlichen Erkenntnissen in literarischer Form wird oft als typisch, gar als ‚hoffmannesk' beschrieben.[5] Allerdings würde es zu kurz greifen, hier nur die Naturwissenschaften zu nennen:

> Sind diese Geschichten Hoffmanns doch poetische Auseinandersetzungen – in Form von Erzählungen – mit anderen wissenschaftlich, politisch, ökonomisch und philosophisch aktuellen Texten und Redeordnungen der Kultur, in der sie entstehen; Formen jener kulturellen Erzählung, die das Wissen einer Zeit produziert und zugleich von diesem Wissen und seinen Beständen gespeist und hervorgebracht wird[.][6]

Auch *Spieler-Glück* ist hier keine Ausnahme. Die Erzählung ist, so Mario Grizelj, „*ambivalent* und *hoffmannesk* und deshalb als Moment einer progressiv aufklärerischen Literatur (sensu Neumann) zu betrachten, die signifikante Konstellationen um 1800 zu beobachten erlaubt."[7] Allerdings beschränken sich die Perspektiven meist auf den Einfluss der Mathematik, Probabilistik und im Speziellen auf die Rolle des Zufalls in der Erzählung, da dieser „das Thema des Spiels und der Spielleidenschaft" überlagern würde.[8] Selbst wenn das Spiel als zentrales Thema der Erzählung anerkannt wird, wird es meist als Verbindungselement zur Statistik und Probabilistik verwendet.[9] Dabei ist dies, so sehr die Entstehung der mathematischen Wahrscheinlichkeitsberechnung mit dem Aufstieg des Glücksspiels im 17. und 18. Jahrhundert verbunden ist,[10] bei weitem nur ein Aspekt des Spielverständnisses um 1800, dessen Ambivalenzen und Widersprüche uns auch in der Gegenwart erhalten bleiben.[11] Denn neben dieser mathematischen Dimension des Spiels existieren eine Unzahl weitere, an denen sich auch viele Dichter wie Friedrich Schiller, Jean Paul, Christoph Martin Wieland oder, oft unbemerkt, auch Johann Wolfgang Goethe[12] abgearbeitet haben[13]. Doch viel grundsätzlicher scheinen ein bürgerliches und ein

---

[4] Gerhard Neumann: Einleitung, in: *‚Hoffmanneske Geschichte'. Zu einer Literaturwissenschaft als Kulturwissenschaft*, hg. von Gerhard Neumann, Würzburg 2005, S. 7–14, S. 7.

[5] Vgl. Ulrich Stadler: Über Sonderlinge, Spieler und Dichter. Zum Verhältnis von Poesie und Wissenschaft in E.T.A. Hoffmanns *Serapions-Brüdern*, in: *‚Hoffmanneske Geschichte'. Zu einer Literaturwissenschaft als Kulturwissenschaft*, hg. von Gerhard Neumann, Würzburg 2005, S. 277–292, S. 278.

[6] Neumann, Einleitung [Anm. 4], S. 8f.

[7] Grizelj, Verschaltete Ordnungen [Anm. 3], S. 73 (Hervorhebung im Original).

[8] Lothar Pikulik: *E.T.A. Hoffmann als Erzähler. Ein Kommentar zu den „Serapions-Brüdern"*, Göttingen 1987, S. 177.

[9] Vgl. z. B. Peter Schnyder: „Va banque!" Das Spiel der Moderne bei E.T.A. Hoffmann, in: *Figurationen* 1 (2004), S. 66–82.

[10] Vgl. Peter Schnyder, Ernst Strouhal: „Die probabilistische Revolution hat am Spieltisch begonnen". Ein Gespräch, in: *Spiel und Bürgerlichkeit. Passagen des Spiels I*, hg. von Ernst Strouhal, Ulrich Schädler, Wien, New York 2010, S. 167–182.

[11] Vgl. Tobias Unterhuber: All work, all play? – Ein Streifzug durch die Geschichte von Arbeit und Spiel, in: *PAIDIA-Sonderausgabe „The revolution will (not) be gamified – Marx und das Computerspiel"*, hg. von Eugen Pfister, Tobias Unterhuber, 21.01.2021; https://www.paidia.de/all-work-all-play-ein-streifzug-durch-die-geschichte-von-arbeit-und-spiel/ (01.02.2021).

[12] Goethe stellt in *Der Sammler und die Seinigen* Spiel und Ernst als Elemente der Kunst gegenüber, die erst in ihrem Zusammenwirken das vollendete Kunstwerk ermöglichen sollen. Vgl. Johann Wolfgang Goethe: *Der Sammler und die Seinigen*, in: ders.: *Sämtliche Werke*, hg. von Victor Lange u.a., Bd. 6.2, München 2006, S. 76–130, S. 130.

[13] Vgl. Wolfgang Kayser: Goethe und das Spiel, in: ders.: *Kunst und Spiel. Fünf Goethe-Studien*, Göttingen 1961, S. 30–46.

adliges Spielverständnis zu koexistieren, die sich dabei drastisch voneinander unterscheiden. Das adelige Spiel war „ziemlich ungezwungen, ohne großen Bedacht und ohne Streben nach Gewinn" und war „bei der Aristokratie" immer auch mit dem „Bewusstsein für den Schein und übertriebene[n] Aufwand"[14] verbunden. Das Spiel des Adels ist ein Spiel der Verschwendung und des Exzesses, basierend auf der „Tatsache (oder [...] Mythe) der Freiheit von ökonomischem Denken als Voraussetzung für das Ausleben typisch aristokratischer Impulse".[15] Dem steht das mit Rationalität und Berechnung verbundene Spiel des Bürgertums gegenüber, das „gewissenhaft" und „konzentriert"[16] vonstattenging und das bei weitem mehr einem modernen Verständnis von Spiel entspricht. Nur wenig scheinen aber solche Unterscheidungen mit Friedrich Schillers ästhetischer Theorie des Spiels zu tun zu haben, die von vornherein die materiellen Spiele ausschließt.[17] Schiller versteht Spiel oder genauer den Spieltrieb als eine Möglichkeit, Herz und Geist in Balance zu halten, sieht dabei jedoch das Spiel als selbstzweckhaft an. Eine Interpretation, die auch in der weiteren Auseinandersetzung mit dem Spiel immer wieder auftaucht, so zum Beispiel bei Johan Huizinga.[18] Gleichzeitig zeigt Daniel Fulda auf, dass in Schillers Werken dem ästhetischen Spiel immer auch ein vollkommen oppositionelles Spielverständnis gegenübersteht, das strategische Spiel. Fulda sieht das ästhetische Spiel „mit der Utopie eines harmonischen und befreiten Menschseins verbunden", mit der Voraussetzung einer „strikte[n] Trennung von praktischen Lebensvollzügen" und der „Vorbedingung [...], dass der Spielende in keiner pragmatischen Verantwortlichkeit steht," versehen, womit es einen „Ausnahmefall darstellt, dessen Herbeiführung besonderer Kunstfertigkeit bedarf".[19] Das strategische Spiel hingegen fungiere vor allem „als Faktor von Verwicklungen, die katastrophisch enden", sei immer mit „ganz handfeste[n] Interessen" verbunden, stelle ein „nahezu selbstverständlich mitlaufendes Moment menschlichen Verhaltens und gesellschaftlicher Interaktion" dar und werde immer „als moralisch unverantwortliches Handeln"[20] dargestellt. Es ist schon innerhalb von Schillers Werk ein widersprüchliches Verständnis von Spiel zu beobachten, dem noch weitere Facetten hinzugefügt werden können. So setzt Schiller das Spiel ganz explizit von der Arbeit ab,[21] womit sich auch Parallelen zu Christoph Martin Wielands Spielbegriff auftun.[22] Wieland

---

[14] Thierry Depaulis: „Aristokratische" versus bürgerliche Spiele. Die Revolution der Kartenspiele, übers. von Manfred Zollinger, in: *Spiel und Bürgerlichkeit. Passagen des Spiels I*, hg. von Ernst Strouhal, Ulrich Schädler, Wien, New York 2010, S. 155–166, S. 155.

[15] Jochen Strobel: *Eine Kulturpoetik des Adels in der Romantik. Verhandlungen zwischen ‚Adeligkeit' und Literatur um 1800*, Berlin, Boston 2010, S. 225.

[16] Depaulis, „Aristokratische" versus bürgerliche Spiele [Anm. 14], S. 156.

[17] Vgl. Friedrich Schiller: *Über die ästhetische Erziehung des Menschen*, hg. von Klaus L. Berghahn, Stuttgart 2010, S. 61f.

[18] Vgl. Johan Huizinga: *Homo Ludens. Vom Ursprung der Kultur im Spiel*, übers. von H. Nachod, Reinbek 1994.

[19] Daniel Fulda: Komödiant vs. Kartenspieler? Differenz und Zusammenwirken von ästhetischem und strategischem Spiel bei Schiller, in: *Schiller, der Spieler*, hg. von Peter-André Alt u.a., Göttingen 2013, S. 19–44, S. 19f.

[20] Ebd.

[21] Vgl. Schiller, Ästhetische Erziehung [Anm. 17], S. 63.

[22] Vgl. Christoph Martin Wieland: „Ueber die aeltesten Zeitverkuerzungsspiele", in: ders.: *Sämmtliche Werke*, Bd. 24, Karlsruhe 1815, S. 77–114, S. 105.

aber bemerkt diese Widersprüchlichkeiten und versucht sie pointiert auf den Punkt zu bringen:

> Nehmet vom Leben weg, was erzwungner Dienst der eisernen Nothwendigkeit ist, was ist in allem übrigen nicht Spiel? Die Künstler spielen mit der Natur, die Dichter mit ihrer Einbildungskraft, die Filosofen mit Ideen und Hypothesen, die schönen mit unsern Herzen, und die Könige leider! – mit unsern Köpfen.[23]

Doch all diesen widersprüchlichen Ansichten steht ein Moment der Vereindeutigung gegenüber, das das Spiel in gut und schlecht trennen möchte: die Pädagogisierung des Spiels, die mit den bereits beschriebenen Konzepten des bürgerlichen und des mathematischen Spiels verknüpft ist und mit den Ideen der Aufklärung in Verbindung steht: „Das von der Aufklärung und der protestantischen Erwerbsethik geprägte Bürgertum unterwarf den unbändigen Homo ludens der Kontrolle rationalen Denkens und ökonomischen Nützlichkeitskriterien."[24] So taucht das Spiel, vor allem das Glücksspiel, bei den Pädagogen Johann Heinrich Pestalozzi,[25] Christian Gotthilf Salzmann[26] sowie Joachim Heinrich Campe[27] zunächst als irrationales und problematisches Verhalten von Erwachsenen auf, das sogar der Rolle der Erzieher grundlegend widerspricht:

> Noch eins! Du bist doch wohl kein Spieler? Du hast doch wohl nicht die Gewohnheit angenommen, halbe Tage oder Abende hinter der Spielkarte zuzubringen? Wäre dieses, so mußt du von neuem geboren werden, es muß eine gänzliche Änderung mit dir vorgehen, wenn du zum Erziehen tüchtig sein willst. […] Also, Freund, der du mit dieser Sucht behaftet bist, wähle! Entsage dem Kartenspiele oder der Erziehung, weil beide sich so wenig miteinander vertragen, wie die Arbeiten in einem Hammerwerke mit dem Spielen auf der Harmonika.[28]

Es gibt also die „abscheuliche[n] Spiele, die weder für Körper noch Geist etwas leisten"[29], aber gleichzeitig auch solche, die sich für die Kindererziehung als hilfreich erweisen. So geht Johann Basedow davon aus, dass man naturgemäß „gern mit Säuglingen" und Kindern spiele, man aber „diesen Scherz nützlicher machen"[30] könne. Man müsse die Kinder dazu bringen, Spiele zu spielen, die ihre Fähigkeiten und Tugenden befördern,[31] das Spiel also mit Campe in nützliche Bahnen lenken.[32] In einem solchen Spielverständnis dienen Spiele, so Hans Scheuerl, zur „heimlichen Überlistung zur Übung" und dazu, das

---

[23] Ebd.
[24] Ulrich Schädler, Ernst Strouhal: Vorwort, in: *Spiel und Bürgerlichkeit. Passagen des Spiels I*, hg. von dens., New York 2010, S. 5f, S. 5.
[25] Vgl. Johann Heinrich Pestalozzi: *Lienhard und Gertrud. Ein Buch für das Volk*, Zürich 1844, S. 1.
[26] Vgl. Christian Gotthilf Salzmann: *Ameisenbüchlein oder Anweisung zu einer vernünftigen Erziehung der Erzieher*, Reutlingen 1808, S. 16.
[27] Vgl. Joachim Heinrich Campe: *Theophron oder der erfahrene Rathgeber für die unerfahrne Jugend*, Bd. 1, Hamburg 1783, S. 81f.
[28] Ebd., S. 123f.
[29] Johann Christoph Friedrich GutsMuth: *Spiele zur Uebung und Erholung des Körpers und Geistes für die Jugend, ihre Erzieher und alle Freunde unschuldiger Jugendfreuden*, Schnepfenthal ²1796, S. 34.
[30] Johann Basedow: *Elementarwerk. Ein Vorrath der besten Erkenntnisse zum Lehren, Lernen, Wiederholen und Nachdenken*, Bd. 1, Leipzig ²1785, S. 46.
[31] Vgl. ebd., S. 47f.
[32] Vgl. Joachim Heinrich Campe: Beschreibung einiger neuen pädagogischen Spiele zur Erlernung fremder Sprachen, zur angenehmen Unterhaltung der Kinder und zur Uebung ihrer Seelenkräfte, in: ders.: *Sammlung einiger Erziehungsschriften*, 2. Teil, Leipzig 1778, S. 1–52, S. 6.

Kind „pädagogisch besser in die Hand zu bekommen."[33] Noch deutlicher wird dies bei Johann Christoph Friedrich GutsMuth, der das Spiel nicht nur als „Erziehungsmittel der Jugend"[34], sondern sogar als „Erziehungsmittel ganzer Nationen"[35] versteht. Diese Bewegung stellt das Spiel in den Dienst größerer ideologischer und epistemischer Umwälzungen: „Spiel sollte nun nicht nur unterhaltsam, sondern vor allem lehrreich und somit der Bildung und Erziehung förderlich sein. Dabei diente das Spielen gleichzeitig dazu, bürgerliche Werte und Moralvorstellungen zu festigen und zu verbreiten."[36] Es wird zum Träger aufklärerischer und „bürgerlicher – ökonomischer wie moralischer – Tugenden", womit sich auch „die Regeln der Spiele ebenso wie die Bedeutungsmuster der Spielmetaphern und -allegorien und deren Verwendung"[37] verändern. Dorothea Alkema zeigt diese Zähmung des Spiels beispielhaft am Blindekuhspiel auf, dessen Regeln sich im Laufe des 19. Jahrhunderts verändern, um „‚unaufgeklärte' Verhaltensweisen" und solche, „die mit den Prinzipien der Aufklärung nicht in Einklang zu bringen waren", auszuschließen, womit es „aus der Mode" gerät und „zum reinen Kinderspiel oder in pädagogischen Varianten bis zur Unkenntlichkeit entstellt"[38] wird.

Neben den Überlegungen von Jean Paul[39] zum Spiel, auf die sich in Nachfolge auch Friedrich Fröbel[40] bezieht, sowie denen Friedrich Schleiermachers[41] ist es im philosophisch-ästhetischen Diskurs vor allem Immanuel Kant, der ein neues nutzenorientiertes Verständnis von Spiel propagiert.[42] In einer seiner wenigen, aber dennoch sehr einflussreichen Schriften zur Pädagogik spricht sich Kant deutlich dafür aus, dass es gute und schlechte Spiele gibt. Denn Spiel dürfe eben nie nur „bloßes Spiel" sein, sondern solle „Spiel mit Absicht und Endzweck"[43] sein. Nur das Spiel, so auch Salzmann, „das einen nützlichen Zweck hat, entweder dem Leibe eine freie, angenehme Bewegung und Behendigkeit zu verschaffen, oder die geistigen Kräfte zu üben",[44] ist ein gutes Spiel. Auch Campe spricht davon, dass das Spiel einen „Endzwecke"[45] brauche. Entsprechend findet

---

[33] Hans Scheuerl: Pädagogische Theoreme der Aufklärungszeit, in: *Theorien des Spiels*, hg. von Hans Scheuerl, Weinheim, Basel 1975, S. 13–31, S. 15.
[34] GutsMuth, Spiele zur Uebung [Anm. 29], S. 17.
[35] Ebd., S. 13.
[36] Schädler, Strouhal, Vorwort [Anm. 24], S. 6.
[37] Ernst Strouhal, Ulrich Schädler: Das schöne lehrreiche Ungeheuer. Strategien der Eingemeindung des Spiels in der Kultur der Bürgerlichkeit – Eine Einleitung, in: *Spiel und Bürgerlichkeit. Passagen des Spiels I*, hg. von dens., Wien, New York 2010, S. 9–22, S. 10.
[38] Dorothea Alkema: Spiele zwischen Licht und Dunkelheit. Die Blinde Kuh, in: *Spiel und Bürgerlichkeit. Passagen des Spiels I*, hg. von Ernst Strouhal, Ulrich Schädler, Wien, New York 2010, S. 183–201, S. 183.
[39] Vgl. Jean Paul: *Levana oder Erziehlehre*, in: ders.: *Sämtliche Werke*, hg. von Norbert Miller, Bd. 5, München 1996, S. 515–874, S. 602–614.
[40] Vgl. Friedrich Fröbel: *Fröbels Theorie des Spiels I: Der Ball als erstes Spielzeug des Kindes*, hg. von Elisabeth Blochmann, Berlin 1931.
[41] Vgl. Friedrich Schleiermacher: *Pädagogische Schriften*, hg. von Erich Weniger, Bd. 1, Düsseldorf, München 1957, S. 45–51.
[42] Auch schon bei Alexander G. Baumgarten erhalte das Spiel „einen pädagogischen Charakter". Jörg Neuenfeld: *Alles ist Spiel. Zur Geschichte der Auseinandersetzung mit einer Utopie der Moderne*, Würzburg 2005, S. 17.
[43] Immanuel Kant: *Über Pädagogik*, hg. von D. Friedrich Theodor Rink, Königsberg 1803, S. 69.
[44] Salzmann, Ameisenbüchlein [Anm. 26], S. 110.
[45] Campe, Beschreibung einiger neuen pädagogischen Spiele [Anm. 32], S. 10.

sich auch bei GutsMuth zunächst ein ganzer Katalog nützlicher Eigenschaften des Spiels,[46] der seinen „pädagogischen Nutzen"[47] beweisen soll, bevor er sich dem Spiel zuwenden kann. Spiel soll hier eben nie nur Selbstzweck sein, sondern es muss für die Erziehung und damit für die Gesellschaft nützlich sein und „auf Fortschritt und Prosperität gerichtetes Handeln" werden,[48] um sich seiner „provokativen Nutzlosigkeit" zu entledigen, die es „geradezu moralisch verdächtig" macht.[49] Schillers Diktum: „Der Mensch spielt nur, wo er in voller Bedeutung des Worts Mensch ist, und er ist nur da ganz Mensch, wo er spielt"[50], steht Kants Aussage: „Der Mensch kann nur Mensch werden durch Erziehung"[51] diametral gegenüber. Denken wir an dieser Stelle Kant mit Schleiermacher zusammen, wird deutlich, warum sich Kant so sehr für die Nützlichkeit des Spiels ausspricht. Kant behauptet nämlich, dass „Kinder [...] nicht dem gegenwärtigen, sondern dem zukünftig möglich bessern Zustande des menschlichen Geschlechts, das ist: der Idee der Menschheit und deren ganzer Bestimmung angemessen erzogen werden"[52] sollen. Schleiermacher macht in diesem Zusammenhang klar, warum das im Widerspruch zu einem selbstzweckhaften Verständnis von Spiel steht, sei doch das Spiel „Befriedigung des Moments ohne Rücksicht auf die Zukunft", während „die Beschäftigung dagegen, die sich auf die Zukunft bezieht, Übung" sei.[53] Deshalb müsse das Spiel sowohl Spiel als auch Übung werden, um der Entwicklung des Menschen zu dienen.[54] An anderer Stelle widerspricht sich zwar Kant selbst, wenn er behauptet, dass Spiel nicht Arbeit sein dürfe, allerdings setzt er es dabei wieder in einen anderen Nützlichkeitszusammenhang, indem er Spiel als notwendige Erholung von der Arbeit begreift.[55] Erst durch seine mögliche Nützlichkeit

> wird das Spiel in den Funktionszusammenhang der bürgerlichen Gesellschaft hineingenommen und in deren Dienst gestellt. Damit bezieht das Spiel für Kant seine bürgerliche Daseinsberechtigung aber ausschließlich aus den abgeleiteten Effekten der Spielhandlung, wohingegen das eigentliche Wesen des Spiels gerade in der Inversion aller Zwecke, d. h. in der sich selbst genügenden Spielhandlung liegt.[56]

Mag Kant an anderer Stelle zumindest die Spielmetapher positiver bewerten,[57] zeichnet sich dennoch in der Gegenüberstellung von Kants nützlichem und Schillers selbstzweckhaftem Spiel die wohl wichtigste Differenz des Spielbegriffs um 1800 ab, deren Aushandlung auch in Hoffmanns Erzählung *Spieler-Glück* zentral steht, wobei, wie im Folgenden zu zeigen sein wird, Hoffmann in typischer Manier, insbesondere im Rahmen der serapiontischen Erzählungen, den Widerstreit auf die Spitze treibt, indem er sie anhand

---

[46] Vgl. GutsMuth, Spiele zur Uebung [Anm. 29], S. 20–29.
[47] Ebd., S. 18.
[48] Strouhal, Schädler, Das schöne lehrreiche Ungeheuer [Anm. 37], S. 13.
[49] Neuenfeld, Alles ist Spiel [Anm. 42], S. 18.
[50] Schiller, Ästhetische Erziehung [Anm. 17], S. 62.
[51] Kant, Über Pädagogik [Anm. 43], S. 7.
[52] Ebd., S. 17.
[53] Schleiermacher, Pädagogische Schriften [Anm. 41], S. 48.
[54] Vgl. ebd., S. 49.
[55] Vgl. Kant, Über Pädagogik [Anm. 43], S. 73f.
[56] Neuenfeld, Alles ist Spiel [Anm. 42], S. 19f.
[57] Vgl. ebd., S. 29.

„extreme[r] Erfahrungen, pathologischer Fälle, Seltsamkeiten und Unerklärlichkeiten"[58] ausführt.

Die dunkle Seite der Nützlichkeit

Spieler-Glück erzählt eine Serie von Spieler-Geschichten,[59] in der auf verschiedenen Ebenen die Verfallserzählungen von Glücksspielern miteinander verwoben werden, die schlussendlich metaleptisch ineinander fallen.[60] Der Serapionsbruder Theodor trägt die Geschichte des Barons Siegfried vor, der gegen seinen Willen zu spielen beginnt und dabei unerwartetes Glück erfährt. Ein Fremder wiederum erzählt Siegfried die Geschichte des Chevaliers Menars, der ein ebensolches Glück erlebte, dem wiederum der von ihm bankrottierte Signor Vertua davon erzählte, dass er früher selbst ein solches Glück erlebt hatte, bis er zu spielen aufgehört hatte. „So bildet sich eine [...] Serie von gleichen Geschichten, in denen ungeheuer erfolgreiche Spieler durch die Begegnung mit einem anderen einst erfolgreichen und zuletzt unglücklichen Spieler in Berührung kommen".[61] Menars heiratet Vertuas Tochter Angela, versucht dem Spielen zu entsagen, verspielt aber zuletzt Angela selbst an deren Jugendliebe. Der Kreis schließt sich, als sich der Fremde als Menars zu erkennen gibt, der durch seine Erzählung Siegfried dazu bringt, mit dem Spielen aufzuhören, genau wie Theodor, der sich ebenfalls als ehemaliger Spieler entpuppt. In dieser Verkettung wahrscheinlicher Unwahrscheinlichkeiten, denn „[s]olche immer nur glücklichen Spieler sind mehr als unwahrscheinlich und noch unwahrscheinlicher als die Gewinne sind diese Begegnungen",[62] entsteht „eine enge Korrespondenz von Instabilität auf der Inhaltsebene (= Glück/Pech am Spieltisch) und qua Verschachtelung instabiler Erzählordnung".[63] In vielen Deutungen wird dieses „Zusammenbrechen von Grenzen oder Unterscheidungen"[64] als Grundlage gesehen, die Erzählung als Verhandlung von Kontingenzerfahrung[65], Wahrscheinlichkeit[66] und Zufall[67] oder aber deren probabilistischer und statistischer Erfassung[68] zu lesen. Diese Lesarten führen jedoch dazu, nicht nur „den binären moralischen Code, dem *Spieler-Glück* vordergründig verpflichtet ist",[69] in Frage zu stellen, sondern auch andere in der Erzählung verhandelte Ordnungen und Schemata von vornherein als subvertiert anzusehen, so auch die getroffene Unterscheidung verschiedener Spielertypen:

---

[58] Manfred Schneider: Serapiontische Probabilistik. Einwände gegen die Vernunft des größten Haufens, in: *‚Hoffmanneske Geschichte'. Zu einer Literaturwissenschaft als Kulturwissenschaft*, hg. von Gerhard Neumann, Würzburg 2005, S. 259–276, S. 266.
[59] Vgl. Schnyder, „Va banque!" [Anm. 9], S. 77f.
[60] Vgl. Grizelj, Verschaltete Ordnungen [Anm. 3], S. 75.
[61] Schneider, Serapiontische Probabilistik [Anm. 58], S. 270.
[62] Vgl. ebd.
[63] Grizelj, Verschaltete Ordnungen [Anm. 3], S. 77.
[64] Ebd., S. 78.
[65] Vgl. ebd.
[66] Vgl. Schneider, Serapiontische Probabilistik [Anm. 58].
[67] Vgl. Dale Adams: „Die sonderbaren Verkettungen des Zufalls": E.T.A. Hoffmanns Spiel mit der Wahrscheinlichkeit in der Erzählung *Spieler-Glück*", in: *Seminar. A Journal of Germanic Studies* 53, 3 (2017), S. 312–332.
[68] Vgl. Schnyder, „Va banque!" [Anm. 9].
[69] Schnyder, „Spieler-Glück" [Anm. 2], S. 131.

> Es gibt zweierlei Arten von Spieler. Manchen gewährt, ohne Rücksicht auf Gewinn, das Spiel selbst als Spiel eine unbeschreibliche geheimnisvolle Lust. Die sonderbaren Verkettungen des Zufalls wechseln in dem seltsamsten Spiel, das Regiment der höhern Macht tritt klarer hervor, und eben dieses ist es, was unsern Geist anregt, die Fittige zu rühren und zu versuchen, ob er sich nicht hineinschwingen kann in das dunkle Reich, in die verhängnisvolle Werkstatt jener Macht, um ihre Arbeiten zu belauschen.[70]

Diesem „echte[n] Spieler" (S. 867) stellt Hoffmann den wohl verbreiteteren Typus gegenüber:

> Andere haben nur den Gewinst vor Augen und betrachten das Spiel als ein Mittel, sich schnell zu bereichern. Zu dieser Klasse schlug sich der Chevalier und bewährte dadurch den Satz, daß der eigentliche tiefere Spielsinn in der individuellen Natur liegen, angeboren sein muß. (Ebd.)

Hier wird nicht nur beschrieben, wie der Titel der Erzählung gelesen werden kann, ob als das Glück (der Gewinnsträhne) des Spielers im Spiel oder aber als „das Glück, das ein Spieler empfindet, während und weil er spielt",[71] sondern eigentlich werden hier, wohl mit Anlehnung an Friedrich August Weisshuhn,[72] die zwei bereits oben beschriebenen diametral gegenüberstehenden Spielbegriffe in hoffmannscher Manier reformuliert. Das sich selbst genügsame, selbstzweckhafte, vielleicht sogar ästhetische, auf jeden Fall aber immersive Spiel, das von Schiller und in Nachfolge Johan Huizingas als freie Tätigkeit verstanden wird,[73] und das zweckbestimmte, extrinsisch motivierte Spiel, das wir bei Kant und Schleiermacher und auch heutzutage noch in der Pädagogik finden. Nur dass letzteres hier gerade nicht durch seinen Zweck für Gesellschaft und Kultur oder im Dienst der Erziehung verstanden wird, sondern im Glückspiel seine ‚dunkle' Ausprägung findet. Denn Hoffmann setzt noch einmal nach und macht klar, dass der zweite Typus nicht von „Spielsucht", sondern vom „gehässigsten Geldgeiz" (S. 867) angetrieben werde, der dem Spiel dieser Spieler Absicht und Endzweck verleihe. Was Hoffmann in der Erzählung also an den verschiedenen Spielern durchexerziert, ist, was passiert, wenn man das von der Pädagogik gezähmte Spiel auf die Spitze treibt. Es wird eben nicht durch seine Zweckgebundenheit moralisch und für die bürgerliche Gesellschaft nützlich, sondern stattdessen zerstört es das soziale Band, nicht nur unter den Spielern, und macht die Subjekte nicht frei, sondern knechtet sie. Der kantische Grundsatz, dass die Freiheit des Menschen durch den Zwang kultiviert werden müsse,[74] scheint hier vollends fehlzuschlagen. Das pädagogisierte Spiel ist ebenso ein mathematisiertes und ein bürgerliches

---

[70] E.T.A. Hoffmann: *Spieler-Glück*, in: ders.: *Sämtliche Werke in sieben Bänden*, Bd. 4: *Die Serapions-Brüder*, hg. von Wulf Segebrecht unter Mitarbeit von Ursula Segebrecht, Frankfurt a.M. 2008, S. 856–894, S. 866f. Fortan Seitenangaben im Fließtext.
[71] Stadler, Über Sonderlinge, Spieler und Dichter [Anm. 5], S. 288.
[72] Der Philosoph Friedrich August Weisshuhn veröffentlichte in Schillers *Horen* und wohl als Kommentar auf dessen *Ästhetische Erziehung* einen Text mit dem Namen „Das Spiel in strengster Bedeutung", in dem er unter anderem eine Hoffmann sehr ähnliche Unterscheidung der Spieler trifft: „Der Spieler, der bloß auf Gewinnst ausgeht, ist ein Spieler von Profession. Ein wunderlicher Titel, der einen Widerspruch im Beyworte enthält! Der rechte Spieler will nicht gewinnen; er will ohne Anstrengung seine Kräfte am Gegenstande versuchen, und weiß von äussern Zwecken nichts." Friedrich August Weisshuhn: Das Spiel in seiner strengsten Bedeutung, in: *Die Horen* 5 (1795), S. 57–89, S. 62.
[73] Vgl. Huizinga, Homo Ludens [Anm. 18], S. 16.
[74] Vgl. Kant, Über Pädagogik [Anm. 43], S. 32.

Spiel, das sich nicht als freie Tätigkeit versteht, sondern als gewinnorientiert und damit als ökonomisiert. Dass sich ein solches Spielverständnis gerade im von der Aufklärung oft geschmähten Glücksspiel[75] wiederfindet, ist die Ironie, auf der Hoffmann seine Erzählung gründet.

Echte Spieler?

Inwiefern *Spieler-Glück* diesen inneren Widerspruch des zweckgebundenen Spiels verhandelt, lässt sich auch noch einmal explizit an den einzelnen Figuren ausführen, auch wenn Schnyder behauptet, dass „[d]ie Spieler in der Erzählung […] sich nicht sauber in dieses Schema einordnen"[76] lassen würden, und Stadler davon ausgeht, dass es sich bei der Unterscheidung um keine „eigene feststehende ‚Klasse' handle, weil keine der Figuren „grundsätzlich und ein für alle Mal davor gefeit [ist], nicht unversehens zu einem Spieler zu werden, der nur noch die bloße Gewinnsucht in seinem Kopf hat".[77]

Mit dem Verwischen der Kategorien wird meist bereits bei Siegfried begonnen. Denn dieser zeigt zunächst kein Interesse am Spiel, ist von ihm sogar angeekelt (vgl. S. 858) und hält sich entgegen der „Regel des guten Tons" (S. 857) vom Spieltisch fern. Erst als Gerüchte aufkommen, er sei „ein Knicker […], viel zu ängstlich, viel zu engherzig, um sich auch nur dem geringsten Verlust auszusetzen", beschließt der Baron zu spielen „mit dem festen Vorsatz, die bedeutende Summe, die er eingesteckt, zu verlieren". (S. 858) Mag sein Verhalten zunächst auch als nicht profitorientiert gelesen werden, wird dennoch deutlich, dass er mit Absicht und Zweck zu spielen beginnt und dass er bei genauerer Betrachtung sehr wohl etwas gewinnen oder zurückgewinnen möchte: seinen guten Ruf, also sein soziales Kapital. So ist es eben nicht ein plötzlicher Sinneswandel, der den Baron befällt, wenn er des monetären Gewinns wegen weiterspielt und weiterspielt, sondern eigentlich nur eine Verlagerung von einer Kapitalform zu einer anderen. Zwar heißt es zunächst, es wäre „nicht der Gewinn, sondern recht eigentlich das Spiel" (S. 859), das ihn zum Weiterspielen bringe, allerdings ist dieser Aussage nicht ganz zu trauen, ist es ja erst das Glück, also doch das Gewinnen, das den Baron an das Spiel bindet. (Vgl. ebd.) So häuft er „im übermütigen Spiel Gold über Gold" an. (S. 861) Dies wird auch dadurch unterstrichen, dass Siegfried eben erst in Gesellschaft seine Lust am Spiel findet und Nacht um Nacht spielt und gewinnt, während ein wahrlich vom Spiel faszinierter nicht der Gesellschaft bedarf, sondern sogar „Tage, Nächte lang einsam […] gegen sich selbst" spielen könne. (S. 867) Auch die Tatsache, dass Siegfried dem von ihm beleidigt geglaubten Fremden Geld als Entschuldigung anbietet (vgl. S. 861), ändert daran nichts. Vielmehr versucht er hier wiederum, ökonomisches Kapital zurück in soziales Kapital zu tauschen, ist er doch von Anfang an vor allem um seinen Ruf besorgt und glaubt diesen durch sein harsches Auftreten erneut gefährdet. So ist er auch bereit, sein eigenes und das Leben des Fremden im Duell aufs Spiel zu setzen (vgl. ebd.), um

---

[75] Vgl. Wilhelm Amann: Zur Einführung. *Play or game.* Zum Verhältnis literarischer und digitaler Spielkulturen, in: *Spiel-Werke. Perspektiven auf literarische Spiele und Games*, hg. von dems., Heinz Sieburg, Bielefeld 2020, S. 7–24, S. 10.
[76] Schnyder, Spieler-Glück [Anm. 2], S. 131.
[77] Stadler, Über Sonderlinge, Spieler und Dichter [Anm. 5], S. 287.

seinen Rufverlust zu verhindern, so dass sogar in Frage gestellt werden kann, ob der Baron nicht nur „im Begriff" ist, „ein leidenschaftlicher Spieler" (S. 862) zu werden, sondern schon längst einer ist. Dies scheint auch der Fremde bereits aus Siegfrieds Verhalten zu schließen, glaubt er doch sein „ganzes Wesen beim Spiel" (S. 863) bereits zu erkennen.[78] Was der Fremde an Siegfried zu entdecken glaubt, ist das Verhalten eines Süchtigen, und wie er eben selbst an der Geschichte des Chevaliers Menars, also seiner selbst, ausführt, ist der Begriff ‚Spielsucht' eigentlich nicht passend, weil es sich um eine Geldsucht handelt, in der das Spiel nur ein Mittel zum Zweck ist. (Vgl. S. 867)

Denn ganz ähnlich scheint es dem Chevalier auch ergangen zu sein, nur, dass vielleicht seine Gründe, mit dem Spielen anzufangen, noch klarer sind als bei Siegfried. Denn zwar besitzt auch er „[d]ieselben glänzenden Eigenschaften" wie der Baron Siegfried, aber, „was den Reichtum betrifft, hatte das Glück ihn nicht so begünstigt". (S. 863) Seine finanziellen Verhältnisse erlauben es ihm nicht, am aristokratischen, verschwenderischen Spiel teilzunehmen, viel wichtiger aber „fehlte es ihm an allem Sinn" für das Spiel. (Ebd.) Entsprechend wird auch der Chevalier durch einen Bekannten an den Spieltisch gedrängt (S. 864), spielt also zunächst nicht aus freien Stücken. Ebenso ist seine Rückkehr an den Spieltisch nicht freiwillig. In Geldnöte geraten, rät ihm ein Freund: „Willst du Geld und Gut erwerben, so geh hin und spiele, sonst bleibst du arm, dürftig, abhängig immerdar." (S. 865) Erst durch diese Weisung erinnert er sich an sein Glück am Spieltisch und scheint auf den ersten Blick fasziniert vom Spiel, sieht „träumend und wachend [...] Karten" (ebd.), aber vor allem hört er „das Klirren der Goldstücke". (S. 866) So beginnt er erneut zu spielen und scheint dabei von der „unsichtbare[n] Hand der höhern Macht, die mit dem Zufall vertraut oder vielmehr das selbst ist, was wir Zufall nennen", geleitet. (Ebd.) Dieser kleine Verweis auf Adam Smith[79] kann als Hinweis gedeutet werden, dass *Spieler-Glück* auch die Überschneidung des aufklärerischen Nützlichkeitsdiskurses mit dem Aufkommen der modernen Ökonomie erkennt, die sich besonders in den Überlegungen Bernard Mandevilles, dass private Laster einen gesellschaftlichen Mehrwert bringen, manifestierten.[80] Entsprechend wird sowohl das verschwenderische Spiel als auch das von Geldsucht getriebene Spiel in der Erzählung von der Gesellschaft nicht als Problem angesehen, sondern eben als Zeichen, dass der Chevalier mit „höheren Mächten im Bunde" stehe. (S. 865)

Der Chevalier gewinnt eine beträchtliche Summe, und es ist der Gewinn, an dem er sich ergötzt und durch den er der „Lust an dem schnöden Mammon" erliegt. (S. 866) Es treibt ihn ab da Nacht für Nacht an den Spieltisch, lässt ihn sogar eine eigene Spielbank eröffnen, also von der Rolle des Spielenden in die Rolle des Spielgebers schlüpfen und all sein Interesse nur auf die Vermehrung seines Vermögens verlegen. Entsprechend weigert er sich, auch nur einen Teil seiner Gewinne an den Signor Vertua zurückzuleihen (vgl. S. 870), bevor er sich in dessen Tochter Angela verliebt. Doch auch diese Liebe

---

[78] Die Idee, dass am Verhalten eines Spielers sein ganzer Charakter erkennbar wird, findet sich auch in GutsMuths Weisung „an den Spielen sollst du sie erkennen" wieder. GutsMuth, Spiele zur Uebung [Anm. 29], S. 16.
[79] Vgl. Adam Smith: *Der Wohlstand der Nationen: eine Untersuchung seiner Natur und seiner Ursachen*, hg. von Horst Claus Recktenwald, München 1996.
[80] Bernard Mandeville: *The Fable of the Bees: Or, Private Vices, Publick Benefits*, Oxford 1924.

funktioniert nur als Transaktion. Angela zu sehen muss dem Vater mit Geld vergolten werden (vgl. S. 876), was Vertua als Parallelfigur sogleich erkennt. (Vgl. S. 877)

Dennoch lässt der Chevalier zunächst vom Spiel ab und gewinnt somit Angela zur Frau. Doch nach dem Tod Vertuas beginnt er erneut vom Gewinnen – nicht vom Spiel – zu fantasieren, und „allnächtlich im Träume" sitzt er bereits wieder „an der Bank" und häuft „neue Reichtümer" an. (S. 881) So öffnet er seine Spielbank erneut und erspielt tatsächlich erneut ein riesiges Vermögen, wird aber durch den Suizid eines Spielers in seiner Spielbank wieder aus dem Geschäft gedrängt. Er schwört daraufhin abermals dem Spiel ab, zieht um und versucht, sich auf das häusliche Leben zu besinnen. Doch hält auch dies nicht lange an, und so treibt es ihn an den Spieltisch des Obristen, der in Wahrheit Duvernet, Angelas Jugendliebe, ist. Zunächst noch vom Glück begleitet, gewinnt er, aber bald sieht er sich mit dem Ende seiner Glückssträhne konfrontiert. Von nun an verliert er alles, beginnt aber umso verbissener weiterzuspielen, bis er sogar seine eigene Frau aufs Spiel setzt, nicht, weil er vom Spiel fasziniert ist, sondern weil er glaubt, gewinnen zu können. (Vgl. S. 885) So zeigt sich, dass sich auch bei ihm, entgegen Schnyders Behauptung,[81] eine klare Typisierung vornehmen lässt. Der Chevaliers spielt nie nur um des Spieles willen, sondern um des Gewinns wegen, also mit Absicht und Zweck.

Kommen wir zum dritten Spieler, Signor Vertua. Als Spieler reiste dieser durch ganz Europa in der „Hoffnung großen Gewinstes" (S. 872) und schwor dem Spiel nur ab, weil ein von ihm bankrottierter Spieler versuchte, ihn zu ermorden. (Vgl. ebd.) Doch wovon er nicht ablassen kann, ist das Geld, und so wird er zum Geldverleiher, auch wenn er dies mit dem Wohle seiner Tochter Angela rechtfertigt. (Vgl. S. 873) Schließlich treibt ihn die Erzählung vom Glück des Chevaliers zurück an den Spieltisch:

> Jeden Tag vernahm ich, daß dieser, jener an Eurer Bank sich zum Bettler herabpontiert, da kam mir der Gedanke, da ich bestimmt sei, mein Spieler-Glück, das mich noch niemals verlassen, gegen das Eure zu setzen, daß es in meine Hand gelegt sei, Eurem Treiben ein Ende zu machen[.] (S. 874)

Es geht also auch ihm nicht um das Spiel, sondern um das Gewinnen, so dass selbst sein Todeskampf noch vom Wechselspiel von Verlust und Gewinn, „perd" und „gagne" (S. 880) begleitet wird.

Alle drei Figuren folgen also der Idee eines zweckgebundenen Spiels, nur, dass diese in *Spieler-Glück* nicht den aufgeklärten und bürgerlichen Menschen hervorbringt. Wie Ulrich Stadler es fasst, führt „[d]ie Erzählung [...] diese zerstörende Gewalt der Spielleidenschaft in aller Deutlichkeit vor. Hier hört, wahrlich der Mensch – in schärfstem Gegensatz etwa zu Schillers Spieltheorie – auf, noch Mensch zu sein."[82] Dies liegt gerade daran, dass dem hier vorgeführten Spielverständnis eben nicht die von Schiller vertretene Selbstzweckhaftigkeit des Spiels zugrunde liegt. Jede Handlung, jeder Spielzug der Figuren steht immer im Dienste einer anderen Sache, meist der Anhäufung ökonomischen Kapitals.

Die einzige Figur, die vielleicht aus diesem Raster fällt, ist der Erzähler der Geschichte selbst: der Serapionsbruder Theodor. Er hat zwar in seiner Jugend selbst gespielt, hat

---

[81] Vgl. Schnyder, Spieler-Glück [Anm. 2], S. 131.
[82] Stadler, Über Sonderlinge, Spieler und Dichter [Anm. 5], S. 287.

dem Spiel inzwischen aber abgeschworen. Er hatte nämlich genau das gleiche Glück wie der Baron Siegfried, ohne aber dessen Geldsucht zu besitzen, und gewann eine größere Summe. Doch statt wie Menars beim Anblick des Goldes in Verzückung zu geraten, erfasst ihn die Angst: „Mir war es, als sei das Gold, das auf dem Tische blinkte, das Handgeld, womit die finstre Macht meine Seele erkauft, die nun nicht mehr dem Verderben entrinnen könne" (S. 891), weswegen er den Gewinn verschenkt und aufhört zu spielen. (Vgl. S. 891f.) Theodor scheint damit die einzige Figur, die freiwillig zu spielen begann und freiwillig aufhört, vor allem aber vom Spiel selbst fasziniert ist. Deshalb ist er es auch, der die Geschichte der Spieler erzählt und damit wiederum am ästhetischen Spiel der Literatur mit seiner verschachtelten Erzählung teilnimmt, in der „der Zusammenhang zwischen Spielleidenschaft und poetischer Einbildungskraft" deutlich wird.[83]

Fazit

Hoffmanns Erzählung führt nicht das Verhängnis des Spiels oder der Spielleidenschaft vor, sondern inwiefern das Spiel im Dienst anderer Zwecke, vor allem monetärer Überlegungen, eine dunkle Seite besitzt, die nichts mehr mit den aufklärerischen Ursprüngen dieses Spielverständnisses zu tun hat. Die Pädagogisierung und Zähmung des Spiels erzeugt durch seine Aufteilung in sinnvolle und sinnlose Spiele eine Unterscheidung, in der Zweckgebundenheit immer zunächst positiv besetzt ist, obwohl dies wie aufgezeigt – und dies auch aus der Warte der Pädagogik – nicht der Fall ist. Dass diese Zweckgebundenheit gerade im Glücksspiel zu finden ist, während das ästhetische Spiel aufgrund seiner Selbstzweckhaftigkeit abgewertet wird, forciert ein Paradoxon, das Hoffmann nicht entging, das aber bis heute fortwirkt.

---

[83] Ebd., S. 289.

Armin Schäfer und Philipp Weber

Der Glanz, der Blick und das Begehren in E.T.A. Hoffmanns *Das Fräulein von Scuderi*

E.T.A. Hoffmann lässt in *Ombra adorata!* den Kapellmeister Johannes Kreisler folgende Anekdote erzählen: Kreisler besuchte ein Konzert, dessen Programm kurzfristig geändert wurde. Als er in den Saal trat, wähnte er, dass der Kapellmeister des Abends stumm mit ihm kommunizierte: „Du verstandst den wehmütigen Blick, den ich auf dich warf, mein treuer Freund! und hundertfältig sei es dir gedankt, daß du meinen Platz am Flügel einnahmst, indem ich mich in dem äußersten Winkel des Saals zu verbergen suchte." Der unbekannte „Freund" hatte das abendliche Programm geändert: „Welchen Vorwand hattest du denn gefunden, wie war es dir denn gelungen, daß nicht Beethovens große Sinfonie in C moll, sondern nur eine kurze, unbedeutende Ouvertüre irgend eines noch nicht zur Meisterschaft gelangten Komponisten aufgeführt wurde?"[1] Nach der Ouvertüre erklang die Einlegearie *Ombra adorata aspetta* von Girolamo Crescentini zu Niccolò Antonio Zingarellis Oper *Romeo e Giulietta*. Mit der „glockenhelle[n] Stimme eines Frauenzimmers", die „aus dem Orchester empor[strahlte]", setzte das Stück ein, das der Kastrat Crescentini ursprünglich für seinen eigenen Auftritt in der Oper geschrieben hatte. Kreisler vergaß sogleich Kummer und Sorgen – „und ich horchte nur entzückt auf die Töne, die, wie aus einer andern Welt niedersteigend mich tröstend umfingen."[2] Die Arie war durch „zufällige Verzierungen" gekennzeichnet: „[S]ie sind der glänzende Schmuck, welcher der Geliebten holdes Antlitz verschönert, daß die Augen heller strahlen und höherer Purpur Lippe und Wangen färbt." Kreisler findet in den „Melismen" des Gesangs zwar eine Erklärung für die „Macht der unwiderstehlichsten Wirkung" der „einfachsten Melodie, der kunstlosesten Struktur", die das Stück kennzeichne.[3] Die Erklärung des Wirkmechanismus selbst, der in der Musik zum Tragen kommt, steckt jedoch insgesamt in der Erzählung, die Metaphern, Metonymien und Symbolisierungen in den Dienst nimmt, um eine Handlung, die durch Ersetzung, Verschiebung und Übertragung bestimmt wird, in ihren Wirkungen auf Fantasie und Erleben darzustellen. Der verzierte Gesang wird als glänzender Schmuck metaphorisiert, der seinerseits über das Phänomen des Glanzes in das Register des Blicks verschoben wird. Das Begehren, das von der Musik bzw. den Verzierungen entzündet wird, wird in der Metapher des Glanzes prolongiert, der sowohl Ausdruck eines Inneren als auch Phänomen auf einer Oberfläche ist.

---

[1] E.T.A. Hoffmann: *Ombra adorata!*, in: ders.: *Fantasiestücke in Callot's Manier. Werke 1814*, hg. von Hartmut Steinecke unter Mitarbeit von Gerhard Allroggen und Wulf Segebrecht, Frankfurt a.M. 2006, S. 41–45, hier S. 42.
[2] Ebd., S. 43.
[3] Ebd., S. 44.

In Hoffmanns Erzählungen haben glänzende Objekte vielfach eine Schlüsselstellung inne. Sie dienen nicht bloß als Requisiten der Handlung oder als Metaphern, sondern sie erzeugen Dynamiken, die das Geschehen vorantreiben und unweigerlich auf das lesende Subjekt zurückwirken. Im Folgenden soll über das Phänomen des Glanzes die Struktur der Erzählung *Das Fräulein von Scuderi. Erzählung aus dem Zeitalter Ludwig des Vierzehnten*, die erstmals 1819 erschienen und 1820 in *Die Serapionsbrüder* eingegangen ist, erschlossen werden.[4] Auch wenn die Erzählung bereits Gegenstand vielfältigster Lektüren war, scheint eine erneute Analyse lohnend, die an den Beziehungen zwischen Glanz, Blick und Begehren ansetzt. In einem ersten Schritt wird nachgezeichnet, in welcher Weise die Erzählung rhetorische Mittel einsetzt, um den Glanz der Juwelen mit der Psychodynamik des Blicks und der Logik des Begehrens zu einem Komplex zusammenzuziehen. In einem zweiten Schritt wird verfolgt, wie dieser Komplex mittels narrativer Verfahren als ein psychopathologischer Fall entfaltet wird. In einem dritten Schritt werden Überlegungen aus der Psychoanalyse aufgegriffen und die Aspekte Trieb und Objektbegehren ins Zentrum gerückt. In einem vierten Schritt werden darauf aufbauend die Wiederholungstaten Cardillacs als die Effekte unbewusster Strukturen begriffen, die auf die Traumatisierung der Mutter zurückgehen und sich ihr Begehren anzueignen versuchen. In einem fünften und letzten Schritt werden die Effekte des Unbewussten als Initiatoren einer hermeneutischen Bewegung verstanden, die im Text selbst verhandelt wird.

1. Der Blick der Mutter

Die Handlung der Erzählung *Das Fräulein von Scuderi* spielt im Paris des Jahres 1680: Der Goldschmied René Cardillac ermordet die Auftraggeber der von ihm angefertigten Schmuckstücke, um diese wieder in seinen Besitz zu nehmen. Die Taten bedrohen insbesondere die Vertreter der adeligen Oberschicht, die solche Geschmeide ihren Geliebten zum Geschenk machen. Die 73-jährige, alleinstehende Dichterin Madame de Scuderi hat einst das Epigramm „Un amant qui craint les voleurs / n'est point digne d'amour" (797) verfasst, das angesichts der Morde einen neuen Sinn gewinnt.[5] Das Epigramm kann nämlich als Schmähung jener Kavaliere verstanden werden, die vor der Gefahr, die ihnen nachts auf den Straßen droht, zurückschrecken und die eigene Sicherheit dem Abenteuer der Liebe vorziehen. Madame de Scuderi erreicht von einem unbekannten Absender ein Schmuckkästchen, das neben kostbaren Juwelen „einen kleinen zusammengefalteten Zettel" (796) enthält, auf dem das von ihr verfasste Epigramm steht. Sie bringt das Kästchen nicht zur Polizei, sondern zur Hofdame Maintenon, die den Schmuck sogleich als

---

[4] E.T.A. Hoffmann: *Das Fräulein von Scuderi. Erzählung aus dem Zeitalter Ludwig des Vierzehnten*, in: ders.: *Die Serapionsbrüder*, hg. von Wulf Segebrecht unter Mitarbeit von Ursula Segebrecht, Frankfurt a.M. 2008, S. 780–855. Im Folgenden mit arabischen Seitenzahlen in Klammern zitiert. Zur Publikationsgeschichte der Erzählung siehe Volker Mergenthaler: *Garderobenwechsel. „Das Fräulein von Scuderi" in Taschenbuch, Lieferungswerk und Journal (1819–1871)*, Hannover 2018 [= Pfennig-Magazin zur Journalliteratur, Heft 2].

[5] Vgl. Henriette Herwig: Das Fräulein von Scuderi. Zum Verhältnis von Gattungspoetik, Medizingeschichte und Rechtshistorie in E.T.A. Hoffmanns Erzählung, in: *Interpretationen. E.T.A. Hoffmann. Romane und Erzählungen*, hg. von Günter Saße, Stuttgart 2004, S. 199–211, hier S. 203.

eine Arbeit Cardillacs identifiziert und ihn als galante Gabe begreift: „Da haben wir's Fräulein, Meister René ist in Euch sterblich verliebt, und beginnt nach richtigem Brauch und bewährter Sitte echter Galanterie Euer Herz zu bestürmen mit reichen Geschenken." (804) Cardillac wird zu Hofe geladen und erkennt den Schmuck, der ihm gestohlen worden sei, als seinen und vermacht ihn nunmehr Scuderi. Als sie den Goldschmied später aufsuchen will, wird sie Zeuge, wie sein Geselle, Olivier Brußon, von der Polizei verhaftet und abgeführt wird. Brußon wird beschuldigt, sowohl die nächtlichen Morde begangen als auch seinen Meister ermordet zu haben. Jedoch erfährt Madame de Scuderi, dass ein Offizier, den Cardillac zu morden suchte, den Goldschmied in Gegenwehr tötete. Brußon wiederum erzählt ihr, dass ihm Cardillac die Morde gestanden und auch seine Lebensgeschichte erzählt hat, die seinen Abweg durch ein Trauma zu erklären sucht, das seinerseits aus dem Trauma seiner Mutter resultiere.[6] Diese eingeschachtelte Erzählung Cardillacs enthüllt folgenden Sachverhalt:

> Von meiner Mutter erzählte man mir eine wunderliche Geschichte. Als *die* mit mir im ersten Monat schwanger ging, schaute sie mit andern Weibern einem glänzenden Hoffest zu, das in Trianon gegeben wurde. Da fiel ihr Blick auf einen Cavalier in spanischer Kleidung mit einer blitzenden Juwelenkette um den Hals, von der sie die Augen gar nicht mehr abwenden konnte. (832)

Die Forschung hat vielfach ein Augenmerk auf diese Szene gerichtet. Friedrich Kittler, der sich am ausführlichsten mit ihrer psychoanalytischen Struktur befasst hat, macht in den Juwelen das eigentliche Objekt der Begierde aus: Die Mutter „begehrt nicht ihren Mann; sie begehrt [...] auch keinen anderen Mann, sondern (Hoffmann schreibt Klartext wie immer) ein leuchtendes Geschmeide."[7] Auch wenn der Cavalier sich vom Blick der Mutter gemeint fühlt, ist ihr Blick lediglich auf die von ihm getragene Juwelenkette gerichtet. Das Begehren gilt dem Glanz der Steine, nicht aber deren Träger. Die Steine – und so wäre Kittlers Beobachtung zu ergänzen – schließen nun ihrerseits in ihrem Glanz einen Blick ein, der womöglich das Missverständnis des Cavaliers hervorruft (selbstredend aber Aggression oder gar sexualisierte Gewalt mitnichten rechtfertigt).

Diese These, die entgegen der alltäglichen Intuition auch einem leblosen Ding das Vermögen zu blicken zuschreibt, ruht einer Definition des Blicks auf, die nicht zuletzt in den verschiedenen Bedeutungen des französischen Verbs *regarder* vorbereitet ist:

---

[6] Die pathologische Dimension des Erzählaktes ist in der Forschung unbestritten: Bergengruen spricht von einer „Autotherapie", die aber offensichtlich misslingt. Siehe Maximilian Bergengruen: Ehebrecher, Verbrecher und Liebende in E.T.A. Hoffmanns ‚Fräulein von Scuderi', in: *Monster. Zur ästhetischen Verfassung eines Grenzbewohners*, hg. von Roland Borgards u.a., Würzburg 2009, S. 219–238, hier S. 234. Roebling spricht vom Versuch einer „Selbstheilung". Siehe Irmgard Roebling: Mütterlichkeit und Aufklärung in E.T.A. Hoffmanns *Das Fräulein von Scuderi*. Oder: Geistergespräch zwischen Berlin, Paris und Genf, in: *Mutter und Mütterlichkeit. Wandel und Wirksamkeit einer Phantasie in der deutschen Literatur. Festschrift für Verena Ehrich-Haefeli*, hg. von ders., Wolfram Mauser, Würzburg 1996, S. 207–229, hier S. 212. Breithaupt kommt ebenfalls zu dem Schluss, es handle sich bei Cardillacs Erzählung um die einer traumatischen Geschichte. Siehe Fritz Breithaupt: Das romantische Gewissen, in: *Die Aktualität der Romantik*, hg. von Michael Forster, Klaus Vieweg, Münster 2012, S. 205–220, hier S. 214.

[7] Friedrich Kittler: Hoffmann: Eine Detektivgeschichte der ersten Detektivgeschichte, in: ders.: *Dichter – Mutter – Kind*, München 1991, S. 197–218, hier S. 205.

Befragt man die Etymologie, so erfährt man, daß die französische Sprache, um das gerichtete Sehen zu bezeichnen, das Wort „regard" zu Hilfe nimmt, dessen Wurzel ursprünglich nicht den Akt des Sehens bezeichnet, sondern eher Erwartung, Sorge, Wache, Achtung, Schutz – sie alle von jener Beharrlichkeit affiziert, welche die Vorsilbe der Verdopplung oder Rückkehr ausdrückt. „Regarder" ist eine Bewegung, die darauf abzielt, *wieder in Obhut zu nehmen* ...[8]

Der Akt des Blicks „erschöpft sich nicht auf der Stelle: Er enthält einen Aufschwung zur Dauer, eine trotzige Wiederholung, als sei er von der Hoffnung beseelt, seine Entdeckung zu erweitern und zurückzuerobern, was ihm gerade entweicht."[9] Den Überlegungen Starobinskis sind diejenigen Blumenbergs zu ergänzen, der die temporale Dimension des Sehens unterstreicht: Auch wenn das Sehen „in jedem Augenblick vollendet und des integrierenden Hinzukommens in der Zeit unbedürftig"[10] sei, ist es immer nur in der Zeit gegeben. Wenn also der Blick in seiner Ausrichtung und Fixierung auf ein Objekt für eine gewisse Unruhe disponiert, trifft er in den Juwelen auf ein Objekt, das durch seine Beschaffenheit hervorlockt, was in solch einer Disposition angelegt ist: Die glänzenden Juwelen ziehen den Blick an und arretieren ihn, insofern sie ihm eine Erscheinung bieten, die nicht ohne Weiteres zu begreifen ist.

Die Standarderklärung des Glanzes stellt auf Betrachterposition, Beschaffenheit und Lage des Objekts sowie dessen Beleuchtung ab. Der Glanz auf geschliffenen Juwelen resultiert aus einer spezifischen Verzerrung in der Lichtreflexion, die vereitelt, dass auf die Quelle des Lichts geschlossen werden kann. Auch wenn der Glanz als ein komplexes Phänomen von sich überlagernden und durchdringenden Spiegelungen erklärt werden kann, wird er nicht als Reflexion der Lichtquelle gesehen.[11] Vielmehr ist er eine Erscheinung, die schon bei geringsten Änderungen in der Konstellation von Beleuchtung, Objekt und Betrachter verschwindet oder in eine neue Verteilung der Reflexe übergeht. Der Glanz ist, mit anderen Worten, ein in sich unruhiges Phänomen, das in jedem Moment einzigartig ist und sich – vor allem unter Kerzenlicht – immer wieder erneuert. „Der Glanz hat", wie Andreas Cremonini zuspitzt, „den Charakter eines Ereignisses".[12] Er überschreitet die „indexikalische Funktion", welche die „Beschaffenheit" eines Gegenstands anzeigt: Aufgrund des Positionsunterschieds der Augen, der das räumliche Sehen ermöglicht, hört die Dynamik im Glänzen nie auf – selbst geringste Änderungen in der Konstellation von Beleuchtung, Objekt und betrachtendes Subjekt rufen eine gänzlich neue Verteilung des Glanzes hervor. Es wird der „Eindruck einer Tiefe" erweckt, die sich im Gegenstand eröffnet, aus der aber auch ein Licht hervorstrahlt: „Der Bewegung des Eintauchens in die Tiefe des Glanzes antwortet eine Bewegung des Ent-

---

[8] Jean Starobinski: *Das Leben der Augen*, aus dem Französischen von Henriette Beese, Frankfurt a.M. u.a. 1984, S. 6f.
[9] Ebd., S. 7.
[10] Hans Blumenberg: Wirklichkeitsbegriff und Möglichkeit des Romans, in: *Nachahmung und Illusion. Kolloquium Gießen Juni 1963. Vorlagen und Verhandlungen*, hg. von Hans Robert Jauß, München S. 9–27, hier S. 11 (Anm. 3).
[11] Vgl. Andreas Cremonini: Über den Glanz. Der Blick als Triebobjekt nach Lacan, in: *Blickzähmung und Augentäuschung. Zu Jacques Lacans Bildtheorie*, hg. von Claudia Blümle, Anne von der Heiden, Zürich, Berlin 2005, S. 217–248, hier S. 220.
[12] Ebd.

gegenkommens des Lichts."¹³ Cremonini weist nicht zuletzt als Eigenart des Phänomens aus, „dass sich der Glanz aus seiner räumlichen Verweisungsstruktur zu lösen beginnt und ein visuelles Eigenleben entwickelt: Er erscheint am Gegenstand, scheint auf ihm zu sitzen, ohne jedoch anders als negativ an seiner Sichtbarkeit zu partizipieren."¹⁴

Die Phänomenalität des Glanzes erklärt nicht hinreichend, warum er zu faszinieren vermag.¹⁵ Zwar zieht der Glanz den Blick der Mutter an, und insofern scheint auch das Missverständnis des Verehrers *irgendwie* erklärlich, dass er gemeint sei. Das gesellschaftliche Spiel, das im Tragen von Juwelen Anwendung findet, besteht ja nicht zuletzt darin, den Blick vermittels des Schmucks auf die Person zu lenken und die Unterscheidungsfähigkeit der Betrachterin (wie auch des Trägers) zu erproben. Die Betrachterin muss zwischen Träger und Geschmeide, zwischen Ding und Glanz unterscheiden, der angeblickte Träger zwischen einem Blick, der dem Schmuck gilt, und einem Blick, der ihn vermeintlich meint und fortwährend streift. Offensichtlich ist der Cavalier aber nicht in der Lage, die Unterscheidung zwischen einem Blick, der ihn streift, und einem Blick, der ihn adressiert, zu handhaben oder überhaupt zu treffen. Hingegen trifft die Betrachterin trotz der gelingenden Unterscheidung zwischen Träger und Schmuck im Glanz auf etwas, das wie ein Blick erlebt werden kann. Die Überlegung, dass leblose Gegenstände nicht eigentlich blicken, aber trotzdem etwas wie ein Blick von ihnen ausgeht, findet in der alltäglichen Wahrnehmung einen Rückhalt, die eine gewisse Spaltung von Auge und Blick kennt. Man bemerkt die Qualität eines Blicks, aber schattet die Augen ab, die ihn werfen – und kann dann häufig deren Farbe nicht angeben. Sehen und Gesehen-Werden sind nicht nur nicht reziprok, sondern das Erleben des Gesehen-Werdens ist nicht an ein Gegenüber geknüpft. Auch wenn ein Betrachter „nur von einem Punkt aus" sieht, kann er in seiner „Existenz von überall her erblickt" werden.¹⁶

Jacques Lacan inseriert in das Phänomen des Glanzes die intersubjektiven Aspekte am Sehen, um die psychische Dynamik des Blicks zu fassen. Er erzählt in seinem *Seminar XI* eine Episode aus seinem Leben („Die Geschichte ist wahr"),¹⁷ die sich vor einiger Zeit in der Bretagne ereignete und ihm eine bemerkenswerte Erfahrung bescherte:

> Eines Tags nun war ich auf einem kleinen Boot zusammen mit einigen Leuten aus einer Fischersfamilie, die an dem kleinen Hafen zu Hause war. Damals war unsere Bretagne noch unberührt von der Großindustrie, und Fischerei im großen Stil gab es noch nicht. Die Fischer

---

[13] Ebd., S. 219.
[14] Ebd., S. 220.
[15] Vgl. ebd., S. 212. Cremonini verweist ferner auf Immanuel Kant, der die „Fähigkeit, sich von einem glänzenden Gegenstand in Anspruch nehmen zu lassen", an das Vermögen der Reflexion geknüpft hat, die – „sie sei auch noch so dunkel, als sie wolle" – erst einige Monate nach der Geburt einsetzt (Immanuel Kant: Über Pädagogik, in: ders.: *Schriften zur Anthropologie, Geschichtsphilosophie, Politik und Pädagogik 2. Werksausgabe*, Bd. XII, hg. von Wilhelm Weischedel, Frankfurt a.M. 1977, S. 691–761, hier S. 718). Der Versuch, zwischen Sehen und Lust eine strukturelle Analogie auszumachen, lässt sich bis in die Antike zurückverfolgen. Siehe Aristoteles: *Nikomachische Ethik*, übersetzt von Franz Dirlmeier, Stuttgart 2003, S. 184 (1174a13). Vgl. ferner Jürgen Manthey: *Wenn Blicke zeugen könnten. Eine psychohistorische Studie über das Sehen in Literatur und Philosophie*, München, Wien 1991.
[16] Jacques Lacan: *Das Seminar. Buch XI: Die vier Grundbegriffe der Psychoanalyse*, Textherstellung durch Jacques-Alain Miller, übersetzt von Norbert Haas, Weinheim, Berlin ⁵1987, S. 78.
[17] Ebd., S. 101.

fischten in ihrer Nußschale auf eigenes Risiko und eigene Gefahr. Und eben dieses: Gefahr und Risiko wollte ich mit ihnen teilen. Nur gab es Gefahr nicht immer, es gab auch Tage schönsten Wetters. Eines Tags nun, wir warteten auf den Augenblick, wo die Netze eingeholt werden sollten, zeigt mir ein gewisser Petit-Jean [...] ein Etwas, das auf den Wellen dahinschaukelte. Es war eine kleine Büchse, genauer gesagt: eine Sardinenbüchse, ausgerechnet. Da schwamm sie also in der Sonne, als Zeuge der Konservenindustrie, die wir ja beliefern sollten. Spiegelte in der Sonne. Und Petit-Jean meinte: – *Siehst Du die Büchse? Siehst Du sie? Sie, sie sieht Dich nicht!*[18]

Lacan nutzt den Doppelsinn des französischen Satzes „Elle me regarde", der sowohl „Sie sieht mich an" als auch „Sie geht mich an" bedeutet. Die Büchse geht ihn nichts an, insofern er ein Bourgeois, nicht aber Fischer ist und von den ökonomischen Zusammenhängen des Fischfangs nichts wissen muss, um den Ferientag auf dem Boot zu genießen. Trotzdem geht von der Konservenbüchse ein Glanz aus, der für den Betrachter als ein auf ihn gerichteter Blick erlebt wird und die Erwartung eines Gegenblicks anreizt. Das Phänomen des Glanzes zieht den Blick an und schließt in sich einen (virtuellen) Blick ein, der auf das betrachtende Subjekt zurückfällt. Die psychischen Effekte des glänzenden Objekts sind aus dessen Materialität und Geldwert heraus nicht zu begreifen, sondern resultieren insgesamt aus der Konstellation von betrachtendem Subjekt und jenem Objekt, dem Lacan eine Blickaktivität unterstellt: „Was Licht ist, blickt mich an, und dank diesem Licht zeichnet sich etwas ab auf dem Grund meines Auges".[19] Das Glänzen der wertlosen Sardinenbüchse bringt mittels eines Spiels von Lichtreflexion und Opazität ein virtuelles Blickverhältnis hervor.[20] Der Glanz erzeugt eine spezifische Spannung von Attraktion und Repulsion, die das betrachtende Subjekt in den Bann zieht. Dieselbe Faszination macht Lacan auch am Juwel fest, denn dem „Blick-Punkt eignet stets etwas von der Ambiguität eines Juwels."[21] Der Glanz erzeugt Reflexionen und Brechungen des Lichts, die den Blick abschirmen und auf sich zurückwerfen – und eben hierdurch an Faszination gewinnen. Der Blick wird im Juwel reflektiert, irritiert und zur intensiven Erfahrung seines Status. Das Subjekt ist auf sich selbst zurückgeworfen, das Objekt entzieht sich ihm dagegen fortwährend, und die Lust wird nur im Aufschub erlebt.

Vor diesem Hintergrund wird das Missverständnis erklärlich, das in der Szene zwischen Cardillacs Mutter und dem Schmuckträger wirkt. Denn der Cavalier meint sich zwar vom Blick adressiert, tatsächlich erblickt jedoch die junge Mutter seinen Schmuck. Die Blicke von Subjekt und Objekt kreuzen sich in gewisser Weise, aber gehören unterschiedlichen Arrangements an: So richtet sich erstens der Blick der Mutter auf das Juwel des Cavaliers (und nicht auf seinen Träger), was eine lineare Richtung des Begehrens in die Szene setzt, die mit ihrem Blick konvergiert. Es schließt sich daran zweitens eine gegenläufige Bewegung an, die vom Juwel auszugehen scheint (das unbewusst als Blicksender imaginiert wird) und im Stande ist, das Begehren der Mutter überhaupt erst zu aktivieren. Der Verehrer der Mutter jedoch fühlt sich gemeint und sendet drittens Blicke aus, die abwegig verlaufen. Und viertens aktiviert das Juwel nun ein Begehren, das über den gewöhnlichen Reiz der Attraktion hinausreicht:

---
[18] Ebd.
[19] Ebd., S. 102.
[20] Vgl. ebd., S. 103. Dieses Spiel bezeichnet Lacan auch als „Schirm" (ebd.).
[21] Ebd.

> Derselbe Cavalier hatte vor mehreren Jahren, als meine Mutter noch nicht verheiratet, ihrer Tugend nachgestellt, war aber mit Abscheu zurückgewiesen worden. Meine Mutter erkannte ihn wieder, aber jetzt war es ihr, als sei er im Glanz der strahlenden Diamanten ein Wesen höherer Art, der Inbegriff aller Schönheit. Der Cavalier bemerkte die sehnsuchtsvollen, feurigen Blicke meiner Mutter. Er glaubte jetzt glücklicher zu sein als vormals. (832)

Hoffmann legt in der Szene zwischen Cavalier und Mutter die mehrdeutige Fährte aus, dass die „sehnsuchtsvollen, feurigen Blicke" (832) der Mutter auch noch durch anderes als den Glanz angereizt sein könnten. Der Blick lässt die Mutter einen Exzess erfahren: „Ihr ganzes Wesen war Begierde nach den funkelnden Steinen, die ihr ein überirdisches Gut dünkten." (832) Dass die Erzählung die Ursache dieses Begehrens nicht aufklärt, kann womöglich eine Verdächtigung über Absichten und geheime Wünsche der Mutter provozieren. Die Funktion der Leerstelle ist mit solcher Anreizung zur Verdächtigung jedoch nicht zufriedenstellend erklärt. Die Erzählung verharrt nicht bei den Erklärungen der rationalen Psychologie, wie sie im 17. oder 18. Jahrhundert gegeben wurden, sondern stößt auf dem Feld der Literatur zu Einsichten in die Psychodynamik vor, die erst im 20. Jahrhundert konzeptuell und terminologisch in der Psychoanalyse eingeholt wurden. Die sich kreuzenden Blicke von glänzendem Schmuck und verheirateter Frau und die sich verfehlenden Blicke mit dem aggressiven Verehrer schießen über diese vertrackte Episode des Begehrens hinaus und definieren mittels ihrer fehlenden Ursache noch die spätere Begehrensstruktur Cardillacs.

Gleichwohl ist die Wirkung des Glanzes keineswegs auf Cardillac und dessen schwangere Mutter begrenzt. Als Scuderi die ihr im Schmuckkästchen zugesandten Brillanten erblickt, sieht sie an ihnen einen Glanz, der einen intensiven Affekt auslöst:

> Die Sonne schien hell durch die Fenstergardinen von hochroter Seide, und so kam es, daß die Brillanten, welche auf dem Tische neben dem offenen Kästchen lagen, in rötlichem Schimmer aufblitzten. Hinblickend verhüllte die Scuderi voll Entsetzen das Gesicht, und befahl der Martiniere, das fürchterliche Geschmeide, an dem das Blut der Ermordeten klebe, augenblicklich fortzuschaffen. (797)

Der rote Glanz, der auf den Steinen sitzt, ruft in den Augen der Betrachterin über das Tertium Comparationis der Farbe die Assoziation des Blutes hervor. Die rhetorische Operation verschiebt die Eigenschaft der roten Farbe – das Licht – in den Stoff des Blutes, das seinerseits die Morde metaphorisiert. Der Übergang von der Kategorie des Glanzes, der zufällig in roter Färbung aufscheint, zur Kategorie des Blutes und der Morde folgt also der Assoziation der Scuderi, die ihrerseits den Glanz der Steine in den Zusammenhang der Morde verschiebt und den optischen Schein zur Berührungsassoziation („das fürchterliche Geschmeide, an dem das Blut der Ermordeten klebe") verdichtet.[22] Die Scuderi verbirgt ihr Gesicht vor den glänzenden Brillanten, als ob von ihnen ein Blick ausginge. Der virtuelle Blick, der in dem Glanz eingeschlossen liegt, aktiviert die Betrachterin, die im Folgenden selbst zur Blicksenderin wird, „indem ihr die Augen vor Freude funkelten" (803) oder sie in einem glänzenden Objekt – „der Glaskutsche der

---

[22] Zur Metonymie als der Figur der Berührungsassoziation siehe Roman Jakobson: Randbemerkungen zur Prosa des Dichters Pasternak, in: ders.: *Poetik. Ausgewählte Aufsätze 1921–1971*, hg. von Elmar Holenstein, Tarcisius Schelbert, Frankfurt a.M. 1979, S. 192–211, hier S. 202f.

Herzogin von Montansier" (806) – durch Paris fährt und „manchen milden Hoffnungsstrahl leuchten ließ" (810). Wenn die funkelnden Augen Scuderis der Ausdruck ihrer Freude sind, erscheinen die funkelnden Augen Cardillacs hingegen als „böse":[23]

> Wäre Cardillac nicht in ganz Paris als der rechtlichste Ehrenmann, uneigennützig, offen, ohne Hinterhalt, stets zu helfen bereit, bekannt gewesen, sein ganz besonderer Blick aus kleinen, tiefliegenden, grün funkelnden Augen hätte ihn in den Verdacht heimlicher Tücke und Bosheit bringen können. (799)

Der Glanz, der Juwelen oder Augen aufliegt, reizt zwar das betrachtende Subjekt zum wiederholten Blick an, das aber am Glanz auf ein undeutliches Verhältnis von Figur und Grund, von Ausdruck und Ausgedrücktem, von Juwelen und Träger, von funkelnden Augen und Person stößt. Das im Glanz der Augen Ausgedrückte bedarf einer Explikation, da es nach bloßem Augenschein allenfalls einen „Verdacht heimlicher Tücke und Bosheit" erregen kann. Die „grün funkelnden Augen" Cardillacs kapseln eine Vorgeschichte ein und drücken in ihrem Glanz etwas aus, das der Blick gerade nicht an ihnen entziffern kann.

2. Der siderische Blick

Das Fräulein von Scuderi präsentiert inmitten der narrativen Einschachtelung eine Aufklärung über die Morde. Cardillacs Geständnis, das in der Nacherzählung Brußons überliefert wird, besitzt derart viele Leerstellen, dass die Auslassungen, Lücken, Sprünge und dunklen Stellen eine erklärende Funktion auf zweiter Stufe übernehmen. Die Begegnung zwischen der Mutter und dem Cavalier schlägt jäh um in Gewalt: Er wusste sie „an einen einsamen Ort zu locken. Dort schloß er sie brünstig in seine Arme, meine Mutter faßte nach der schönen Kette, aber in demselben Augenblick sank er nieder und riß meine Mutter mit sich zu Boden." (832) Der Cavalier kommt plötzlich und auf ungeklärte Weise zu Tode. Die Szene endet im grotesken Blickwechsel einer sexualisierten Gewalt: „Die hohlen Augen, deren Sehkraft erloschen, auf sie gerichtet, wälzte der Tote sich mit ihr auf dem Boden. Ihr gellendes Hülfsgeschrei drang endlich bis zu in der Ferne Vorübergehenden, die herbeieilten und sie retteten aus den Armen des grausigen Liebhabers." (832) Die Mutter erkrankt in der Folge des Ereignisses schwer, und auch wenn die Entbindung glücklich verläuft, sieht Cardillac die Schatten des Ereignisses auf seinem Leben liegen: „Aber die Schrecken jenes fürchterlichen Augenblicks hatten *mich* getroffen." (832) Es entsteht eine Art transgeneratives Trauma, das in Hoffmanns Werk kein Einzelfall ist. (Beispielsweise wird im *Sandmann* die depressive Verstimmung des Vaters auf dessen Sohn Nathanael übertragen.[24] In der Erzählung *Das Majorat* bildet

---

[23] Siehe Johannes Lehmann: E.T.A. Hoffmanns ‚Die Marquise de la Pivardiere' und die Gattungsgeschichte der Kriminalerzählung, in: *JbDSG* 49 (2005), S. 228–253, hier S. 235. Vgl. ferner ebd., Anm. 28: Die jugendliche Kraft, so Lehmann, sei „ein Hinweis auf den Teufelsbund", den Cardillac eingegangen sei. Mit „starkem, muskulösem Körperbau hatte Cardillac, hoch in die fünfziger Jahre vorgerückt, noch die Kraft, die Beweglichkeit des Jünglings". (799)

[24] Siehe Sigmund Freud: Das Unheimliche, in: ders.: *Gesammelte Werke. Zwölfter Band: Werke aus den Jahren 1917–1920*, hg. von Anna Freud u.a., Frankfurt a.M. ³1966, S. 227–268, hier S. 244f. (Anm.).

eine ausgreifende, über mehrere Generationen reichende „Schuld" das narrative Zentrum.[25])

Cardillacs Erklärung geht allerdings über eine bloße Weitergabe von Eigenschaften und Dispositionen in der Familie hinaus. Das glänzende Objekt des Schmucks affizierte nicht nur den Blick der Mutter, sondern die Strahlen, die von den Juwelen ausgehen, persistieren in der Zeit und treffen noch den später geborenen Sohn. Die initiale Szene pflanzt in Cardillac die traumatisierende Gewalt als die Disposition für ein Blickverhältnis ein, das metonymisch gefasst wird: „Mein böser Stern war aufgegangen und hatte den Funken hinabgeschossen, der in mir eine der seltsamsten und verderblichsten Leidenschaften entzündet." (832) Hoffmann verwendet das Verb „dünken", das ein semantisches Feld zwischen „glauben, meinen, scheinen" aufspannt, um den Effekt der „funkelnden Steine" zu bezeichnen: Der Mutter „dünkten" die Steine ein „überirdisches Gut". (832) Sie schließt vom Glanz der Steine darauf, dass die Juwelen eine Sache seien, die womöglich einen Träger, aber jedenfalls keinen irdischen Besitzer haben, sondern eben *über*irdisch sind. Der Sohn nimmt diesen Fehlschluss beim Wort und dissoziiert mit der Metonymie des Sterns das Glänzen vom Objekt selbst. Der Stern ist ein „überirdisches Gut", das glänzt, aber niemandes Besitz ist. Als ein glänzendes Objekt, das prinzipiell unerreichbar ist, nimmt er die Qualität des Bösen an und „entzündet" seinerseits „eine der seltsamsten und verderblichsten Leidenschaften". (832) Der Glanz des Schmucks (der selbst in einer Konstellation von Juwel, Mutter und Cavalier steht) geht auf den des Sterns über, und die räumliche Kreuzung der Blicke in der „Urszene" des Traumas wird in eine zeitliche Erstreckung umgelegt.[26] Im Stern wird der Glanz nicht nur symbolisiert, an den Himmel versetzt und verewigt, sondern für immer der Verfügungsgewalt Cardillacs entzogen, um fortan als unerreichbares Objekt ein unstillbares Begehren anzuleiten. Wenn die „örtlich begrenzte Außerkraftsetzung des räumlichen Gefüges" eine Eigentümlichkeit des Glänzens ist, wird diese Qualität durch die Traumatisierung des betrachtenden Subjekts übersteigert.[27] Der Glanz (den in der pränatalen Szene einzig die Mutter gesehen hat) schießt einen Funken aus, der in Cardillac und sein künftiges Leben begleitend zur brennenden Passion wird.

Die Metonymie vom Schmuck zum Stern ist sachlich durch den Glanz motiviert und nicht zuletzt bis in die Etymologie des Wortes Kosmos zurückzuverfolgen – es bezeichnet der altgriechische Ausdruck κόσμος eben auch den „Schmuck". Umgekehrt tritt im Glanz seit jeher „eine Dimension des Sehens zutage, welche die im Rahmen der natürlichen Einstellung gedeutete Welt transzendiert. […] Das Licht, von dem der Glanz in seiner Irrealität und Eigenwertigkeit kündet, ist nicht von dieser Welt."[28] Die Romantik

---

[25] E.T.A. Hoffmann: *Das Majorat*, in: ders.: *Nachtstücke*, hg. von Hartmut Steinecke unter Mitarbeit von Gerhard Allroggen, Frankfurt a.M. 2009, S. 199–285, hier S. 280.
[26] Gerhard Neumann: „Ach die Angst! die Angst!" Diskursordnung und Erzählakt in E.T.A. Hoffmanns *Fräulein von Scuderi*, in: *Diskrete Gebote. Geschichten der Macht um 1800. Festschrift für Heinrich Bosse*, hg. von Roland Borgards, Johannes Friedrich Lehmann, Würzburg 2002, S. 185–205, hier S. 197.
[27] Cremonini, Über den Glanz [Anm. 11], S. 220.
[28] Ebd., S. 224.

spricht dem Glanz des Sternenhimmels einen Blick zu, der sich in dem des betrachtenden Subjekts spiegelt. „Himmlischer, als jene blitzenden Sterne, dünken uns die unendlichen Augen, die die Nacht in uns geöffnet", heißt es in den *Hymnen an die Nacht* von Novalis.[29] Hoffmann hingegen überschreitet diese Semantik: Im eingesetzten Stern macht Cardillac einen dezidiert bösen, siderischen Blick aus, der die kosmische Ordnung bedroht. Der Stern, der als ein Überhang der Welt einen Glanz besitzt, der in sie hineinragt, ist als Metonymie des begehrten Schmucks von besonderer Suggestionskraft, insofern diese rhetorische Figur das Begehren in die Spannung zwischen Sehen und Berührung stellt. Wenn die Metonymie als Figur eine Berührung evoziert, vereitelt der auf den Stern verschobene Glanz jegliche Berührung. Im Übergang vom Schmuckstück zum Stern wird das Begehren von seinem unerreichbaren Objekt abgetrennt, auf den Blick zurückgeworfen und in ihn eingekapselt, um sodann eine exzessive Tat anzutreiben.

3. Das Objektbegehren

Das Fräulein von Scuderi verschränkt durch Rahmung und Nacherzählung des Geständnisses das iterative Erzählen mit rhetorischen Operationen der Ersetzung und Verschiebung sowie der Symbolbildung. Die Erzählinstanz stellt in einem narrativen Akt einmalig hin, was innerhalb der diegetischen Welt vielfach wiederholt wird. So erfährt zum Beispiel in der Serie der Morde die einzelne Tat allenfalls eine exemplarische bzw. summarische Darstellung. Andererseits treiben insbesondere Metonymie und Symbolisierung die Dinge, Handlungen, Phänomene und Sachverhalte über sie selbst hinaus. Die Korrespondenz von rhetorischer und narrativer Strategie mit jenem unerfüllten Begehren, das Cardillac antreibt, ist zwar offensichtlich, aber erklärt noch nicht hinreichend, wie die einmalige Traumatisierung der Mutter in Cardillac den Zwang zur Wiederholung einsenkt. Inwiefern kommt aber in Cardillacs Mordserie das Trauma der Mutter zum Tragen? In welcher Weise verzerrt das Trauma die Affektivität Cardillacs dergestalt, dass sie ihm zu den „seltsamsten und verderblichsten Leidenschaften" werden kann? Und welche Rolle spielt in diesem Zusammenhang schließlich das am Schmuck sich entzündende Begehren? Der Weg, der im Folgenden eingeschlagen wird, sucht seine Rechtfertigung im literarischen Text, der das Trauma, das die Mutter erfährt, in seinem Effekt, der den Sohn zur Wiederholung zwingt, zur Darstellung bringt: Während die Szene sexualisierter Gewalt zwischen Mutter und Cavalier nicht weiter aufzuklären ist, kehrt in den Effekten, welche die Szene zeitigt, überdeutlich eine initiale Gewalt wieder, und zwar sowohl im Zwang zur Wiederholung, der in Cardillac eingesenkt wird, als auch in Mord und Gewalt, die er verübt.

Die Psychoanalyse hat zwischen dem Zwang, der eine Wiederholung diktiert, und dem Charakter der unter diesem Zwang ausgeführten Handlung unterschieden. Sie stieß in den Krankengeschichten der aus dem Ersten Weltkrieg heimgekehrten Soldaten auf das Rätsel der traumatischen Neurose: Der körperlich Verletzte kam mitunter gesünder

---

[29] Novalis: Hymnen an die Nacht und Geistliche Lieder, in: ders.: *Schriften. Die Werke Friedrich von Hardenbergs*, Bd. 1: *Das dichterische Werk*, hg. von Paul Kluckhohn, Richard Samuel, Stuttgart 1960, S. 115–179, hier S. 131.

zurück als ein Soldat, der dem Krieg äußerlich unverletzt entkommen war.[30] Die Diskussion der traumatischen Kriegsneurosen nahm die ältere Debatte der Psychiatrie und Neurologie auf, wie solche Verletzungen, die keine unmittelbar sichtbaren Spuren hinterlassen haben, zu begreifen seien, und verlieh ihr eine überraschende Wendung: Freud begreift das Trauma als eine erlittene Handlung, die der Patient auf seine ihm eigene Weise beschreibt. Dieselbe Handlung, die das Trauma ausgelöst hat, kann aber auch auf andere Weise beschrieben werden, weshalb sie überhaupt der (freien) Wiederholung und der psychoanalytischen Therapie zugänglich ist. Der Traumatisierte wiederholt nicht, weil er verdrängt, was ihm widerfahren ist, sondern er kann das traumatisierende Erlebnis verdrängen, weil er es in einigen ausgewählten Aspekten, die an ihm hängen, wiederholt. Auch wenn diese Wiederholung keine Lustmöglichkeit der Libido aktiviert, strebt sie der Traumatisierte – trotz der primären Unlust, die mit ihr verknüpft ist – zwanghaft an. Die Wiederholung im Trauma ist, so folgert Freud, also von etwas diktiert, das sich den Anforderungen des Lustprinzips versagt. Freud findet im Spiel seines Enkelkinds einen weiteren Fingerzeig auf die Existenz eines Jenseits des Lustprinzips. Das Kind

> hatte eine Holzspule, die mit einem Bindfaden umwickelt war. [...] [E]s warf die am Faden gehaltene Spule mit großem Geschick über den Rand seines verhängten Bettchens, so daß sie darin verschwand, sagte dazu sein bedeutungsvolles *o–o–o–o* und zog dann die Spule am Faden wieder aus dem Bett heraus, begrüßte aber deren Erscheinen jetzt mit einem freudigen „Da".[31]

Dieses Spiel wiederholt das Kind „unermüdlich", und es entwickelt in der Wiederholung eine eigene Form der Lust, die Freud als Wiederholungszwang oder, in anderer Terminologie, als Todestrieb definiert.[32] „Das war also das komplette Spiel, Verschwinden und Wiederkommen, wovon man zumeist nur den ersten Akt zu sehen bekam, und dieser wurde für sich allein unermüdlich als Spiel wiederholt, obwohl die größere Lust unzweifelhaft dem zweiten Akt anhing."[33] Das Kind wiederholt, so Freuds Beschreibung von dessen Handlung, mit seinem Fort-Da-Spiel das Fortgehen der Mutter: „Das Fortgehen der Mutter kann dem Kinde unmöglich angenehm oder auch nur gleichgültig gewesen sein. Wie stimmt es also zum Lustprinzip, daß es dieses ihm peinliche Erlebnis als Spiel wiederholt?"[34] Freud stellt die Vermutung auf, „daß es auch unter der Herrschaft des Lustprinzips Mittel und Wege genug gibt, um das an sich Unlustvolle zum Gegenstand der Erinnerung und seelischen Bearbeitung zu machen".[35] Der repetitive Automatismus im Kinderspiel belegt für Freud nicht nur eine überschießende Lebendigkeit des Klein-

---

[30] Zur Geschichte der traumatischen Neurose siehe Ruth Kloocke u.a.: Psychische Ereignisse – organische Interpretationen: Traumakonzepte in der deutschen Psychiatrie seit 1889, in: *Gesnerus* 67:1 (2010), S. 73–97; Paul Lerner: *Hysterical Men. War, psychiatry and the politics of trauma in Germany, 1890–1930*, Ithaca 2003; Esther Fischer-Homberger: Zur Medizingeschichte des Traumas, in: *Gesnerus* 56 (1999), S. 260–294; dies.: *Die traumatische Neurose. Vom somatischen zum sozialen Leiden*, Bern 1975.

[31] Sigmund Freud: Jenseits des Lustprinzips (1920), in: ders.: *Studienausgabe*, Bd. 3: *Psychologie des Unbewußten*, hg. von Alexander Mitscherlich u.a., Frankfurt a.M. 2000, S. 213–272, hier S. 225.

[32] Vgl. ebd., S. 225 u. 229.

[33] Ebd., S. 225.

[34] Ebd.

[35] Ebd., S. 227.

kinds. Vielmehr bezeugt die unermüdliche Wiederholung einen Trieb, der den biologischen Kreislauf, in den er eingespannt ist, durchtrennen will. Der Todestrieb ist Ausdruck einer überschüssigen Energie, die das Subjekt mehr sein lässt als es selbst. Lacan hat diese Überlegungen Freuds weitergeführt und verallgemeinert. Der Überschuss, der den leidenschaftlichen Wunsch antreibt und zur Wiederholung zwingt, ist nicht nur in den Symptomen eines Kriegstraumas oder im Kinderspiel gegenwärtig, sondern liegt vielmehr allen Trieben zugrunde: Lacan zufolge ist „jeder Trieb virtuell Todestrieb", welcher im Innern als ein unaufhörlicher und repetitiver Exzess wirkt.[36] Er erkennt in und hinter dem Todestrieb das Wirken der symbolischen Ordnung: „[D]er Todestrieb ist nur die Maske der symbolischen Ordnung".[37] Er ist ein dezidiert ‚humanes' Vermögen, und zwar als *in*humaner Kern des Menschen, an dem dieser sich fortwährend abarbeiten muss.[38]

Freud führt in den *Drei Abhandlungen zur Sexualtheorie* aus, dass ein Objektbegehren stets mit einem Wiederfinden korreliert.[39] Ein Objekt wird erotisiert oder fanatisch herbeigewünscht, weil es zuvor verloren wurde. Das Beispiel für einen solchen Verlust, der immer schon geschehen ist, ist das der Mutterbrust. Der Verlust dieses „Partialobjekts" ist nicht nur schmerzlich, weil für das Kind das Objekt eins ist mit der Mutter, sondern weil *das Kind selbst* sogar mit dem Objekt eins ist.[40] „Der erste und nächste Zweck der Realitätsprüfung ist also nicht, ein dem Vorgestellten entsprechendes Objekt in der realen Wahrnehmung zu finden, sondern es *wiederzufinden*, sich zu überzeugen, dass es noch vorhanden ist."[41] Derselbe Effekt kommt auch beim Fort-Da-Spiel des Kindes zum Tragen; es ist die fortwährende Begeisterung über eine Beherrschung der Objektwelt, und zwar ihres Verschwindens und Wiederfindens. Es ist Spiel, weil es der üblichen Erfahrung des Verlustes des Objekts entkommt, und in der Wiederholung die Verlusterfahrung auf unbeschwertere Weise ‚verarbeitet' werden kann. Lacan nennt solche Objekte, die gegenwärtig nur als und im Verlust sind: *objet petit a*. Das heißt, das Objekt wird als persistierender Mangel oder als ein immer schon verlorenes Objekt erfahren. Solche Objekte erscheinen dem Kleinkind bis zum Eintritt in die Phase des Ödipuskomplexes (und damit in die symbolische Ordnung) als Teil seiner selbst. Es will sich von ihnen nicht trennen, weil sie ihm vermeintlich ohnehin zugehören. Diese Objekte lösen primär kei-

---

[36] Jacques Lacan: Die Stellung des Unbewussten, in: ders.: *Schriften II*, hg. von Norbert Haas, Weinheim, Berlin ³1991, S. 205–230, hier S. 228.
[37] Jacques Lacan: *Das Seminar. Buch II: Das Ich in der Theorie Freuds und in der Technik der Psychoanalyse*, Textherstellung durch Jacques-Alain Miller, übersetzt von Hans-Joachim Metzger, Weinheim, Berlin ²1991, S. 414.
[38] Vgl. Jacques Lacan: *Das Seminar. Buch VII: Die Ethik der Psychoanalyse*, Textherstellung durch Jacques-Alain Miller, übersetzt von Norbert Haas, Weinheim, Berlin 1996, S. 258.
[39] Vgl. Sigmund Freud: Drei Abhandlungen zur Sexualtheorie (1905), in: ders.: *Studienausgabe*, Bd. V: *Sexualleben*, Frankfurt a.M. 1982, S. 37–145.
[40] Der Terminus des Partialobjekts hat in der Psychoanalyse eine verschlungene Geschichte, auf die im Folgenden nicht näher eingegangen werden kann. Vgl. Jean Laplanche, Jean-Bertrand Pontalis: *Das Vokabular der Psychoanalyse*, Frankfurt a.M. 1973, S. 371–373; Jacques Lacan: *Das Seminar. Buch IV: Die Objektbeziehung*, Textherstellung durch Jacques-Alain Miller, aus dem Französischen von Hans-Dieter Gondek, Wien 2003.
[41] Sigmund Freud: Die Verneinung (1915), in: ders.: *Studienausgabe*, Bd. 3: *Psychologie des Unbewußten*, hg. von Alexander Mitscherlich u.a., Frankfurt a.M. 2000, S. 371–377, hier S. 375.

nen Trieb aus, der ein feststehendes Objekt seiner Befriedigung besitzt, sondern verursachen das Begehren selbst.

In Lacans Interpretation ist der Todestrieb strikt vom Begehren unterschieden: Während das Begehren dem stets verlorenen Objekt nachtrachtet und es letztlich doch verfehlen muss, ist der Todestrieb in seiner konkreten Gestalt eine dieses Objekt (und insbesondere die Leere des Objekts) fortwährend umkreisende Bewegung, die in der fortgesetzten Rotation ihr Ziel hat. Auch wenn der Todestrieb nicht mit dem Begehren nach dem Objekt klein *a* gleichzusetzen ist, kommt ihm ein *untoter* Aspekt zu, und zwar in dem unvergänglichen, unnachgiebigen Anspruch, den das Objekt klein *a* an das Ich richtet. An ihm nährt sich unerbittlich der Wunsch nach einem vorsymbolischen, harmonischen *status ante*, den es freilich niemals gegeben hat. Vielmehr ist eine Konstituierung des Subjekts nur unter der Bedingung eines unumgänglichen Mangels zu erlangen: „Die Brust [...] repräsentiert diesen Teil seiner selbst, den das Individuum bei der Geburt verliert und der dazu dienen kann, das tiefste verlorene Objekt zu symbolisieren."[42] Die symbolische Ordnung blockiert nicht etwa den Weg zur unmittelbaren, leiblichen Erfahrung der Ganzheit; weitaus beunruhigender ist, dass die Vorstellung eines ruhelosen und verlorenen Objekts klein *a*, das sich dem symbolischen Zugriff fortlaufend entzieht, zuallererst mit der Etablierung einer symbolischen Ordnung entsteht.

4. Die Blicke der Toten

Hoffmann hat den Fall Cardillac durch eine Mutter gekennzeichnet, die nach dem sexuellen Übergriff zwar äußerlich „gesundete" (832) (wie die Ärzte feststellen konnten), aber ein schweres psychisches Trauma davonträgt (für das es in der Zeit Hoffmanns noch keine Erklärung gibt). Cardillacs Mutter hat ihren Sohn über ihre eigene Traumatisierung nicht aufgeklärt; dem Sohn wird von anderer Seite von den Vorkommnissen berichtet: „Von meiner Mutter erzählte man mir eine wunderliche Geschichte." (832)[43] Die schwer traumatisierte Mutter, so ist zu vermuten, bleibt der Lebenswelt des Kindes fremd: „Das Entsetzen warf meine Mutter auf ein schweres Krankenlager. Man gab sie, mich verloren, doch sie gesundete und die Entbindung war glücklicher, als man je hatte hoffen können. Aber die Schrecken jenes fürchterlichen Augenblicks hatten *mich* getroffen." (832) Der Attribuierung der mütterlichen Imago als fürsorglich, liebevoll und aufopfernd kommt im Falle Cardillacs keine Wirklichkeit zu. Der Sohn trifft am Ort der Mutter auf eine fortwährende, ins Maßlose gesteigerte Abwesenheit. Und keineswegs ist Cardillac ein Einzelfall in der Erzählwelt Hoffmanns. *Der Sandmann* verhandelt ein Trauma, das erstmals Freud aufgeschlüsselt hat: Der poetisch veranlagte Nathanael wurde schwer traumatisiert durch Erlebnisse mit einem gewaltsamen Vater. Er rekapituliert als adoleszenter Mann die Ereignisse seiner Kindheit in einem Brief und erinnert einen Vater, der sich ihm zwar entzogen hat, aber gutmütig war. Als der Vater nachts alchemistische Versuche mit seinem Freund Coppelius ausführt, erscheint er dagegen wie verändert: „Er

---

[42] Lacan, Seminar XI [Anm. 16], S. 207.
[43] Kittlers Annahme, die Geschichte sei Cardillac „sicherlich aus Muttermund" zugetragen worden, findet in der Erzählung keine Bestätigung. (Kittler, Hoffmann [Anm. 7], S. 205).

sah dem Coppelius ähnlich."⁴⁴ Als der junge Nathanel Zeuge von den Machenschaften wird, kommt es zum gewaltsamen Übergriff: „[I]ch war bei der Lauscherei entdeckt, und von Coppelius gemißhandelt worden."⁴⁵ Die in Nathanels Bewusstsein in „zwei Gegensätze zerlegte Vater-Imago", so Freud, bezeichnet zum einen den leiblichen, „guten Vater", der erinnert wird, und zum anderen dessen zwielichtigen Freund Coppelius, der die verdrängte, dunkle Seite des Vaters vorstellt.⁴⁶

Im Falle Cardillacs kommt es ebenfalls zu einer Spaltung, die aber an der Sprache der Mutter ansetzt.⁴⁷ Cardillac nimmt das von ihr unterstellte „überirdische Gut" des Schmucks wörtlich und macht den Schmuck zum Stern, ohne zu bemerken, dass das initiierte Gleiten der Signifikanten seine Welt mitzureißen droht. Dem bösen Stern die Verantwortung für sein Unglück anlastend, erkennt er nicht die Indifferenz der Metonymie gegenüber den wirklichen Relationen der Objektwelt. Cardillac gelingt es im Laufe seines Lebens immer weniger, treffsicher zwischen Signifikanten- und Schmuckkette, Juwel und Stern, lebendigen und ‚untoten' Kunden, gesprochener und gehörter Stimme zu unterscheiden. Die Abwesenheit der Mutter, die in der Folge unheimliche Aufladung der Signifikanten und das unstillbare Gefühl eines Verlustes ‚verdichten' sich schließlich für Cardillac am Partialobjekt des Schmucks: „[E]s zerriß mir die Brust, wenn ich daran dachte, mich von dem Schmuck, der mein Herzenskleinod geworden, trennen zu müssen", gesteht Cardillac. (836) Liebrand bestimmt diese Eigenart des Verhältnisses treffend wie folgt: „So wenig Cardillac den von ihm gefaßten Steinen eigenständigen Objektcharakter zugestehen kann, so wenig ist er selbst von seinen Objekten geschiedenes Subjekt."⁴⁸

Der zentrale Satz der Psychoanalyse Lacans, das Begehren sei stets das Begehren des Anderen, findet so seine Konkretion in Cardillac, der wie die Mutter dem Objekt des Schmucks verfällt. Wenn Kittler von der „Wiederkehr des Mutterbegehrens" in Cardillac spricht, ist die Gleichsetzung der Juwelen mit dem Objekt klein *a* so zutreffend wie vorhersehbar, aber spart die Übertragung selbst aus.⁴⁹ Lacans Diktum impliziert ferner, dass das eigene Begehren dem Begehren des Anderen nachgeht, und zwar auf einer unbewussten Ebene. Im Fall von Cardillac ist ausschlaggebend, dass keine einfache, unilineare Übertragung des Begehrens nach dem Schmuck von der Mutter auf den Sohn

---

⁴⁴ E.T.A. Hoffmann: *Der Sandmann*, in: ders.: *Nachtstücke*, hg. von Hartmut Steinecke unter Mitarbeit von Gerhard Allroggen, Frankfurt a.M. 2009, S. 11–49, hier S. 17.
⁴⁵ Ebd., S. 18.
⁴⁶ Freud, Das Unheimliche [Anm. 24], S. 244f. (Anm.).
⁴⁷ Zwar sind der Psychoanalyse die Worte der Mutter vom strengen Gesetz des Vaters kategorial unterschieden. Jedoch liegt ihnen oftmals eine Trauer, ein Schmerz oder eine den Schmerz bereits durchschrittene Indifferenz zugrunde, die nicht zu Tage tritt, sondern besondere hermeneutische Techniken des Kindes erfordern. Sie sind „faite de mots noués au plaisir et à la souffrance, bref à la jouissance maternelle, qui sont transmis à l'enfant dès son plus jeune âge et s'impriment à jamais dans son inconscient, modelant fantasmes et symptômes." Geneviève Morel: *La loi de la mère. Essai sur le sinthome sexuel*, Paris 2008, S. 3.
⁴⁸ Claudia Liebrand: *Aporie des Kunstmythos. Die Texte E.T.A. Hoffmanns*, Freiburg i.Br. 1996 [= Reihe Litterae; 42], S. 179. Siehe auch Christine Weder: The Artist as Fetishist. On E.T.A. Hoffmann's *Das Fräulein von Scuderi*, in: *New Comparison* 34/35 (2002), S. 47–60, hier S. 48: „Cardillac is simply obsessed by his works, or that he identifies with his creations and, thus, considers each piece of jewellery to be part of his own person."
⁴⁹ Kittler, Hoffmann [Anm. 7], S. 206.

statthat. Vielmehr wird im innigsten Begehren des Sohns dem (auch dem lesenden Subjekt nicht entschlüsselbaren) Begehren der Mutter gefolgt – und das unermüdliche, unbewusste Begehren des Sohns besteht in der Suche nach ihrem Begehren.

Der Schmuck ist für Cardillac bereits in seiner Kindheit begehrtes Objekt, das er sich mitunter durch Diebstahl aneignet. Später wird die „Goldschmieds-Profession" (833) sein naheliegender Berufswunsch. Als Goldschmied wird er kurzzeitig seiner Obsession Herr: Er „arbeitete mit Leidenschaft und wurde bald der erste Meister dieser Art." (833) Doch „die angeborne Begierde" (833), „der angeborne Trieb, so lange niedergedrückt", kehrt nun umso heftiger in ihm zurück, „alles um sich her wegzehrend." (833) Es ist unschwer, in der wiederholenden Tätigkeit des Schmiedens und in der hämmernden, repetitiven Arbeit den Wiederholungszwang Freuds auszumachen, der von Cardillac selbst als „Trieb" (833) bezeichnet ist. Daneben ist der blickhafte Glanz des Schmucks nun mit seiner Arbeit fusioniert. Pikulik registriert „Cardillacs psychopathologische Fixierung auf den Glanz und das Funkeln der Juwelen", auf „einen Schimmer, den er diesen Materialien erst entlockt durch seine Arbeit".[50] Mit anderen Worten: Cardillac entlockt den Juwelen zuallererst den Blick, der den toten Dingen sonst nicht zukäme. Das vermeintliche Paradox besteht darin, dass das aufs Objekt ausgehende, aber nicht einlösbare Begehren zum Objekt wird, das als (des Schmucks genuine) Blickaktivität selbst wiederum ein Begehren *ist*.[51]

Weil aber der Trieb das Begehren nicht stillt (sondern höchstens begleitet und kurzfristig davon abdriften lässt), tritt alsbald wieder eine Agonie ein, die an das eigene Trauma gemahnt:

> So wie ich ein Geschmeide gefertigt und abgeliefert, fiel ich in eine Unruhe, in eine Trostlosigkeit, die mir Schlaf, Gesundheit – Lebensmut raubte. – Wie ein Gespenst stand Tag und Nacht die Person, für die ich gearbeitet, mir vor Augen, geschmückt mit meinem Geschmeide, und eine Stimme raunte mir in die Ohren: Es ist ja dein – es ist ja dein – nimm es doch – was sollen die Diamanten dem Toten! (833)

Cardillacs Eintritt in die Konstellation von Blick, Schmuck und untotem Objekt provoziert eine Aufladung des Schmucks mit Bedeutung, die der übrigen Welt ihr Lebendiges zu subtrahieren scheint. Während das Anfertigen des Schmucks dem Goldschmied in parasitärer Weise die Lebenskräfte raubt, invertiert der lebendige Kunde zum Untoten, zum „Gespenst". Schließlich trägt der Kunde in der Vorstellung gar das angefertigte Geschmeide, das eine anonyme, raunende Stimme aber Cardillac zuspricht. Blick und Stimme, die beiden prototypischen Objektursachen des Begehrens nach Lacan, treten im Bild zusammen, und die Mutter lässt sich (im gesprochenen Wort) hinter den unheimlichen Kräften vermuten. Die selbst ihrer Lebendigkeit beraubt scheinende Mutter, so darf man folgern, raunt als akusmatische Stimme Cardillac ins Ohr, wird dort umso

---

[50] Siehe Lothar Pikulik: Das Verbrechen aus Obsession. E.T.A. Hoffmann: *Das Fräulein von Scuderi* (1819), in: *Deutsche Novellen. Von der Klassik bis zur Gegenwart*, hg. von Winfried Freund, München 1993, S. 47–57, hier S. 57.
[51] Vgl. Weder, The Artist as Fetishist [Anm. 48], S. 56: „Thus, Cardillac's jewels […] do not symbolise the artist's longing, but rather are this longing in its materialised form." Weder analysiert zwar den Fetisch-Charakter des Schmucks, nicht den Aspekt des Objekts klein *a*; die Beobachtung ist, davon unberührt, in beiden Fällen aber zutreffend.

exzessiver, lebendiger und erinnert an das unersättliche und obszöne Über-Ich: „Ho ho, dein Geschmeide trägt ein Toter!" (833) Die Unfähigkeit Cardillacs, die Stimme ins symbolische Universum zu integrieren, und ihr Anspruch, der umso wirksamer und rücksichtsloser ist, je weniger ihre Integration gelingt, lassen ihn gehorchen und die Wut des Über-Ichs in Taten umsetzen, also ein *acting out* oder eine *passage à l'acte* folgen: „Selbst wußte ich nicht, wie es kam, daß ich einen unaussprechlichen Haß auf die warf, denen ich Schmuck gefertigt. Ja! im tiefsten Innern regte sich eine Mordlust gegen sie, vor der ich selbst erbebte." (833) Kittler assoziiert mit Cardillac „Hitchcocks Norman Bates", den die halluzinierte Stimme der Mutter zum trieb- und blickbesessenen Mörder werden lässt.[52] Auch wenn diese Assoziation naheliegend ist, erschließt sie nicht den Status des Objekts klein *a*, das der Szene die eigentümliche Struktur verleiht. Denn ihm wohnt selbst bereits etwas Untotes inne, insofern in ihm die Spur eines unersetzlichen Verlustes eingetragen ist.[53]

Hoffmann erzählt den Kern dessen, was Lacan als Objekt klein *a* ausmacht. Es ist dadurch gekennzeichnet, dass es als dem eigenen Körper zugehöriges, gleichwohl davon getrenntes Objekt imaginiert wird. Als untotes Partialobjekt fungiert der Schmuck, der das unstillbare Begehren nach der selbst nie wirklich ‚lebendigen' Mutter symbolisiert: Der Schmuck gibt ihm die Wahnidee ein, dass mit seinem Besitz die vorsymbolische, lebendige Einheit restituierbar sei. Andererseits gibt der Wahn aber eine gewisse Einsicht in die Logik des Objekts klein *a* und seiner Repräsentanten: Der Schmuck ist als Symbol – als Sache, die in Besitz genommen wird, und als Zeichen – nicht die Restitution der lebendigen Einheit mit der Mutter. Aus dem unersetzlichen Fehlen des begehrten Objekts resultiert eine symbolische Kastration, die der Welt ihr Lebendiges nimmt und das Objekt umso stärker mit Bedeutung auflädt.[54] Cardillac ist damit keine ‚Potenz' über die Zeichen verliehen bzw. ihm werden Zeichen und Referenten ununterscheidbar. Hieraus resultiert der manische Wiederholungszwang; Fletcher spricht von „murderous repition-compulsion".[55] Wichtig ist es, die Verschiebung zwischen untotem Objekt des Begehrens, seinem Träger und den Signifikanten festzustellen, die letztlich allesamt um das leere Zentrum des Signifikanten der Mutter kreisen. Die wechselseitige Potenzierung im symbolischen Zwischen von Schmuck, Begehren und Besitz erzeugt zuallererst jene „Verwerfung" der Signifikanten, die sich für Cardillacs Wahn als konstitutiv erweist.[56] Die dem lesenden Subjekt eröffnete analytische Perspektive auf das Geschehen bleibt der literarischen Figur indes verschlossen, eben aufgrund ihrer psychotischen Struktur.

---

[52] Kittler, Hoffmann [Anm. 7], S. 206.
[53] Vgl. auch Slavoj Žižek: *Die Pest der Phantasmen. Die Effizienz des Phantasmatischen in den neuen Medien*, aus dem Englischen von Andreas L. Hofbauer, Wien 1999, S. 60f.
[54] Vgl. John Fletcher: *Freud and the Scene of Trauma*, New York 2013, S. 340.
[55] Ebd., S. 346.
[56] Jacques Lacan: *Das Seminar III. Die Psychosen*, Textherstellung durch Jacques-Alain Miller, aus dem Französischen von Michael Turnheim, Wien 2016, S. 98.

5. Lust der Oberfläche

Hoffmanns Erzählungen präsentieren den Glanz als ein Phänomen, an dem seine Betrachterinnen und Betrachter als gespaltene Subjekte verstehbar werden. Der virtuelle Blick, der im Glanz eingeschlossen ist, zeigt an, dass ein Objekt, Phänomen oder Sachverhalt die betrachtenden Subjekte in einer Weise etwas angeht, die ihnen selbst unbewusst ist. In der Erzählung *Das öde Haus* gibt der junge Theodor seinem voyeuristischen Verlangen nach, wenn er mit einem Taschenspiegel ins gegenüberliegende, vermeintlich leerstehende Anwesen späht, um einen Blick auf eine geheimnisvolle weibliche Erscheinung zu erhaschen. Die mysteriöse Gräfin von S. zieht seinen Blick nicht zuletzt deshalb in den Bann, weil sie einen Diamantring trägt, der visuelle Reize auslöst. Glanz und Blick treten aufs Engste zusammen und drohen dem Betrachter (erneut) ununterscheidbar zu werden: „Näher getreten, bemerke ich, daß die äußere Jalousie ganz, der innere Vorhang halb aufgezogen ist. Der Diamant funkelt mir entgegen. – O Himmel! gestützt auf den Arm, blickt mich wehmütig flehend jenes Antlitz meiner Vision an."[57] Der Glanz des Diamanten überträgt sich auf die Trägerin, „die Gestalt trat, wie sonst niemals, mit einer Lebendigkeit, mit einem Glanz hervor, daß ich sie zu erfassen wähnte."[58] Bisweilen kann vom Glanz sogar eine Macht ausgehen, der ein Blick nicht standhalten kann. Im Kunstmärchen *Meister Floh* ist der König Sekakis im Besitz eines so mächtigen Geschmeides, dass die geladenen Gäste sowie sein Hofstab gezwungen sind, „den Blick zur Erde [zu senken], als vermochten sie nicht den Glanz des strahlenden Karfunkels zu ertragen."[59] Oder der Blick selbst kann als glänzender Schmuck umgedeutet werden, wenn z.B. in der Erzählung *Das Majorat* die verführerische Seraphine mit „glänzende[n] Perlen in den Augen" aus „düstern Träumen" erwacht und der anvisierte Ich-Erzähler Theodor nicht weiß, wie ihm geschieht: „Wie geschah es denn, daß ich vor ihr hinkniete, daß sie sich zu mir herabbeugte, daß ich sie mit meinen Armen umschlang, daß ein langer glühender Kuß auf meinen Lippen brannte?"[60]

Das Fräulein von Scuderi ist durch eine Struktur des Begehrens gekennzeichnet, die durch den Glanz auf dem Schmuck angereizt wird: Der Schmuck ist erstens Teil eines Ensembles von Partialobjekten (wie auch die Stimme, die Cardillac zuraunt), die auf die Mutter verweisen, sie phantasmatisch evozieren, gleichwohl ohnmächtig, sie in das symbolische Universum integrieren zu können, d.h. ‚lebendig' werden zu lassen. Zweitens ist der Schmuck ein Objekt, das unbewusst als ein vom eigenen Körper getrenntes Objekt imaginiert ist. Das heißt, das Objekt gilt Cardillac als ein ihm fehlender Teil, der ihn zugleich in den Stand einer lebendigen Einheit mit der Welt setzen soll. Sobald der Schmuck aber in Besitz genommen wird, offenbart sich das dem Objekt innewohnende Versprechen als Täuschung und zwingt Cardillac zur Wiederholungstat. Drittens ist der Schmuck nicht ein Objekt unter anderen, sondern dadurch ausgezeichnet, einen Blick imitieren und in sich einschließen zu können. Die Verschachtelung des Begehrens im aus-

---

[57] E.T.A. Hoffmann: *Das öde Haus*, in: ders.: *Nachtstücke*, hg. von Hartmut Steinecke unter Mitarbeit von Gerhard Allroggen, Frankfurt a.M. 2009, S. 163–198, hier S. 176.
[58] Ebd., S. 181.
[59] E.T.A. Hoffmann: *Meister Floh*, in: ders.: *Poetische Werke in sechs Bänden*, Bd. 6, Berlin 1963, S. 7–186, hier S. 181.
[60] Hoffmann, *Das Majorat* [Anm. 25], S. 232.

gezeichneten Objekt des Schmucks reflektiert das Begehren als ein Begehren des Anderen: Einerseits begehrt Cardillac den Schmuck, dem bereits die Mutter verfallen war. Andererseits aber sucht er, dem mütterlichen Begehren auf die Spur zu kommen, welches die Erzählung im Geheimnis bleiben lässt, aber damit dem lesenden Subjekt die Suche nach dem Begehren aufgibt. Dass der Zusammenhang von hermeneutischem und blickhaftem Begehren nicht allein von außen an den Text herangetragen werden muss, sondern – selbst metonymisch – in seinem Inneren verborgen liegt, tritt auch mit der Koinzidenz von Verschachtelung der Erzählakte und dem Schmuckkästchen hervor.[61] Nicht nur besteht die Erzählung selbst aus einer komplizierten Verschachtelung von Erzählungen und Nacherzählungen, sondern auch dem galanten Geschenk des Kästchens von Cardillac liegt neben glänzendem Schmuck ein zusammengefalteter Zettel bei, auf dem das Epigramm steht. Scuderis „Worte, halb im Scherz hingeworfen" werden deshalb „grässlicher Deutung fähig", weil sie in anderem Kontext und bei anderen Rezipientinnen und Rezipienten (zu denen Cardillac zählt) eine abweichende Interpretation erfahren. Die Verse der „idealen Mutter"[62] – „Un amant qui craint les voleurs / n'est point digne d'amour" – provozieren eine bösartige Interpretation bei demjenigen, der in der Folge einer Traumatisierung einem versessenen hermeneutischen Begehren folgt: Cardillac sinnt darauf, sich seines Schmuckes wieder zu bemächtigen (auch um den Preis des Mordes), um sich der Liebe (der Mutter) würdig zu erweisen. Er nimmt das Epigramm gleichsam beim Wort und verleiht ihm grässliche Realität. Im Schmuckkästchen wartet nicht nur ein glänzendes Objekt, das den Blick erwidert, sondern auch eine Dichtung, die den Blick einfängt und ein Begehren anreizt, das auf ein richtiges Verstehen ausgeht.

Das Ineinandergreifen von Erzählakten, rhetorischen Figuren, erinnerten Blickverhältnissen und handfestem Schmuck erzeugt eine Dynamisierung von Begehrensstrukturen, welche die hermeneutische Lust am Text selbst thematisch werden lässt. Ausgehend von dem vermeintlich banalen Umstand, dass die Wörter „Glanz" und „Schmuck" ihre eigentümliche Wirkung auf der Druckseite nicht zu erzeugen vermögen, sondern als Zeichen unter Zeichen fungieren, die zuallererst in der diegetischen Welt die Eigenschaft eines eingeschlossenen Blickes annehmen, steht das Verhältnis von Sehen und Lesen, Sehen und Sehen-als infrage. In der Lektüre kann der Blick des lesenden Subjekts den Text auf eine dahinter liegende Welt durchschießen und in dessen Vorstellung die Dinge zum Glänzen bringen. Der Text selbst fängt den Blick des lesenden Subjekts ein, löst eine Imagination aus und blickt – außerhalb der Wirklichkeit des Subjekts – in dessen Vorstellung zurück: Das lesende Subjekt wird, in anderen Worten, sofern es das Geschehen in den Bann zieht und etwas angeht, zum angeblickten. Diese Bannung des Blicks gelingt dem Text nicht zuletzt mittels einer Verschachtelung von Erzählungen, die auf der

---

[61] Blamberger spricht von einem „Spiel der stillen Post". Günter Blamberger: *Das Geheimnis des Schöpferischen oder: ingenium est ineffabile? Studien zur Literaturgeschichte der Kreativität zwischen Goethezeit und Moderne*, Stuttgart 1991, S. 121. Pikulik unterstreicht, dass in der Erzählung der „Vorgang des Erzählens als Vorgang der Vermittlung potenziert [wird] (es wird erzählt, was einer erzählt, der erzählt, was ihm einer erzählt hat)". Pikulik, Das Verbrechen aus Obsession [Anm. 50], S. 53.

[62] Kittler, Hoffmann [Anm. 7], S. 201.

Ebene der Handlung in dem Kästchen, das Cardillac an Scuderi sendet, thematisch wird: In dem Innern des Kästchens liegt der Text, der ein hermeneutisches Begehren auslöst. Schmuck und Text sind vorderhand Phänomene der Oberfläche, an denen alsbald eine eigentümliche Lust generiert wird, die betrachtendes wie lesendes Subjekt anzieht und tiefer liegende Bedeutungen verspricht: Die Lust der Oberfläche, die am Glanz aufschießt, wird in eine Lust an der Tiefe verwandelt. Der Text vollzieht also nicht allein nach, wie der Glanz als ein Phänomen im Unbewussten wirkt, sondern macht ihn darüber hinaus noch zum Bewegungsprinzip seiner selbst.

Besprechungen

Ina Henke: Weiblichkeitsentwürfe bei E.T.A. Hoffmann. *Rat Krespel*, *Das öde Haus* und *Das Gelübde* im Kontext intersektionaler Narratologie, Berlin, Boston 2020, 310 S.

Wie gut, dass Genderforschung – sowohl als eigenständiges Fach als auch innerhalb der Literaturwissenschaft – hierzulande ein etablierter, aus dem akademischen Panorama nicht mehr wegzudenkender Ansatz ist! Viele kluge Analysen und ungezählte interessante Textbeobachtungen sind diesem Umstand zu verdanken; die E.T.A. Hoffmann-Forschung macht da keine Ausnahme. Auch die nun von Ina Henke vorgelegte Studie zu *Rat Krespel*, *Das öde Haus* und *Das Gelübde*, bei der es sich um eine an der Wilhelms-Universität Münster abgeschlossene Promotion handelt, ist ein wahres Lektürefüllhorn. Nicht nur Geschlecht, insbesondere Weiblichkeit, wird darin in den Blick genommen; die Studie, die sich im Kontext intersektionaler Narratologie verortet, interessiert sich darüber hinaus für „Sexualität und Körper, Krankheit/Gesundheit, Klasse, Ethnizität, Religion, Schönheit/Hässlichkeit und Alter" (S. 25). Methodisch zeigt sich die Verfasserin damit auf der Höhe der Zeit, grenzt sich auch vom in der Geschlechterforschung zu Recht als veraltet geltenden Konzept des Frauenbildes ab. Wie produktiv der sowohl gendertheoretisch als auch narratologisch informierte Ansatz ist, vermögen schon die Überschriften – die Studie ist kleinteilig angelegt, viele Abschnitte sind sehr kurz, tragen beinahe den Charakter von die Erzählung enzyklopädisch erschließenden Lemmata – anzudeuten. So ist, um nur wenige Beispiele zu geben, was *Rat Krespel* angeht, etwa die Rede von der „Italienische[n] Liebschaft: Angela", der „Lungenkrankheit", von „(Kunst-)Schöpfungen" und der „Königin des Gesanges". *Das öde Haus* wird u. a. unter den Überschriften „Traum und Wahnsinn", „Ärztliche (Ohn-)Macht", „Hexensatan" oder „Nervöser Kopfschmerz" durchleuchtet; *Das Gelübde* mit Fokus auf den „väterliche[n] Blick", „Verschleierte Weiblichkeit", „Reue und Trauer". Schon das Inhaltsverzeichnis zeigt damit, wie genau Ina Henke die Texte zu lesen und die für eine intersektionale Lektüre maßgeblichen Aspekte zu identifizieren versteht. Interessant sind auch die erzähltheoretischen Überlegungen, dass gerade unzuverlässiges und somit gewissermaßen erkenntniskritisches (wie in *Das Gelübde*) und das bei E.T.A. Hoffmann so häufige metafiktionale Erzählen Strategien der Subversion sein können.

Ebenfalls bereits beim Blick in das Inhaltsverzeichnis deutlich wird allerdings ein insgesamt bedauerliches schematisches Vorgehen. So werden – nach einem längeren Grundlagenkapitel, das den Geschlechterdiskurs um 1800 vor dem Hintergrund literarischer und anthropologischer Texte referiert und sich dabei auf Karin Hausen, Claudia Honegger und Thomas Laqueur bezieht – zunächst „Konstruktionen von Weiblichkeit" in den drei Erzählungen dargelegt und dann, in einem weiteren Kapitel, deren „Subversionen". Die eben zitierten Überschriften werden also nicht unter dem Dach der jeweiligen Textlektüre versammelt, sondern der Seite *entweder* der Konstruktion *oder* eben der Subversion zugeschlagen. Das aber verschleiert den engen Konnex der Konstruktion und Subversion von Geschlecht, suggeriert mithin, es handele sich dabei um zwei unabhängige oder gar nacheinander stattfindende Prozesse.

Die Verfasserin geht zunächst von der Feststellung einer „Stereotypie" (S. 2) der Frauenfiguren Hoffmanns aus; die Texte inszenierten, so die zu Beginn erläuterte These, „herrschende Weiblichkeitsstereotype" (S. 9). Diese freilich würden dann eben wieder unterlaufen. Deshalb wird nicht nur nach Weiblichkeitsstereotypen gefragt, sondern darüber hinaus auch, „ob das Verhalten der Frauenfiguren den Stereotypen immer entspricht oder ob sich – zumindest in Ansätzen – auch Diskrepanzen offenbaren" (S. 15). Selbst gendertheoretisch wenig Bewanderte könnten nun einwenden, dass die hier angesprochenen Diskrepanzen die gleichzeitige Rede von den Weiblichkeitsstereotypen womöglich ihrerseits einer gewissen Konstruiertheit überführten. Wird beides, Stereotypie wie Subversion, durch die heuristische Trennung nicht systematisch überschätzt? Handelt es sich dabei vielleicht um Effekte einer etwas künstlichen Unterscheidung von Konstruktion und Subversion, die in den Texten selbst so nicht begegnet?

Vor einem gendertheoretisch informierten Hintergrund ließe sich der Vorbehalt noch grundsätzlicher formulieren. Schon seit Judith Butler – und methodisch beruft die Verfasserin sich bereits auf den ersten Seiten ganz explizit auf sie (vgl. S. 3) – ist hinlänglich bekannt, dass Geschlechterperformanz immer störanfällig ist, selbst beim größten Bemühen niemals ganz gelingt. Keine Frauen- oder auch Männerfigur – sei sie literarisch, filmisch und selbst empirisch – verhält sich doch in vollständigem, friktionslosem Einklang mit (bereits in sich ja widersprüchlichen, der Frau etwa das sexuelle Begehren einerseits absprechenden, andererseits gerade sie allein über ihre Sexualität definierenden, vgl. S. 38f.) Geschlechterstereotypen; eine gewisse Widerständigkeit ist in der Performativitätstheorie immer schon eingepreist. Salopp gesagt: Diskrepanzen gibt's immer! Der Befund, *dass* in den drei Erzählungen Weiblichkeitsentwürfe subvertiert werden, tendiert daher zur Nullaussage; dass die Verfasserin das letztlich selbst schon weiß, deutet sich in Formulierungen an wie etwa, dass sich „immer auch eine subversive Textebene eröffnet" (S. 2).

Dieser Einwand ist zwar einerseits grundlegend, er ändert aber andererseits an der Qualität der Studie und an dem Forschungsbeitrag, den sie leistet, nicht so sehr viel.

Denn *wie* Weiblichkeit in den Texten genau präsentiert wird – und ja, dabei muss es dann Anteile der Konstruktion wie eben der Subversion geben – ist ja eine wichtige und interessante Frage! Und genau darüber lässt sich aus der hier vorgelegten Studie einiges lernen. So zeigt die Verfasserin etwa in einer virtuosen, die eigene Geschäftsgrundlage mühelos hinter sich lassenden Lektüre des *Rat Krespel*, wie Angelas Gesang zwischen der Verknüpfung mit ihrer Schönheit und Suggestion von Naturnähe einerseits, dem Ausdruck von (künstlerischer) Autonomie andererseits oszilliert. Ebenso überzeugend und, wie überhaupt die ganze Arbeit, auch hinsichtlich der bereits vorliegenden Forschungsbeiträge bestens informiert, sind die Ausführungen zu Antonies Zähmung, zu der ihre Krankheit entscheidend beiträgt, der sie sich, ihre Autonomie behauptend, aber auch widersetzt: „Antonie *ist* also keine Vorläuferin der *Femme fragile*, sondern *scheint* erst durch die unterschiedlichen Zuschreibungen der männlichen Erzählerfiguren zu einer solchen *gemacht zu werden.*" (S. 86) So überschreiten die Lektüren – auch von *Das öde Haus*, wo Edmonde/Edwine sich als im Vergleich mit Antonie passivere Figur ausnimmt, und *Das Gelübde*, das mit Hermenegilda mit einer besonders geheimnisvollen Frauenfigur aufwartet – die schematische Anlage der Analyse. Der Gefahr, hinter der Komplexität von Genderfragen einerseits, der Literatur E.T.A. Hoffmanns andererseits zurückzubleiben, ist die Studie damit am Ende glücklich entgangen. „So bleibt", schreibt Henke in der Schlussbetrachtung, „sowohl im *Rat Krespel* als auch im *Öden Haus* und schließlich im *Gelübde* bis zum Ende unentscheidbar, ob es überhaupt eine ‚Wahrheit' geben kann, die unabhängig von den menschlichen Wahrnehmungen, Überformungen und Diskursen existiert" (S. 270). Dem bleibt nun nichts mehr hinzuzufügen.

Irmtraud Hnilica

Frederike Middelhoff: Literarische Autozoographien. Figurationen des autobiographischen Tieres im langen 19. Jahrhundert, Stuttgart 2020, 548 S.

Erschienen in der Reihe „Cultural Animal Studies" basiert Middelhoffs umfangreiche Studie, eine leicht gekürzte und überarbeitete Fassung ihrer Dissertationsschrift, auf der Prämisse, dass das Tier nicht bloß natur-, sondern auch literaturwissenschaftlich von akuter Relevanz und mittlerweile zum validen Gegenstand kulturwissenschaftlicher Untersuchungen avanciert ist. Ziel der Cultural and Literary Animal Studies, die das kulturwissenschaftliche Fundament der Middelhoff'schen Studie bilden, ist dabei nicht nur, Tiere aus einer kulturtheoretischen Perspektive zu betrachten, sondern auch stets den Kulturbegriff von einer tiertheoretischen Perspektive her kritisch zu beleuchten (vgl. S. 21). So macht sich Middelhoff denn auch die Analyse verschiedenster poetologischer Strukturen autobiographischen Erzählens aus Tierperspektive beziehungsweise „fiktionale[r] quasi-autobiographische[r] Lebensgeschichten von Tieren" (S. 5) zur erklärten Aufgabe, über Eintagsfliegen, Esel, Pferde und Affen bis hin zu Katz und Hund. Dabei handelt es sich stets um „tierliche" (S. 4) und nicht etwa tierische Protagonisten – auf dieser Differenzierung beharrt Middelhoff, um die negativen Konnotationen, die dem Adjektiv *tierisch* unweigerlich innewohnen, aus ihrer Monographie zu eliminieren.

Keineswegs geht es der Verfasserin jedoch darum, die tierlichen Erzähler, die tatsächlich frequent als Gesellschaftskritiker und Artikulationsmedien humaner Belange auftreten, in einer reduktiven anthropozentrisch-allegorischen Lektüre als Stellvertreterfiguren des Menschen oder gar als bloße menschliche Maske aufzufassen – ein ohnehin schon häufig durchexerziertes Forschungsunternehmen –, sondern vielmehr soll illuminiert werden, in welchem Verhältnis die erzählenden Tiere zu ihrem jeweiligen kultur- und tierwissenshistorischen Kontext stehen und nach den profunderen gattungs- und kulturgeschichtlichen Horizonten der ausgewählten Texte gefragt werden. Durch pointierte tierwissensorientierte Kontextualisierungen enthüllt die Verfasserin die historischen und ästhetischen Diskurse hinter den Tiermetaphern, wie beispielsweise die breit diskutierte Frage nach einem potenziellen Seelenvermögen von Tieren und der anthropologischen Differenz, der Trennlinie zwischen Mensch und Tier. Dadurch wird nicht zuletzt die Frage nach grundsätzlicher ‚tierlicher' Autobiographiefähigkeit aufgeworfen.

Der einleitende sowie der wissensgeschichtlich-theoretische Teil nehmen mit über 200 Seiten einen beträchtlichen Umfang ein, der womöglich – zumindest aus der Sicht einer weniger theorieaffinen Leserschaft – etwas knapper hätte gefasst werden können, denn so beginnt Middelhoff erst auf Seite 227 mit der titelgebenden, literaturwissenschaftlich ausgerichteten Analyse einzelner Autozoographien (Middelhoff meint mit diesem Neologismus Autobiographien aus Tierperspektive). Kühn, aber dementsprechend ungewöhnlich facettenreich ist wiederum die Zusammenstellung des Primärtextkorpus, das zu beträchtlichen Teilen aus nicht-kanonischen, auch zu Publikationszeiten wenig rezipierten Texten besteht, zu denen mitunter noch keinerlei Forschung vorliegt. Darunter befinden sich etwa die anonym publizierte *Lebensgeschichte eines Miethpferdes* (1799), Georg Heinrich Panitz' *Abenteuer und Schicksale des Pudels Casario* (1825) und Emmerich Ranzonis *Zoddel. Lebensgeschichte eines Hundes* (1879). Mit einer monographischen Zusammenschau ebendieser Texte unter Berücksichtigung zahlreicher wissenschafts-, medien- und kulturhistorischer Theoreme gelingt Middelhoff ein innovatives Unterfangen, das dezidiert an aktuellen Forschungsfeldern mitschreibt.

Als hochkanonischer Roman inmitten dieser Reihe weniger bekannter Texte werden im 16. Kapitel, tituliert „Literarische Autofeligraphien", E.T.A. Hoffmanns

Lebens-Ansichten des Katers Murr (1819/21) inklusive der zeitgeschichtlichen Diskurse sowie seiner deutlich weniger bekannten literarischen Nachfahren herangezogen. Um den Roman wissensgeschichtlich aufarbeiten zu können, stellt die Verfasserin mit großer Akribie unter anderem die um 1800 in Bezug auf Katzen virulenten Diskurse vor.

Der hochgradig intertextuell aufgeladene *Murr*-Roman präsentiert sich laut Middelhoff als „prototypische literarische Autozoographie" (S. 342), da uns eigentlich zwei Kater begegnen: der ausgesprochen anthropomorphe Murr auf der Ebene des Erzählens sowie der durch und durch ‚tierliche', feline (ein häufig von der Verfasserin verwendetes Synonym für *katzenartig*) Murr auf der Handlungsebene. Entgegen der vielfach ausformulierten Lesart des *Kater Murr* als Gesellschafts-, Künstler- und Literaturmarktsatire nimmt Middelhoff nun eine interessante Neuperspektivierung vor, indem sie die gängige anthropozentrisch-allegorische *Murr*-Lektüre nicht nur kritisch hinterfragt, sondern die Untersuchung der Semantik des Katers jenseits der literaturhistorischen Motiviken zum Ziel ernennt. Man müsse, das ist die Kernthese, den erzählenden und den erlebenden Kater als disparate Entitäten betrachten, was ein konstitutives Charakteristikum literarischer Autozoographie sei (vgl. S. 343f.). Damit wird der vielbeachteten These vom Philister-Kater das Fundament entzogen – ohnehin zeuge das vermeintlich philisterhafte Erzählen von enormer Selbstironie. Dieses ironisch-selbstreflexive Vermögen sei, damit widerspricht die Verfasserin Hartmut Steinecke, Katzen nachweislich zuzusprechen. Demnach lasse sich Murrs Erzählen „als hyperbolische Ironisierung derjenigen Eigenschaften lesen, die man in der Zoologie um 1800 den Katzen zusprach" (S. 345).

Zwei bisher von der Forschung weniger in den Blick genommene Fragen interessieren Middelhoff nun in ihrem Murr-Unternehmen: „Welches Katzenwissen des 18. und frühen 19. Jahrhunderts wird in der Murr-Figur verhandelt und welches Lebens- und Interaktionsmodell einer Kater-Mensch-Beziehung stellt der Text vor?" Und: „Inwiefern kann Hoffmanns diskursiv postulierte Haltung gegenüber und Zusammenleben mit seinem Kater als eine zentrale poetologische Komponente des Textes betrachtet werden?" (S. 345)

Bevor diese Fragen umfassend beleuchtet werden, nimmt Middelhoff eine Rekontextualisierung vor, indem der *Kater Murr* mit Rittlers im vorherigen Kapitel fokussierter ‚autoequigraphischer' *Lebensgeschichte eines ausgedienten Fiacker-Pferdes* in eine Reihe gestellt und im Hinblick auf den um 1800 vieldiskutierten Diskurs zum Seelenvermögen und die Frage nach der Autobiographiefähigkeit verglichen wird. Dadurch treten die Eigentümlichkeiten ‚autofeligraphischen' Erzählens – und der Valeur der *Lebens-Ansichten* im Speziellen – tatsächlich umso prägnanter zutage, denn die Spezies beeinflusst die Vorstell- und Darstellbarkeit des autobiographischen Tieres maßgeblich. So sei die Katze nicht zuletzt durch ihren immer wieder hervorgehobenen Individualismus und ihr starkes Autonomiestreben geradezu das autobiographische Tier *par excellence*. An der Autorschaft eines Katers bestehen im Falle Murr – selbst innerhalb der Diegese (Lothar erachte bloß die soziokulturelle Konkurrenzsituation im literarischen Feld als problematisch) – beispielsweise kaum Zweifel; ja es bedarf nicht einmal einer Plausibilisierung qua Herausgeberfiktion (vgl. S. 346). Überdies parodiere Murr einerseits die autobiographischen Gattungskonventionen habituell; andererseits präsentierten sich die *Lebens-Ansichten* mangels einer linearen Form im Vergleich als höchst unkonventionelles Autobiographie-Exempel (vgl. S. 347). Auch auf das intrikate Abhängigkeitsverhältnis zwischen Kater-Autobiographie und Kreisler-Biographie verweist Middelhoff, denn ohne die ‚tierliche' gäbe es in diesem Fall keine menschliche Lebensgeschichte – die Autozoographie bedingt die Autobiographie und bringt diese gewissermaßen erst hervor. Murr, der eingangs scharfe Kritik an menschlicher Hybris übt, habe überdies, dies sei eine weitere Besonderheit, einen ausschließlich ‚tierlichen' Rezipientenkreis, dem er die exzeptionelle „Genese eines Genies" näherzubringen gedenke (S. 348f.). Diese manifeste Selbstverherrlichungsattitüde sei geradezu wegweisend: „Es ist genau diese Art der selbstbewussten Selbstcharakterisierung, die für die autofeligraphische Repräsentation bis ins 20. Jahrhundert maßgeblich sein wird. [...] Mit Hoffmann wird die selbstbewusste, schreibende Katerfigur zu einer Grundkonstante autofeligraphischen Erzählens." (S. 349) Kunstvoll verschränke Hoffmann in Form seines Erzähler-Katers zudem die typisch autobiographische ‚Rhetorik der Erinnerung' mit zoomorphen Fakten (etwa in Form von Murrs anfänglicher Blind- und Taubheit) (vgl. S. 350). Eine markante Differenz zu autoequigraphischen Erzählungen sei insbesondere Murrs Unabhängigkeit: Murr habe als genuines Haustier einen dezidierten Eigenwert und fungiere, im Gegensatz zu Pferden, nicht etwa als Nutz- oder Arbeitstier; durch sein Schreiben subvertiere er zudem die anthropologische Differenz (vgl. S. 351f.). Dementsprechend markiere der *Kater Murr* den Übergang von einem (zuvor ausführlich untersuchten) pikaresk-episodischen zu einem selbstreflexiven quasi-autobiographischen Erzählen (vgl. S. 352).

Um breitere wissensgeschichtliche Diskurse zu eröffnen und eine weitergehende Kontextualisierung der *Lebens-Ansichten* vornehmen zu können, setzt Middelhoff sich mit dem um 1800 kursierenden Katzenwissen auseinander, wobei auch einige Brückenschläge zu aktuellen Ansichten zu Katzen erfolgen. Die Haltung des Menschen gegenüber Katzen sei schon immer von einer enormen Ambivalenz gewesen, und bis ins 19. Jahrhundert habe die Katze einen gewissen „Zwitterstatus" (S. 353) innegehabt: Nutztier und Teufelssymbol, das als liminales Wesen zwischen Haus und Hof sowie Kultur und Natur lokalisiert wurde. Die Katze um 1800 sei also „ein Schwellentier, ein äußerst umstrittenes und keineswegs weitläufig akzeptiertes Haustier" (ebd.) gewesen. Maßgeblich zu dieser Perzeption beigetragen habe etwa Buffons Charakterisierung der Hauskatze als ‚halbwild' und eigentlich erziehungsresistent. Überdies habe man Katzen menschlich konnotierte Fähigkeiten zugesprochen, darunter List, Tücke, Falschheit, Mordlust, aber auch nicht zu unterschätzende geistige Kompetenzen wie Intelligenz, Emanzipation und Selbstbewusstsein. In Form des *Kater Murr*, das ist Middelhoffs luzide Schlussfolgerung, nehme Hoffmann nun revisionistisch Stellung zu dieser vornehmlich negativen Reputation der Katze, denn Murrs Status als veritabler Hauskater ist unantastbar. Zudem erfüllt er nicht die eigentlich für die Katze vorgesehene Funktion als Mäusejäger und benutzt die ‚menschliche' Betrugsfähigkeit zur Geheimhaltung seiner Schreibversuche, worin die Verfasserin eine hyperbolisch-humoristische Brechung und Dekonstruktion der literal genommenen zoologischen Zuschreibungen sieht. Damit präfiguriere Hoffmann „einen Wandlungsprozess hinsichtlich der Deutung des Katzennaturells in der zweiten Hälfte des 19. Jahrhunderts und gestaltet diesen Wandel mit" (S. 355). In diesem Sinne lassen sich die *Lebens-Ansichten* als doppelt autoreflexiv bezeichnen, da „nicht nur die Text- und Autorgenese zum Gegenstand der Darstellung werden, sondern auch die Annahmen von dem ‚Charakter' und dem ‚Selbst' der Hauskatzen." (S. 358) Mitunter invertiere der Text gar die Verunglimpfung der Katze, da diese als harmlos-defensiv dargestellt wird; als Bestie und Angreifer – daran wird dank zahlreicher Primärtextbelege kein Zweifel gelassen – figuriere vielmehr wiederholt der Mensch (vgl. S. 364).

Die im Verlauf des 19. Jahrhunderts zunehmend emotionalisierte und im *Kater Murr* evidente Mensch-Haustier-Relation findet ebenfalls Eingang in die Studie. Abraham bekennt sich zu seinem „Stubenkameraden", der in seinen Augen ein vollwertiges Individuum ist, und outet sich immer wieder als (um 1800 verpönter) Katzenliebhaber – erneut ein Querschlag gegen die zeitgenössischen Einschätzungen der Katzennatur (vgl.

S. 370f.). Durch den Akt des Lesens, Schreibens und Spielens sowie das geteilte Arbeitszimmer entstehe ein hochkomplexes Beziehungsgeflecht zwischen Abraham und Murr, das sich auch in einer fest etablierten interspezifischen Kommunikationsroutine niederschlage (vgl. S. 372–79). Im Erzählerbericht trete Murr gar als Übersetzer seiner selbst in Erscheinung, worin Middelhoff einen direkten Anschluss an Theoreme der assimilationistischen Tierseelenkunde um 1800 erkennt (vgl. S. 375). Murrs Geistesvermögen ist ein Attribut, das nicht in Frage gestellt wird, doch ist dessen Reichweite für den Menschen ebenso wenig erfassbar wie sich die Kommunikation als einfach gestaltet – Missverständnisse bleiben nicht aus. Evident wird, dass Hoffmann sich nicht nur mit dem Selbstreferenz-, Gedächtnis- und Ausdrucksvermögen von Katzen auseinandersetzt, sondern im Zuge dessen auch das naturhistorische Katzennarrativ zitiert und umdeutet. Middelhoff schlussfolgert: „Indem Hoffmann aus der Kater-Sicht heraus die Grenzen der menschlichen Erkenntnis im Hinblick auf das Bewusstsein der Tiere vor Augen führt, beleuchtet er gleichzeitig auch die Grenzen der Sprache und des eigenen autozoographischen Schreibens." (S. 381)

Auch die Bezüge zu Hoffmanns eigenem Berliner Kater werden hergestellt, wobei Middelhoff auf zahlreiche Forschungstexte zurückgreifen kann. Originell dürfte hingegen der Argumentationsversuch sein, dass „Hoffmann und Murr mit den *Lebens-Ansichten* eine kollaborative Autobiographie vorgelegt" haben (S. 385), habe Hoffmann seinem Kater doch explizit eine autoreferentielle Kompetenz zugesprochen und die Beziehung zwischen Abraham und Murr seiner eigenen Beziehung zum realen Murr nachempfunden – Letzteres der *common sense* der Forschung. Die These, dass jener Murr im Formgebungsprozess der *Lebens-Ansichten* entscheidend präsent ist, stützt sich auf die von Middelhoff konsequent vorgenommene de-anthropozentrische Perspektivierung des Romans. Hoffmann wollte dezidiert den realen Kater als Vorbild des literarischen verstanden wissen und gebe seiner Leserschaft damit eine Lektüreanweisung des Romans als Biographisierung seines Katers an die Hand (vgl. S. 392). Unnachgiebig inszeniere Hoffmann sich als bloßen „Editor des Katermanuskripts" und folgerichtig seinen Murr als selbstverherrlichenden „Autor-Kater" (S. 393), der sogar ein veritables Autograph hinterlässt und welchem dementsprechend Authentizität sowie Autobiographiefähigkeit zugesprochen werden müssen. Daher plädiert Middelhoff dafür – entgegen der terminologischen Gesinnung Segebrechts, Steineckes und Deterdings –, vielmehr von einer *Biographierung* als von einer *Literarisierung* des Berliner Katers zu sprechen. Diese Relokalisation der Autor ‚persona' mag nicht gänzlich unproblematisch sein, erweist sich jedoch vor dem Hintergrund des Gesamtunternehmens als treffend wie pfiffig: Das autobiographische Tier wird hier der ‚tierlichen' Autobiographie entnommen und innerhalb der Künstlerbiographie des menschlichen Autors als empirisches, zum Genius stilisiertes Tier verortet, das sich als solches wiederum innerhalb der Diegese wiederfinden lässt.

Als besonders ergiebig erweisen sich Middelhoffs fundierte und scharfsinnige Rekurse auf das zoologische und tierseelenkundliche Wissen respektive dessen Verhandlungen im *Murr*, wodurch tatsächlich bisher weniger beachtete Lektürevignetten extrapoliert oder aber reperspektiviert und -kontextualisiert werden. Am innovativsten scheint mir dabei die systematische Erschließung des unbekannten Textkorpus zu sein, aus der wiederum deutlich wird, dass Hoffmanns *Murr*-Roman um 1800 keineswegs ein singuläres Unterfangen war, sondern sich in komplexe Verweiszusammenhänge ein- und an Prätexten entlangschreibt.

Literarische Autozoographien partizipiert durch die vielfachen Rückgriffe auf das Textkorpus aus dem theoretischen Umfeld des noch relativ jungen Forschungsfeldes der Cultural Animal Studies an einer disziplinaren Neuorientierung, inauguriert durch das seit der Jahrhundertwende enorm erstarkte Interesse an literarischen Tieren und ihrer jeweiligen kulturhistorischen Signifikanz. Die Studie gewinnt nicht zuletzt durch die raffinierte Zusammenschau von stark kanonisierten mit nahezu gänzlich unbekannten literarischen Texten an philologischem Wert und bietet auf diese Weise weitreichende Einblicke in die Poetik und Ästhetik des autobiographischen Tieres im langen 19. Jahrhundert. In einer Manier, die an Hoffmann erinnern mag, den sich reflexiv mit den Axiomen der Frühromantik auseinandersetzenden Spätromantiker, versucht sich Middelhoff mit Erfolg an einem Anschluss an Altes – zumindest die *Murr*-Forschung ist schließlich keineswegs unbeschrittenes Terrain – kombiniert mit einem hochaktuellen Forschungsinteresse. Wie produktiv diese Zusammenschau ist, zeigt Frederike Middelhoff umfassend auf und leistet damit einen beachtlichen Beitrag zu einem Gebiet, das in den nächsten Jahren nicht nur durch das ungetrübte Interesse an vielrezipierten kanonischen Texten aus der Perspektive ‚tierlicher' Erzähler, wie dem *Kater Murr* oder etwa Kafkas *Verwandlung*, sondern nicht zuletzt aufgrund aktueller tierschutzbezogener Implikationen und Anschlussmöglichkeiten an politisch-ethische Debatten zweifelsohne weiter florieren wird.

Anna Lynn Dolman

Jehona Kicaj: E.T.A. Hoffmann und das Glasmotiv. Materialität und Grenzüberschreitungen in *Der Sandmann* und *Nussknacker und Mausekönig*, Hannover 2020, 128 S.

In ihrer 2020 im Wehrhahn Verlag publizierten Masterarbeit *E.T.A. Hoffmann und das Glasmotiv. Materialität und Grenzüberschreitungen in* Der Sandmann *und* Nussknacker und Mausekönig zeichnet Jehona Kicaj am Glasmotiv die in beiden Texten inszenierten Animations- und Wahrnehmungsprozesse nach. Mit diesem Forschungsvorhaben grenzt sie sich von der Hoffmann-Forschung ab, die sich „primär auf optische Instrumente oder das Spiegelmotiv und damit einhergehend die Doppelgängerthematik, nie aber auf das Glas allein" (S. 14) konzentriert habe. Der sich aus diesem Analyseschwerpunkt entwickelnden These, „dass Hoffmann Zwischenwelten des Gläsernen eröffnet, in denen Realität und Imagination – für die Figuren genauso wie für den Leser – ununterscheidbar werden" (ebd.), nähert sich die Studie aus zwei Perspektiven: Im ersten Teil zeichnet die Verfasserin zunächst die Kultur- und Konzeptgeschichte des Glases nach; anschließend widmet sie sich dem Glasmotiv in Hoffmanns *Sandmann* und *Nussknacker und Mausekönig*. Gerahmt werden die beiden Teile von der Einleitung und dem Fazit.

Im ersten großen Kapitel, das circa dreißig Seiten umfasst, rückt die Verfasserin das Glas als Motivkomplex in den Fokus und geht in drei Unterkapiteln den folgenden Fragen nach: „[A]uf welche historischen Wissensbestände kann sich (nicht nur) Hoffmann zu Beginn des 19. Jahrhunderts berufen? Welche Rolle spielt Glas außerhalb der technischen Verwendung in optischen Instrumenten […]? Und wie lässt sich Glas mit dem Motiv des Wahnsinns in Verbindung bringen?" (S. 19) Insgesamt gibt das Kapitel einen guten Forschungsüberblick über die Kultur- und Motivgeschichte des Glases: Glas galt – bereits im Alten Ägypten und im Römischen Reich – als Luxusgut (vgl. S. 20) und als Symbol für Göttlichkeit und Transzendenz (vgl. S. 22f.). Diese „mystische Symbolik des Glases" (S. 23) finde sich ebenso in romantischen Texten von Novalis, Tieck, von Armin und Eichendorff wieder. Mit Rekurs auf zentrale Stellen aus Tiecks *Runenberg* zeichnet die Verfasserin die Projektions- und Reflexionsfunktion von Gläsern, Kristallen und Spiegeln nach und resümiert schließlich, dass diese „die wechselseitigen Beziehungen zwischen physischer und metaphysischer Welt symbolisieren. Sie offenbaren gleichsam eine höhere, verborgene Wirklichkeit." (S. 26) Auf diese Ausführungen folgt ein Überblick zu optischen Technologien um 1800 (vgl. S. 31–42) und dem Konnex von Glas und Wahn(sinn) (vgl. S. 43–51), in welchem Kicaj wichtige Forschungslinien übersichtlich zusammenträgt.

Zu Beginn des zweiten Kapitels, das als „Das Glasmotiv bei E.T.A. Hoffmann" betitelt ist und den Hauptteil der Studie bildet, nimmt die Verfasserin den *Sandmann* in den Blick. An einschlägigen Textstellen führt sie das Zusammenspiel gläserner Gegenstände (wie Glastür, Fenster und Perspektiv) und der dadurch evozierten Belebung Olimpias durch Nathanaels Blicke aus. Sie zeichnet die von der Forschung bereits herausgearbeiteten und für den *Sandmann* zentralen Animations- und Projektionsprozesse gründlich nach und rückt dabei das Glasmotiv stärker in den Fokus (vgl. S. 52–71). Interessant gestalten sich die Ausführungen zum gläsernen Klang von Olimpias Stimme und den Glasaugen der Automatenfrau. Nathanaels Blick in die Augen Olimpias spiegele nicht nur seinen eigenen Blick, sondern gleichzeitig nehme ihm diese Blickanordnung die Fähigkeit, zwischen Wahrnehmung und Wahn zu unterscheiden (vgl. S. 71). Es ist erst diese „Selbstspiegelung in den Glasaugen, [...] aus denen Nathanaels Selbsttäuschung erwächst, denn sobald die Augen entwendet sind, erkennt er unmittelbar Olimpias wahre Beschaffenheit" (S. 78). In genauer Textarbeit zeichnet die Verfasserin die Spiegelungs- und Projektionskonstellationen nach, verweist dabei aber weder auf den Narziss-Mythos noch auf literatur- und kulturwissenschaftliche Vorarbeiten.

Im anschließenden Teil des Kapitels betrachtet die Verfasserin die Klangeigenschaft von Glas. Zu Beginn gibt Kicaj einen Überblick über die 1761 von Benjamin Franklin in London entwickelte Glasharmonika (vgl. S. 71–76). Verwiesen wird auf die „Spannung zwischen maschinellem Bau und naturnahen Tönen" des Instruments (S. 77), die sich ebenso, so die Verfasserin, in der Automatenfrau widerspiegele. Olimpia, das werde besonders auf dem Fest Spalanzanis deutlich, auf welchem sie Klavier spielt und singt, „bildet nicht nur das menschliche Aussehen ab, sondern produziert als Musik- und Spielautomat Glasglockentöne, die der Stimme des Menschen ähnlich sind." (Ebd.) Ebendiese Verbindung „von gläsernem Blick und gläsernem Ton bewirkt die vollkommene Illusion und damit den fast vollständigen Verlust [...] [der] Außenwahrnehmung" (S. 78) Nathanaels und führe zu seinem Wahnsinnsausbruch und schließlich zu seinem Suizid, so das überzeugende Fazit des Unterkapitels.

Das nächste Kapitel widmet sich Hoffmanns Kindermärchen *Nussknacker und Mausekönig* und stellt den gläsernen Spielzeugschrank der Familie Stahlbaum in den Mittelpunkt der Analyse. Ergänzt und kontextualisiert werden die Interpretationen von einem Überblick zur Verbindung von Märchen und Glas (vgl. S. 88–93) und zum Serapiontischen Prinzip (vgl. S. 106–111). Im Gegensatz zu den bisherigen Forschungsbeiträgen, die, so die Verfasserin, den Glasschrank „als randstelliges Requisit" (S. 104) betrachten, schreibt sie diesem eine zentrale Stellung innerhalb des Märchens zu: Der gläserne Spielzeugschrank biete für Marie nicht nur einen „individuellen Rückzugsraum" (S. 87), sondern bilde darüber hinaus den Zugang zum wunderbaren Puppenreich; er fungiere als „Medium der Schwellenüberschreitung" (S. 95). Eine genaue Analyse der im Schrank vorherrschenden Ordnung (vgl. S. 94) führt Kicaj schließlich an, um ihre These, dass nicht der titelgebende „Nussknacker das Medium [ist], das die Wahrnehmung verändert und den Übergang in eine andere Welt ermöglicht, sondern der Glasschrank" (S. 87), zu unterstützen. Die Konzentration auf den Glasschrank als den Gegenstand, der den Zugang in die wunderbare Welt eröffnet, ist überzeugend, jedoch rückt diese Lesart den Nussknacker und seine für das Märchen wichtige Funktion in den Hintergrund. Er wird von Marie zwar im gläsernen Spielzeugschrank animiert, da ist der Verfasserin zuzustimmen, trifft im

Verlaufe des Märchens aber auch außerhalb von diesem auf das Mädchen. Anschließend fokussiert das Kapitel den Sturz Maries in den Glasschrank und ihre dabei entstehende Verletzung. Wenn erst der Glasschnitt das Wundfieber Maries auslöse, dann eröffne dieser ihr die Möglichkeit, sich „zwischen Traum- und Wachwelt" (S. 103), das bedeutet zwischen bürgerlicher und wunderbarer Welt, bewegen zu können. Entsprechend, so fasst Kicaj ihre Ergebnisse am Kapitelende zusammen, kommt dem Glasschrank im *Nussknacker* eine zweifache Funktion zu: „Die Imaginationen werden zum einen beständig mit gläsernen Oberflächen verschränkt, die Marie einzigartige, fantastische Räume eröffnen. Zum anderen sind es die Glasscherben, die ihren Körper verletzen und ihr Bewusstsein derart verändern, dass eine Oszillation vom Alltäglichen und Wunderbaren besonders gut gelingt." (S. 106)

Insgesamt zeichnet Kicaj ihre Beobachtungen in diesem Unterkapitel in genauer Textarbeit nach, doch fehlt an einigen Stellen die Rückbindung an die Forschungsliteratur. Ihre Ausführungen zum *Nussknacker* setzt die Verfasserin zwar punktuell mit den Lektüreergebnissen zum *Sandmann* in Bezug, jedoch hätte eine zusammentragende Diskussion der Ergebnisse sicherlich weitere Perspektiven auf die beiden Texte eröffnet; interessant für die Hoffmann-Forschung wäre beispielsweise eine nähere Betrachtung des Konnexes von Glas und Wahnsinn in Bezug auf die in den Texten präsentierten Geschlechterkonstellationen. Auf das letzte Kapitel folgt ein Fazit (vgl. S. 112–115), welches die Ergebnisse der Studie präzise versammelt und einen Ausblick auf das Glasmotiv in Hoffmanns Erzählung *Des Vetters Eckfenster* gibt.

Mit ihrer gut und gründlich ausgearbeiteten Studie gelingt es Jehona Kicaj, zwei wichtige Texte Hoffmanns über das Glasmotiv miteinander in Beziehung zu setzen. Auch wenn an einigen Stellen ein stärkerer Forschungsbezug wünschenswert gewesen wäre, verfolgt die Verfasserin souverän ihre Forschungsfrage und wählt mit dem Motivkomplex Glas einen spannenden Analysegegenstand.

Antonia Villinger

Christopher R. Clason (Hg.): E.T.A. Hoffmann. Transgressive Romanticism, Liverpool 2018 (= Romantic Reconfigurations: Studies in Literature and Culture 1780–1850), 254 S.

Christopher R. Clasons Einleitung eröffnet den Sammelband mit dem bekannten Diktum Walter Scotts, im Falle E.T.A. Hoffmanns sei eher die Medizin denn die Literaturkritik zu einem Urteil aufgerufen. Mit dieser Referenz an zeitgenössische Rezeptionshorizonte, denen als Gegengewicht die ungebrochene Faszination einer transnationalen Leserschaft beigeordnet wird, entwickelt Clason den thematischen Schwerpunkt seines Bandes, der in der Auseinandersetzung mit den vielfältigen Grenz- und Normüberschreitungen „new perspectives on some of the dark, suspenseful, and innovative works by Hoffmann" (S. 15) zu bieten habe. Den Beiträger*innen gibt die Einleitung denn auch relevante Kontexte vor, die im Leitbegriff der Transgression gebündelt werden. Zu diesen zählen auch epistemologische Umbrüche im Verständnis von Kriminalität, gilt es doch im 18. Jahrhundert nicht mehr allein ein Verbrechen zu beurteilen, sondern die sozialen und psychologischen Bedingungsfaktoren der Tat abzuwägen und somit die Geschichte des Verbrechers zu erzählen. Man muss allerdings nicht erneut *Das Fräulein von Scuderi* zum „prototype of detective fiction" (S. 15) ausrufen, um die damit verbundenen Impulse für spezifische (kriminalliterarische) Schreibweisen zu erschließen. Die intensive Auseinandersetzung mit der interdisziplinären Tradition der Fall-Geschichte[1] hat dies in den vergange-

---
[1] Vgl. etwa *Fall – Fallgeschichte – Fallstudie. Theorie und Geschichte einer Wissensform*, hg. von Susanne Düwell, Nicolas Pethes, Frankfurt a.M. 2014; *Fallgeschichte(n) als Narrativ zwischen Literatur und Wissen*, hg. von Claus-Michael Ort, Thomas

nen Jahren nachdrücklich aufgearbeitet. Der vorliegende Band wählt mit dem Leitbegriff der Transgression einen anderen konzeptionellen Ansatzpunkt, der sich nicht auf die Verschränkung von Wissen und Erzählverfahren konzentriert, sondern inhaltliche wie formale Grenzüberschreitungen in Hoffmanns Werk erfasst. Diskutiert werden Verstöße wider Gesetze, gesellschaftliche Handlungsnormen und mediale sowie narratologische Überschreitungen. Es bleibt dabei der Einleitung Clasons vorbehalten, den Text Hoffmanns, der all diese Aspekte bündelt – *Die Elixiere des Teufels* (1815–16) – in einer knappen Modellinterpretation vorzustellen (S. 5–7). Der ausdrücklich erhobene Anspruch, „[t]he essays gathered here fill a significant gap in research, since they highlight the ways in which elements of Hoffmann's works […] challenge, overrun, and break through the boundaries and conventions of daily life in the contemporary, culturally German, middle- and upper-classes" (S. 3), fällt demgegenüber zurück, sowohl hinter den Stand der Forschung als auch die analytische Präzision der Beiträge.

Die elf Beiträge entwickeln in der Konzentration auf das Phänomen der Transgression Lektüren der bekannten, aber auch der in der Forschung wenig beachteten Texte Hoffmanns. So stellt Alexander Schlutz Hoffmanns *Das Majorat* (1817) als Erzählung vor, die um die Versagung menschlicher Würde und der Autonomie des freien Willens kreist. Diese an Forschungsprämissen der *Animal* und der *Posthumanism Studies* anschließbare Lektüre wird zurückgebunden an die bloßgelegte Verankerung des Erbrechts in der gewaltsamen Unterscheidung zwischen Mensch und Ding. Mit Paola Mayer werden Textsignale des Übernatürlichen, die die liminalen Figuren des Wissenschaftlers in *Meister Floh* (1822), *Der Sandmann* (1816) und *Der Magnetiseur* (1814) umgeben, als metaphorische Marker psychischer Monstrosität und ethischer Deformation lesbar. Peter Erickson rekonstruiert entlang der etymologischen Linien von Gift – Gabe – Geschenk, wie *Das Fräulein von Scuderi* (1819) der Entfesselung von Gewalt mit Strategien der Einhegung begegnet.

Neben dem Geflecht von Gewalt, Gesetz und Genealogie bilden Transgressionen zwischen den Künsten einen weiteren Schwerpunkt. Während Frederick Burwick intermediale Verbindungslinien zwischen den Hoffmann'schen Bühnenbildern in seiner Zeit als Theaterdirektor in Bamberg und seinen erzählten Räumen erschließt, diskutiert Nicole A. Sütterlin die Überschreitung narrativer Grenzen in der *Vampyrismus*-Erzählung und analysiert „[t]he figure of the vampire […] as the dark, aporetic flipside of Serapiontic poetics" (S. 115). Die metaleptische Erzählstruktur verleibe sich eine vorgängige medizinische Fallgeschichte ein und gebe so die zeitgenössische Kritik am Verschlingen falscher Lektüren an die Wissenschaft zurück, „implying that by circulating case stories about the pathological imagination, the early-nineteenth-century psychiatric-medical discourse may have inadvertently *produced* such pathologies." (S. 130) Skizziert Sütterlin so eine vampiristische Poetik, diskutiert Beate Allert grundlegend die Mimesis-Konzeptionen in *Das öde Haus* (1817), *Der goldene Topf* (1814) und *Die Fermate* (1815).

Die Sektion „Transgression in the *Märchen*" eröffnet Christina Weiler. Sie sieht in *Das fremde Kind* (1817) Gefahren transgressiver Exzesse gestaltet, die als kritische Auseinandersetzung mit der Aufklärung wie mit frühromantischen Ideen einer vollumfänglichen Hingabe an die Phantasmen der Einbildungskraft zu lesen sind. Denn die Figuration des Bösen verkörpert als Magister Tinte ein mechanisches Lernen in der Alltagswelt, als König Pepser überzieht er die Welt der Phantasie mit schwarzer Tinte. Ruth Kellar untersucht die Aufmerksamkeit des Erzählers und anderer Beobachterfigu-

---

Wegmann, Innsbruck 2016; Nicolas Pethes: *Literarische Fallgeschichten. Zur Poetik einer epistemischen Schreibweise*, Konstanz 2016; Stefanie Retzlaff: *Observieren und Aufschreiben. Zur Poetologie medizinischer Fallgeschichten (1700–1765)*, München 2018.

ren in *Der goldene Topf* (1814) für die Eigentümlichkeit des Alltäglichen in der Spannung zwischen dem allgemeinen Typus und dem partikularen Einzelnen, während Howard Pollack-Millgate den in *Prinzessin Brambilla* (1820) erzählten Wandel im ästhetischen Geschmack der Stadt Rom vor dem Hintergrund von Hannah Arendts Unterscheidung zwischen öffentlicher und privater Sphäre diskutiert.

Den Band beschließen die Beiträge von Julian Knox und James Rasmussen zu *Die Lebens-Ansichten des Katers Murr nebst fragmentarischer Biographie des Kapellmeisters Johann Kreisler in zufälligen Makulaturblättern* (1819–1821). Während Rasmussen die Doppelbiographie mit Kierkegaards Unterscheidung von Ironie und Humor liest und die These entwickelt, „*Kater Murr* may be a novel that begins to transgress its own generic limitations in a way that points to something like genuine humor" (S. 213), diskutiert Julian Knox den Roman als ironische Infragestellung jenes linear-teleologischen Bildungs- und Entwicklungsnarrativs, das paradigmatisch Goethes *Wilhelm Meisters Lehrjahre* (1795–96) vorstellt.

Neben der Trias *Figur – Figura – Figuration*, die der gleichnamige Sammelband verfolgte,[2] erprobt *Transgressive Romanticism* mit dem Fokus auf ästhetischen Grenzüberschreitungen und gesellschaftlichen Normverletzungen, die als vielgestaltiges Phänomen im Begriff der „Transgression" gebündelt werden, eine weitere Zugriffsmöglichkeit auf das Gesamtwerk Hoffmanns. Dass Sütterlins Aufsatz sich in beide Sammelbände einfügt – 2018 in einer überarbeiteten, ins Englische übersetzten Fassung –, belegt exemplarisch die Anschlussstellen namentlich eines mit Gérard Genette narratologisch verstandenen Transgressions-Begriffs an die Hoffmann-Philologie. Stärke und Schwäche liegen dabei gleichermaßen in der deskriptiven und unbestimmten, vornehmlich aus den erzählten Inhalten gewonnenen Begriffsprägung. So bleibt etwa unklar, wie sich „Transgression" als Gedankenfigur des momentanen Überschreitens und der akuten Verletzung zu der für Hoffmanns Serapiontisches Prinzip grundlegenden „Erkenntnis der Duplizität"[3] verhält. Ob sich die Hoffnung Clasons erfüllt, mit dieser Perspektivierung des Hoffmann'schen Werkes vielleicht auch „a path toward a fuller understanding of the extremes to which other Romantic authors went in their attempts to explore Romanticism's ,Night Side'" (S. 15) erschlossen zu haben, wird sich in der Arbeit an weiteren Texten erweisen müssen.

Sandra Beck

Vitali Konstantinov: Der Sandmann nach E.T.A. Hoffmann, München 2019, 47 S.

E.T.A Hoffmanns Texte dienten bereits vielen als Inspirationsquelle für künstlerische Auseinandersetzungen. Die Illustrationsgeschichte reicht von Radierungen Hugo Steiner-Prags und Federzeichnungen Alfred Kubins über Lithographien Paul Klees bis hin zu zeitgenössischen Comic-Adaptionen. Letztere stammen beispielsweise von Dino Battaglia (*Der Sandmann / Das Öde Haus*, 1970), Alexandra Kardinar und Volker Schlecht (*Das Fräulein von Scuderi*, 2011), Andrea Grosso Ciponte (*Der Sandmann*, 2014) sowie Michael Mikolajczak und Jacek Piotrowski (*Sandmann*, 2019). Als jüngste Adaption reiht sich in diese Riege die Graphic Novel *Der Sandmann nach E.T.A. Hoffmann* des deutschen Illustrators Vitali Konstantinov ein. 1963 in der Ukraine geboren, studierte er u.a. Malerei sowie Kunstgeschichte in Deutschland und Russland und ist demnach mit zwei Kulturkreisen vertraut, die eine große Affinität zu Hoffmanns

---

[2] *Figur – Figura – Figuration*, hg. von Daniel Müller Nielaba, Christoph Steier, Yves Schumacher, Würzburg 2011.

[3] E.T.A. Hoffmann: *Sämtliche Werke in sieben Bänden*, Bd. 4: *Die Serapions-Brüder*, hg. von Wulf Segebrecht unter Mitarbeit von Ursula Segebrecht, Frankfurt a.M. 2008, S. 68.

Œuvre aufweisen. Unter den bisherigen Arbeiten des Illustrators finden sich mehrere Literaturadaptionen, so bebilderte er Texte von Nikolai Leskow, Hans Christian Andersen, den Gebrüdern Grimm und Wladimir Kaminer. Mit dem *Sandmann* – übrigens eines der am häufigsten illustrierten Werke Hoffmanns – widmet sich Konstantinov erneut einem deutschen Autor.

Die 2019 im Knesebeck Verlag erschienene Graphic Novel umfasst knapp 50 Seiten, aufgeteilt in vier Abschnitte, die abwechselnd in der Universitätsstadt G. und der Provinzstadt S. spielen. Der Text erzählt – mit manchen Auslassungen – die Geschichte des Studenten Nathanael nahe am Hoffmann'schen Original, setzt insbesondere das Augenmotiv zentral und versucht, auch das erzähltechnische Raffinement der Vorlage (z.B. den Wechsel der Erzählerperspektive) ins Grafische zu übersetzen. Konstantinovs Bildsprache lebt dabei von Kontrasten: Schwarz trifft auf Weiß, organische Formen stoßen auf geometrische, dynamische Linien auf statische und Einzelbilder auf Collagen. Die Kontraste der monochromen Zeichnungen mit ihren Farbakzenten in Rot und Blau stechen den Betrachter:innen bereits beim Durchblättern ins Auge. Durch die aufwändigen Strich- und Kreuzschraffuren der Hintergründe mutet der Zeichenstil dabei einerseits an klassische Radierungen an. Die weißen, flächigen Körper der Figuren – die von schwarzen Konturen umrissen sind und sich dezidiert von den meist dunklen Hintergründen absetzen – sind andererseits im Cartoonstil gehalten. Die farbigen Flächen wiederum, die das Weiß des Papiers durchblitzen lassen, erinnern an naive Buntstiftzeichnungen und scheinen somit die kindlichen Malversuche Nathanaels – mit denen er anstrebt, den Sandmann zeichnerisch ins Bild zu setzen – zu spiegeln.

Kontraste lassen sich auch zwischen den einzelnen Panels und der kompletten Seitengestaltung ausmachen. Je nachdem, ob eine Seite in ihrer Gänze oder die Paneele im Einzelnen betrachtet werden, verändert sich deren Eindruck von dynamisch zu statisch bzw. von drei- zu eindimensional. Die Seitenkompositionen wirken – unterstützt durch die einheitliche Farbgebung – wie große Collagen: Panels verschmelzen miteinander, indem organische Sprechblasen, Körperteile und Onomatopoetika die Gutter durchbrechen und überbrücken. Dadurch scheinen die Figuren von einem Bild zum nächsten zu rennen oder zu greifen. So ist man als Betrachter:in versucht, den Blick frei über die dynamischen Kompositionen gleiten zu lassen, bevor man mit der eigentlichen, chronologischen Lektüre beginnt. Bei genauer Betrachtung der Panels fällt jedoch auf, dass den Seiten ein streng geometrisches Raster zugrunde liegt. Meist ist dieses in drei oder vier Zeilen unterteilt, wobei die rechteckigen Paneele ähnliche Größen aufweisen. Auch die Figuren erstarren bei genauer Betrachtung in ihren Bewegungen, dann erscheinen sie als statische, puppenhafte Figuren. Dies liegt vor allem daran, dass die Gesichter entweder im Halb- oder Ganzprofil gezeigt und die Szenen in Normalsicht, also auf Augenhöhe, präsentiert werden. Die bewegungslosen Figuren muten hierbei wie Charaktere aus Papiertheatern an, wie sie im 19. Jahrhundert – und demnach auch zur Entstehungszeit des Primärtextes – populär waren. Konstantinovs feiner, linearer Strich erfährt durch das mehrmalige Nachziehen der Linien jedoch eine gewisse Dynamik, und die Figuren erhalten ihre Lebendigkeit bedingt zurück. Das bereits erwähnte Überschreiten der Panelgrenzen verleiht den eindimensionalen Zeichnungen zudem Dreidimensionalität. Die Bildelemente wirken übereinandergeschichtet, was den Eindruck des in Ebenen aufgebauten Papiertheaters verstärkt. Ähnlich einem *Trompe-l'œil* wird in der Graphic Novel die Illusion von Tiefe und Perspektive erzielt, obgleich es sich um eine Fläche handelt. Die Rezipient:innen können durch die Betrachtung der kompletten Seiten oder der Fokussierung auf einzelne Panels also zwischen verschiedenen Wahrnehmungen hin- und herschalten. Das zentrale Motiv des Blickes übersetzt Konstantinov somit auf die Bild- und Rezipient:innenebene. Aber auch im Text selbst sind Augen respektive Blicke omnipräsent. Insbesondere durch die farbige Hervorhebung der blauen Iriden heben sich die Augenpaare der Figuren von den Schwarz-Weiß-Zeichnungen ab. Interessant ist hierbei, dass Konstantinovs *Sandmann* eben jene Dinge zeigt, die in der Realität für das menschliche Auge unsichtbar sind und ein literarischer Text höchstens umschreiben kann: Durch das Stilmittel der Synästhesie werden akustische und optische Eindrücke miteinander vermischt, sodass Geräusche (z.B. Nathanaels Wahrnehmung des Sandmanns als akustisches Phänomen), Gemütszustände (wie der Wahnsinn Nathanaels durch rot gekringelte Pupillen) und Blicke sichtbar gemacht werden. Dabei übersetzt Konstantinov immer wieder Zitate des Primärtextes auf die Bildebene, ohne im geschriebenen Text auf sie zu verweisen. So werden die im Gedicht besungenen „holde[n] Augen" Claras, die Nathanael mit roten, „blutige[n] Funken" die Brust sprengen, in der Graphic Novel zu tatsächlich sichtbaren Strahlen, die den Text als grafisches Motiv durchziehen. Insbesondere für primärtextsichere Leser:innen ist Konstantinovs *Sandmann* demnach sicherlich ein Augenschmaus.

Annika Frank

Dieter Kampmeyer: Lebens-Skripte. E.T.A. Hoffmanns *Der Sandmann* und *Die Elixiere des Teufels*, Würzburg 2020, 172 S.

Der Rekonstruktion von „Trauma-Konfigurationen" in der deutschsprachigen Literatur der Gegenwart hat sich Dieter Kampmeyer, der Autor des vorliegenden Bandes, in seiner Kölner Dissertation aus dem Jahr 2014 gewidmet.[1] Bernhard Schlinks *Vorleser*, W.G. Sebalds *Austerlitz* und Herta Müllers *Atemschaukel* liest er in seiner Arbeit als Texte, in denen die Erzählinstanzen zu schreibenden und erzählenden Ichs werden, um (vergeblich) den Riss respektive die Lücke in ihrer Psyche zu schließen. Seinen in der Gegenwartsliteratur erprobten traumatheoretischen Ansatz hat Kampmeyer in den letzten Jahren Schritt für Schritt ausgeweitet und auf die Texte E.T.A. Hoffmanns angewendet. Der vorliegende Band baut auf diesen im *Hoffmann-Jahrbuch* publizierten Vorarbeiten[2] auf und fokussiert die Trauma-Konfigurationen im *Sandmann* und den *Elixieren des Teufels*.

Zur Agenda seiner Untersuchung erklärt Kampmeyer einleitend: „Der Fokus ist […] auf die Positionierung und das Verhalten der beiden Erzähler gerichtet: des anonymen Erzählers im *Sandmann* und des mönchischen in den *Elixieren*. In den Blick genommen werden hierbei die narratologischen Formungen, deren Bedeutung ohne traumatheoretische Modellierungen nicht erfasst werden können; es soll gezeigt werden, wie die Erzähler als Schreibende ihr Leben bei schwierigen Voraussetzungen konstituieren." (S. 8) Nun besteht an neueren, auch an narratologisch orientierten Arbeiten zu Hoffmanns Texten im Allgemeinen und zum *Sandmann* im Speziellen kein Mangel. Verwiesen sei in diesem Zusammenhang exemplarisch auf die – auch im *Hoffmann-Jahrbuch* geführte – Debatte um die Möglichkeit und Unmöglichkeit der Interpretation des Hoffmann'schen Nachtstücks zwischen den Vertreterinnen und Vertretern einer ‚kognitiven Hermeneutik' und den Gegnerinnen und Gegnern derselben. Nennen könnte man weiterhin Oliver Jahraus' programmatisch methodenpluralistisch angelegten Band mit siebzehn Modellanalysen

---

[1] Dieter Kampmeyer: *Trauma-Konfigurationen. Bernhard Schlinks „Der Vorleser", W.G. Sebalds „Austerlitz", Herta Müllers „Atemschaukel"*, Würzburg 2014.

[2] Dieter Kampmeyer: Inszenierung der dunklen Seite des Lebens. E.T.A. Hoffmanns *Der Sandmann*, in: *E.T.A. Hoffmann-Jahrbuch* 25 (2017), S. 42–57; ders.: Geschicksgestaltung und ‚falsches' Erinnern. E.T.A. Hoffmanns *Elixiere des Teufels*, in: *E.T.A. Hoffmann-Jahrbuch* 24 (2016), S. 7–33.

des *Sandmanns*, zu dem Tom Kindt beispielsweise eine narratologische Analyse der Erzählung beigesteuert hat.

Diese Debatten der letzten zehn bis zwanzig Jahre um die Interpretation von Hoffmanns bekanntester Erzählung arbeitet Kampmeyer in seiner Studie akribisch auf, um auf dieser Grundlage seinen eigenständigen (auch: eigensinnigen) Zugriff auf den Text zu entwickeln. Betonen die bisher vorliegenden Beiträge – etwa derjenige Kindts – die Rätselhaftigkeit der Erzählung, die auf die Unzuverlässigkeit oder die zum Teil nur schwer zu bestimmenden ‚Einschränkungen' der Erzählinstanz zurückgeführt werden, so greift Kampmeyer diese Beobachtung auf und radikalisiert sie, indem er von dieser Rätselhaftigkeit auf eine „psychische Störung" (S. 14) der Erzählinstanz schließt. Sowohl der Erzähler im *Sandmann* als auch in den *Elixieren*, das ist die These, die Kampmeyers Auseinandersetzung mit den beiden Texten Hoffmanns leitet, erschreiben sich ein Lebens-Skript, werden mithin als „autofiktionale […] Erzählerfigur[en]" (S. 16) kenntlich. Diese erzählerischen, schriftstellerischen Selbst- und Lebensentwürfe dienen laut Kampmeyer dem Umgang mit dem „traumatische[n] Erleben einer *Urszene*" (S. 17). Er erläutert: „Das Lebens-Skript, das sie [die Erzählinstanzen, T.W.] verfassen, hat eine therapeutische Funktion, dient also der Selbstkonstitution. Der anonyme Erzähler des *Sandmanns* möchte auf diesem Weg zum (serapiontischen) Dichter werden und der Mönch Medardus in den *Elixieren des Teufels* sich ein Leben erschreiben, in dem er bei seinen Brüdern im Kapuzinerkloster zu B. zum Heiligen und als solcher zu Gott kommen will." (S. 18)

Kampmeyers einleitende Überlegungen werden hier so ausführlich referiert, um die Voraussetzung für seine Lektüren zu umreißen. Klar wird dabei: Der hier vorgestellte Zugriff auf den *Sandmann* und die *Elixiere* setzt auf kein geringes Maß an Spekulation. Als Interpret geht Kampmeyer über das, was im Text steht, deutlich hinaus. So liest er beispielsweise die Alchemie-Szene, die gemeinhin als ‚Urszene' des traumatisierten Protagonisten Nathanael gelesen wird (der freilich die Erzählung vom Sandmann durch die Amme vorausgeht), als „Déjà-vu" (S. 77), als Wiederholung einer unbekannten, im Text nicht geschilderten, sondern nur in ihrer Iteration zu fassenden Urszene, die der Erzähler in seiner Kindheit erlebt habe. Den Wiederholungen, Verschiebungen und Projektionen, die Hoffmanns Text vornimmt, fügt Kampmeyer in seiner Lesart weitere hinzu. Das irritiert – und es wirft Fragen auf: Ob man beispielsweise tatsächlich ohne Weiteres von der eingeschränkten Perspektive der Erzählinstanz im *Sandmann* auf eine psychische Störung derselben schließen kann, ließe sich diskutieren. Geht man diesen Schritt mit, so stellt sich die Frage, ob man in der Folge dieses Schlusses des Interpreten entsprechend auch von einem durch den Erzähler fingierten Briefwechsel ausgeht, ob man überdies, wie Kampmeyer es tut, Nathanael und Clara als imaginierte „Wahrnehmungsinstanzen" (S. 23) des Erzählers versteht und ob man schließlich im ebenso idyllischen wie verworfenen Schlussbild des Textes den Versuch des Erzählers liest, sich imaginativ und erzählerisch von den ‚dunklen Gestalten' (also seinem Trauma) zu befreien.

Diese, das sei zugegeben, durchaus zugespitzte Zusammenfassung einiger der zentralen interpretativen Schlüsse, die in den *Lebens-Skripten* gezogen werden, zeigt: Über den hier vorgelegten Band ließe sich trefflich streiten. Einerseits. Anderseits kann man Kampmeyers Studie auch als einen mutigen Versuch sehen, für einen viel- (der *Sandmann*) und einen durchaus oft interpretierten Hoffmann'schen Text (die *Elixiere des Teufels*) neue Lesarten zu entwickeln. Ein solcher Blick auf den vorliegenden Band erfordert freilich, dass man sich auf die Thesen des Verfassers einlässt und deren spekulatives Moment wenn nicht schätzt, so doch zumindest toleriert. Das wiederum stellt aus drei Gründen keine große Herausforderung dar: Erstens stellt Kampmeyer die Bedingungen und Grundannahmen seiner Lektüren sowie die diese Lektüre leitenden Thesen jeweils zu Beginn eines Kapitels sehr klar und verständlich vor. Zweitens entwickelt er seinen eigenständigen Interpretationsansatz auf der Grundlage einer intensiven Auseinandersetzung mit der vorliegenden Sekundärliteratur, deren Befunde er aufgreift und fortschreibt. Drittens erprobt er seinen Analyseansatz in einer geradezu skrupulösen, beeindruckend auf kleinste Details fokussierenden Auseinandersetzung mit dem Primärtext, in der beispielsweise den semantischen Facetten des Wortes „mitteilen" fast eine ganze Seite gewidmet wird. Gerade der letzte Punkt verdient der Hervorhebung, denn wie auch immer man zu Kampmeyers Grundannahmen steht: Konfrontiert ist man in den *Lebens-Skripten* mit den Überlegungen eines enthusiastischen Lesers. Diese Begeisterung teilt sich mit, und ja, sie steckt auch an. Man darf gespannt sein, wie die Forschung auf diesen Impuls reagiert.

Thomas Wortmann

E.T.A. Hoffmann: Meister Floh. Ein Mährchen in sieben Abentheuern zweier Freunde (1822). Mit Kommentaren von Michael Niehaus und Thomas Vormbaum, Berlin/Boston 2018, 265 S.

Fünfzig Bände sind inzwischen in der Reihe *Recht in der Kunst – Kunst im Recht* im Verlag Walter de Gruyter erschienen. Neben Schillers *Verbrecher aus Infamie*, Kleists *Kohlhaas*, Drostes *Judenbuche*, Fontanes *Unterm Birnbaum* und Kafkas *Proceß* zählt nun auch E.T.A. Hoffmanns späte Erzählung *Meister Floh* zu den Texten, denen in der Reihe ein eigener Band gewidmet wird. Auch der Jubiläumsband zu Hoffmanns Märchen folgt dem Beispiel der oben genannten Vorgänger: Eröffnet wird er durch einen Komplettabdruck des literarischen Textes, der in diesem Fall der Erstausgabe des *Meister Floh* aus dem Jahr 1822 folgt, in die die bei der Erstpublikation der Zensur zum Opfer gefallene ‚Knarrpanti-Episode' eingefügt wurde. Es folgen zwei längere Essays: Thomas Vormbaum, Inhaber des Lehrstuhls für Strafrecht, Strafprozessrecht und juristische Zeitgeschichte an der Fernuniversität in Hagen, diskutiert den Text im Hinblick auf juristische respektive rechtshistorische Fragen; sein Hagener Kollege Michael Niehaus, Inhaber des Lehrstuhls für Neuere deutsche Literaturwissenschaft und Medienästhetik, kommentiert Hoffmanns Text aus germanistischer Perspektive. Beide Interpreten setzen, ihrer jeweiligen Disziplin entsprechend, unterschiedliche Schwerpunkte – beiden gemein ist aber das Interesse daran, wie Hoffmanns Text rechtliche und politische Fragen seiner Entstehungszeit im Speziellen und Fragen der Wahrheitsfindung (Formen juristischer Verfahren und Ermittlungsstrategien) im Allgemeinen im Medium der Literatur verhandelt.

Thomas Vormbaum, der bereits zahlreiche Arbeiten zum Konnex von Literatur und Recht vorgelegt hat, geht in seinem Kommentar zum *Meister Floh* von der berüchtigten Knarrpanti-Passage aus, deren Skandalpotential im Hinblick auf die zeitgenössische Demagogenverfolgung der Hagener Jurist im Rekurs auf die preußische Criminalordnung von 1805 eindrücklich herausarbeitet. Zwar konnte nach dieser – wie im Falle der Anklage des Peregrinus Tyß geschehen – neben einer Anzeige (*denunciatio*) auch ein „öffentliches Gerücht (*fama*)" (S. 187) zum Anlass eines gerichtlichen Verfahrens genommen werden, allerdings halten die entsprechenden Paragraphen der Criminalordnung laut Vormbaum zu einem „behutsamen Umgang mit diesem Anlass der Verfahrenseröffnung" an (ebd.). Der „preußische Gesetzgeber" sei sich der „Gefahren" dieses Prozederes offensichtlich bewusst gewesen (ebd.). Mit seiner Zurückweisung der Anklage habe sich der Frankfurter Rat im *Meister Floh* deshalb an die geltenden Rechtsregeln gehalten. Mit großer Akribie rekonstruiert Vormbaum das juristische „Nachspiel" (S. 193) des Untersuchungsverfahrens, das gegen Hoffmann nach der Publikation des Märchens eingeleitet wurde. Dass es überhaupt zu diesem Verfahren kam, führt Vormbaum selbst wiederum auf die *fama,* mithin auf Hoffmanns „Fehler" zurück, im „Freundes- und Konkneipantenkreis bei Lutter & Wegner" seinen „Coup" angekündigt zu haben (S. 198). Den „wahrscheinlich illiteraten […] Demagogenschnüffler[n] um Kamptz" wären (ebd.), so notiert Vormbaum, die entsprechenden Passagen wahrscheinlich gar nicht aufgefallen. Vormbaums mit deutlicher Sympathie für den ‚verfolgten' Autor Hoffmann geschriebenen Ausführungen zum rechtshistorischen Kontext folgt man mit Vergnügen, auch weil der Jurist seine Überlegungen immer wieder kenntnisreich mit Verweisen auf andere Hoffmann'sche Texte (wie den *Kater Murr* oder die *Elixiere des Teufels*) flankiert. Beeindruckend ist schließlich, wie Vormbaum das allgemeine juristische Erkenntnispotential des Hoffmann'schen Textes als eine Mahnung vor einer „verfrühte[n] Hypothesenbildung" bestimmt, vor der „alle Strafverfolger eindringlich gewarnt werden" sollten (S. 210). Vernunft und Menschlichkeit seien die Gebote, die man dem „Kammergerichtsrat Hoffmann wie auch in dem Märchen *Meister Floh* dem Abgeordneten der Stadt Frankfurt in den Mund legen" (S. 219) könne. Formuliert sei damit, so das Fazit des Kommentars, der „Maßstab für eine aufklärerische Kritik an einer auf Zweckrationalität reduzierten juristischen Aufklärung" (ebd.).

Im Forschungsgebiet Literatur und Recht ist Michael Niehaus durch zahlreiche Aufsätze, vor allem aber durch seine Studie zur Geschichte, Theorie und Fiktion des Gehörs ausgezeichnet ausgewiesen; im vom Christine Lubkoll und Harald Neumeyer herausgegebenen Hoffmann-Handbuch hat Niehaus die Einträge zu „Recht / Gerichtsverfahren" und zu den „Juristische[n] Schriften" verfasst. Mit seinem Kommentar im vorliegenden Band schließt er an diese Vorarbeiten an und widmet sich unter dem Titel „Gedanken lesen / Gedanken sehen" dem Inquisitorischen im *Meister Floh.* Auch der Hagener Germanist erschließt Hoffmanns Text ausgehend von der Knarrpanti-Passage, Niehaus greift die in der Hoffmann-Forschung kontrovers diskutierte Frage auf, inwiefern die Episode als Teil eines „geschlossenen Ganzen" oder eines „integrierenden Ganzen" gesehen werden könne (S. 225). Zwei Aspekte rücken dabei in den Fokus des Interesses: Erstens der Entstehungsprozess des Märchens, zweitens das Motiv des mikroskopischen Gedankenglases, das laut Niehaus als „hauptsächliche[s] Bindeglied" (ebd.) zwischen der Knarrpanti-Episode und dem restlichen Text gelten müsse. Die besondere Faktur des Märchens hat bereits beim zeitgenössischen Publikum für Irritationen gesorgt. Berühmt ist Heinrich Heines Diktum: „Wenn der Buchbinder die Blätter desselben willkürlich durcheinander geschossen hätte, würde man es sicher nicht bemerkt haben." Ob dieser Eindruck das Resultat eines Versehens oder eines ästhetischen Programms ist, darüber besteht in der Hoffmann-Forschung Uneinigkeit. Ein Argument für die ‚Fehler'-These ist die komplizierte Entstehungsgeschichte des Textes, dessen schwerkranker Verfasser die einzelnen Teile des Märchens nach und nach an seinen Verleger schickte, bis zu einem Punkt, an dem dem Autor das, „was er bereits geschrieben *hat,* […] ihm offensichtlich nicht mehr in allen Details präsent" gewesen sei (S. 227). Ob die Frage nach der Komposition der Erzählung mit dem Blick auf die Textgenese final zu beantworten ist, wäre zu diskutieren. Überzeugend verweist jedenfalls Niehaus in seinem Kommentar auf die Bedeutung des Genres für die Faktur des *Meister Floh,* schließlich weise das Märchen generell eine „latent episodale Struktur" auf (S. 232). Dieser Episodenstruktur aber stehe in Hoffmanns Text die „Verwobenheit" (S. 233) aller Teile durch das Motiv des Gedankenglases gegenüber. Dieses sei, und damit diskutiert auch Niehaus, inwiefern der Text eine Perspektive auf das Recht und juristische Verfahren entwickelt, interessanterweise „ganz dem Privatgebrauch vorbehalten. Deshalb kann auch nicht reflektiert werden, wie es in den Händen einer

Institution bzw. eines ihrer Vertreter zur Wirkung gebracht würde." (S. 249) Das aber hat Folgen für die Frage nach dem Zusammenhang von *law and literature*: Die Knarrpanti-Episode lege nahe, dass es „auf Seiten der Institution nur solche [gebe], die das ‚Heiligthum des Bewußtseyns' respektieren[,] und solche, denen es auf die Gedanken ohnehin nicht ankommt, weil sie nur auf einen ‚großen Rumor' aus sind. Das ist aber nur im Märchen so. Denn in Wahrheit – so lehrt die Strafprozessrechtsgeschichte und so lehren alle Detektivgeschichten – ist jeder verfahrensmäßigen Wahrheitssuche der Wunsch nach einem Zutritt zum ‚Heiligthum des Bewusstseyns' und damit nach einem Gedankenglas inhärent." (S. 249f.)

Beide Kommentare nehmen keinen Bezug aufeinander, sondern entwickeln vollkommen eigenständige Zugriffe auf den Hoffmann'schen Text. Dennoch arbeiten beide Autoren im besten Sinne interdisziplinär, indem sie auf die Erkenntnisse der jeweils anderen Disziplin Bezug nehmen – und beide gleichermaßen den juristischen und den literarischen Gehalt des Märchens überzeugend herausarbeiten. Dass dabei nur eine eher schmale Auswahl an Forschungsliteratur Eingang in die jeweiligen Bibliographien findet, hat sicherlich mit dem Publikum zu tun, an das sich der Band richtet – und das sicherlich eher an einem pointierten, thesenstarken Kommentar als an einem Überblick über die jeweiligen Forschungsdebatten interessiert ist. Diesen Anspruch erfüllen die beiden Kommentare geradezu vorbildlich, man liest beide Essays mit Vergnügen. Kritisch blickt man hingegen auf die ‚Faktur' des Bandes selbst, dessen Schriftbild irritiert: Einzelne Buchstaben fehlen, Kursivierungen erscheinen zum Teil beliebig, einzelne Wörter werden durch sinnlose Trennstriche oder sogar durch Fußnotenzahlen getrennt. Hier hätte man sich ein gründliches Lektorat von Seiten des Verlages gewünscht, der für den Band immerhin den stolzen Preis von fast einhundert Euro aufruft.

Thomas Wortmann

Nicole A. Sütterlin: Poetik der Wunde. Zur Entdeckung des Traumas in der Literatur der Romantik, Göttingen 2019, 440 S.

2019 legte Nicole A. Sütterlin eine Studie vor, die sich mit der Entdeckung des Traumas (von griech. τραύμα, ‚Wunde') in der Literatur der Romantik beschäftigt. Das Ziel ihrer Arbeit ist ein dreifaches: Das Trauma soll als diskursives Phänomen im Zeitraum um 1800 situiert und hinsichtlich seiner poetischen Performanz untersucht werden und dies im Dialog mit und zwischen Romantik- und Traumaforschung (vgl. S. 16). Eingehend beschäftigt sich Sütterlin mit den in den 1990er Jahren aufkommenden dekonstruktiven *Trauma Studies*, die von ihren Kritiker*innen bezichtigt werden, sich zum Handlanger einer unethischen ‚Trauma-Kultur' zu machen, in der die Grenzen von Tätern und Opfern zugunsten einer Differenzlosigkeit verwischt würden. Unter Rückbezug auf die Literatur der Romantik – insbesondere diejenige E.T.A. Hoffmanns und Clemens Brentanos – kann Sütterlin jedoch plausibel machen, dass die *Trauma Studies* nicht als Urheberin, sondern als Symptom eines kulturellen ‚Trauma-Paradigmas' der Moderne verstanden werden müssen. Das Trauma als Paradigma bringt schließlich die psychische Wunde auch als kulturelles Deutungsmuster in Anschlag.

Sütterlin verweist auf das *Oxford English Dictionary*, das registriere, wie das Traumavokabular im populären Gebrauch „zunehmend für belastende Erfahrungen aller Art verwendet wird" und so „zu einem Sinnbild für das heutige Selbst- und Weltverständnis schlechthin avanciert" (S. 8). Greifen wir auf unser Alltagswissen zurück, bestätigt sich diese Beobachtung schnell: Beschreibungen von verschiedenen Auslösern mehr oder weniger heftiger oder starker Gefühle werden unter Rückgriff auf das Vokabular der Psychotraumatologie flüchtig als ‚Trigger' beschrieben, und vor der Darstellung beispielsweise sexualisierter Gewalt in Film und Fernsehen ergeht immer häufiger eine sogenannte ‚Triggerwarnung'. Allgemeinmenschliche Erfahrungen von Verletzung und Verlust werden oft als ‚traumatisch' bezeichnet und verstanden (vgl. S. 71). Um dieser Universalisierung des Traumas gerecht zu werden, spricht die Theorie vom ‚posttraumatischen Zeitalter' oder der ‚Trauma-Kultur', um dem Umstand zu entsprechen, „dass sich der Mensch des ausgehenden und des beginnenden Jahrtausends zunehmend über seine psychischen Wunden definiert" (ebd.). Das Trauma, so Sütterlin, sei zur Wahrheit des Subjekts geworden.

Auf den ersten Blick vielleicht überraschend, näherte sich literaturwissenschaftlich in den 1990er Jahren die *Yale School of Deconstruction* dem Trauma als kulturellem Deutungsmuster an: Geoffrey Hartman, Dori Laub sowie Cathy Caruth und Shoshana Felman bearbeiten insbesondere das Thema ‚Trauma und Zeugenschaft'. Sie interessieren sich vornehmlich für das traumatische Gedächtnis, und zwar insofern, als sich dieses der Bewusstwerdung und Narrativierung entzieht; das belastende Ereignis kann zwar nicht repräsentiert werden, doch weisen die Symptome einer Traumatisierung auf einen Referenzmoment hin. Das Trauma steht also einerseits für das grundsätzliche Scheitern von Repräsentation, und andererseits wird es „zum Inbegriff für die Annahme einer nicht-symbolischen, vorgängigen, quasi-transzendentalen ‚Authentizität' oder ‚Wahrheit' des Subjekts, die dem Bewusstsein ebenso wie der (sprachlichen) Darstellung unzugänglich bleibt" (S. 63f.). Die *Trauma Studies* verstehen sich als ein ethisches Projekt, denn dadurch, dass traumatisches Wissen literarischem Wissen angenähert wird, könne eine neue Art des Zuhörens, eine neue Aufmerksamkeit gegenüber den psychischen Wunden der Geschädigten ermöglicht werden.[1] Die ethische Forderung verlangt eine an der Literatur geschulte Komplexität, die die Tätigkeit der Lektüre eines Textes mit dieser neuen Art des Zuhörens verzahnt. An Texten der englischen Romantik entwickelte Hartman ein Lektüreverfahren, das dem ‚negativen' Wissen der psychischen Wunde in der Literatur nachspüre, genauer der „negativen Erzählbarkeit" (*negative narratability*) von Traumata (vgl. S. 65). Dieses Lektüreverfahren weiß um das Nicht-Darstellbare und Nicht-Einholbare, um das sich die Erzählung spinnt. So wird das Horchen auf die Literatur, wie Sütterlin schön formuliert, zum Modell einer neuen Aufmerksamkeit, die das Zeugnis der Opfer ethisch und klinisch tradiert.

Diese literarisch geschulte Komplexität des Zuhörens wird von der Kritik allerdings als Differenzlosigkeit gewertet, die die dekonstruktiv-literaturwissenschaftliche Beschäftigung mit dem Trauma als ästhetisierende und universalisierende Handlangerin einer Trauma-Kultur mit sich führe und das Verwischen der Täter- und Opferposition begünstige (vgl. S. 69). Wulf Kansteiner, der zu den wortführenden Kritiker*innen der *Trauma Studies* gezählt werden darf, verurteilt die „irreführende Gleichsetzung zwischen den vorgeblich traumatischen Komponenten aller menschlichen Kommunikation und dem konkreten Leiden der Opfer physischer und mentaler Traumata".[2] Aufgrund der sprach- und repräsentationskritischen Ansätze, wie sie von Felman, Caruth und Hartman vertreten würden, spricht Kansteiner von der „Ästhetisierung des Traumas", die „den unaufhebbaren Relativismus in allen sprachlichen und kulturellen Darstellungsprozessen einerseits und die quälenden Gedächtnis- und Identitätsprobleme von Überlebenden von Traumata andererseits"

---

[1] Sütterlin bezieht sich hier auf Geoffrey H. Hartman und seinen programmatischen Essay *On Traumatic Knowledge and Literary Studies* (1995). Darin schreibt Hartman: „There is more *listening*, more *hearing*, of words within words, and a greater openness to *testimony*" (zit. n. S. 65).

[2] Wulf Kansteiner: Menschheitstrauma, Holocausttrauma, kulturelles Trauma: Eine kritische Genealogie der philosophischen, psychologischen und kulturwissenschaftlichen Traumaforschung seit 1945, in: *Handbuch der Kulturwissenschaften. Themen und Tendenzen*, hg. von Friedrich Jäger, Jörn Rüsen, Bd. 3, Stuttgart 2004, S. 109–138, hier S. 109f.

gleichsetzen und dadurch „die moralischen Unterschiede zwischen Opfern, Tätern und Zuschauern von Gewalthandlungen" relativieren.[3] Kansteiner versteht beispielsweise Hartmans Annäherung von traumatischem und literarischem Wissen als kategoriale Gleichsetzung, mittels derer jeder zum Opfer würde. Die Kritik betrifft also die zunehmende Differenzlosigkeit und die mit der Universalisierung qua Ästhetisierung des Traumavokabulars einhergehende Verwässerung des Begriffs, die aus ethischen Gründen abzulehnen sei. Einem derartig „ästhetisierte[n] Begriff vom kulturellen Trauma"[4] sei medizinische Genauigkeit und historische Spezifik entgegenzusetzen, um das Risiko der Herabwürdigung des Leids der tatsächlichen Opfer, ja sogar der Stilisierung der Täter zum Opfer, zu entgehen (vgl. S. 69).

Differenzlosigkeit, Universalisierung, Ästhetisierung: Nicole Sütterlin arbeitet sich – freilich unter anderem! – an diesen Vorwürfen ab und kommt, mit dem Verweis auf das Motiv der (psychischen) Wunde in der Literatur der Romantik, zu einem anderen Schluss. Zwar seien die Bedenken der Kritik insofern berechtigt, als es die dekonstruktive Traumatheorie an einer kritischen Reflexion des oben verhandelten Differenzierungsproblems hat fehlen lassen und bisweilen noch fehlen lässt (vgl. S. 70), jedoch kann insbesondere an der Literatur E.T.A. Hoffmanns plausibel gemacht werden, dass die Tendenzen der Differenzlosigkeit, der Universalisierung und der Ästhetisierung dem Trauma zur Zeit seiner Konzeptionierung um 1800 von Anfang an inhärieren, sodass der Trauma-Diskurs der 1990er Jahre nicht als Urheber, sondern lediglich als Symptom eines modernen Trauma-Paradigmas erscheint: „Die Traumatheorie wird [von ihren Kritiker*innen, Anm. D.N.] zur begriffs- und unterscheidungslogischen Krise stilisiert, wo sie vielleicht vielmehr als deren Symptom betrachtet werden sollte" (S. 71). Im Folgenden möchte ich Sütterlins Beweisführung kurz skizzieren, indem ich Kansteiners Vorwürfe mit Sütterlins Analyseergebnissen ihrer traumatologischen Hoffmann-Lektüre konterkariere.

Obwohl einschlägige Veröffentlichungen der letzten fünfzehn Jahre zu einer Aufmerksamkeit der Traumathematik in der Hoffmann-Philologie geführt hätten, gingen die Analysen nicht über die Erkenntnis hinaus, dass die bei Hoffmann geschilderten Psychopathologien sich als traumaindizierte Erkrankungen verstehen ließen. Als Gründe benennt Sütterlin zum einen den bis dato ausstehenden Dialog zwischen der Romantik- und Traumaforschung, zum anderen die dezidiert psychoanalytische oder konkret ödipal-logische Orientierung an rein intrapsychischen Konflikten, die Freud insofern folgen, als er, zumindest in seinen späteren Schriften, den Fokus auf die Dynamik der Triebe lege, was „– so der heutige Vorwurf – der Traumaforschung erheblich geschadet hat" (S. 196).

So folgt Sütterlin weitestgehend der Analyse von Detlef Kremer, der beispielsweise die Kreuzmal-Szene in den *Elixieren des Teufels*, in der die erste Begegnung des kleinen Franz mit seiner künftigen Pflegemutter und Äbtissin des Zisterzienser Nonnenklosters dargestellt ist, als Verführungsszene liest. Durch eine feste Umarmung wird der Junge durch das Diamantkreuz der Äbtissin am Hals verletzt, sodann aber umgehend mit Süßigkeiten und süßem Wein beruhigt. Dass es sich bei der Halswunde des kleinen Franz um eine psychische Verletzung handelt, wird erst dann lesbar, wenn sich herausstellt, dass es sich bei der Äbtissin um die ehemalige Geliebte des gleichnamigen Vaters von Franz handelt, die ihr ‚Liebesverhältnis' mit Franz sen. an dem Jungen wiederholt. Erscheint das Ereignis im literalen Sinne harmlos, handelt es sich doch um ein traumatisches Schockerlebnis, das als sexueller Übergriff verständlich wird. Kremers ödipale Logik übersehe allerdings die „darunterliegenden, ebenfalls als handlungsmotivierend zu betrachtenden traumatologischen Strukturen" des Romans, deren fokussierte Lektü-

---
[3] Ebd., S. 109.
[4] Ebd., S. 116.

re die „eigentümliche[n] Erzählmechanismen in den Blick" rücke (S. 203). Zudem wird durch das Scharfstellen der „Traumato-Logik" (S. 203) ein Phänomen greifbar, das unter triebdynamischen Prämissen nicht sichtbar wird. Liest man nämlich die Kreuzmal-Szene unter Berücksichtigung der Möglichkeit ‚transgenerationaler Traumatransmission', wird eine andere Deutung thematisch: „Das Kreuzzeichen am Hals entpuppt sich damit als Aus- bzw. Ein-druck einer in den Anfängen von Medardus' Familiengeschichte begrabenen Initialtraumatisierung" (S. 208) und wird als äußeres „Zeichen der Übertragung eines *transgenerationalen Traumas* verstanden [...], das die Äbtissin erlitten hat" (S. 211). Sütterlin weist eindeutig darauf hin, dass man eine psychoanalytisch-triebdynamische Lesart nicht gegen eine psychiatrisch-traumatologische ausspielen muss (vgl. S. 197). So lasse sich die Szene als Initiation in die Triebdynamik der inzestuös-sexuellen Verführung lesen, unter der gleichzeitig eine (hier weiblich konnotierte) Traumaspur ersichtlich wird, denn aus den „inzestuös-sexuellen Übergriffen der männlichen Francesko-Abkommen gehen [...] verletzte Frauen hervor, deren durch Gewaltakte gezeugte[] Söhne später selbst zu Verbrechern an weiteren weiblichen Familienabkömmlingen werden und neue Traumata verursachen" (S. 211). Damit nehme Hoffmann das vorweg, was wir heute als transgenerationales Trauma bezeichnen: „den Prozess der unbewussten Transposition unverarbeiteter Verlust- oder Gewalterfahrungen von Eltern auf ihre Kinder" (S. 212). Weil sich eigene, oft unerklärliche Gefühle und Verhaltensweisen der Kinder in der Analyse als entlehnt und uneigen erweisen, handele es sich nicht um eine Verdrängungsleistung, sondern um eine Übernahme unbewusster, verschwiegener oder totgesagter Inhalte des elterlichen Objekts (vgl. S. 214), die bei Hoffmann die Gewalttaten der männlichen Nachkommen motivieren und so zu einem – um einen weiteren Begriff aus der Psychotraumatologie zu verwenden – ‚Zyklus der Gewalt' führen. Sütterlin stützt ihr Argument auf Forschungsergebnisse der Kriminalistik und macht darauf aufmerksam, dass manche Opfer sich „durch Viktimisierung anderer zu entlasten suchen oder aufgrund von PTBS-Symptomen wie kognitive Veränderungen oder Reizbarkeit stärker zu Gewalt neigen" (S. 75).[5] Kansteiners Kritik der Differenzlosigkeit hinsichtlich der Erosion von Täter- und Opferposition muss also, trotz aller moralisch-politischer Gebotenheit, aufgrund der an Hoffmann gezeigten traumatologischen Prozesse des transgenerationalen Traumas und den sogenannten Zyklen der Gewalt eigeschränkt werden – eine Person oder Figur kann Täter und Opfer zugleich sein.

Die Hoffmann-Forschung hat in den letzten Jahren die Vertrautheit des Dichters mit den zeitgenössischen Debatten der Psychiatrie und Jurisprudenz intensiv herausgearbeitet. In Hinblick auf Hoffmanns Konzeptionierung des Traumas in seinen und durch seine Erzählungen vor dem Hintergrund kriminologischer und psychiatrischer Diskurse seiner Zeit stand eine Bearbeitung bis dato aus. Sütterlin spricht in ihrer Reflexion der literarischen Beschäftigung Hoffmanns mit Reils *Rhapsodieen* – in methodologischem Bezug zu Joseph Vogls wissenspoetischem Ansatz – von einem „*poetischen* Wissen vom Trauma" (S. 199) avant la lettre. Dies ist berechtigt, denn in einem entscheidenden Punkt geht Hoffmann, wie die Autorin zeigt, über Reils organologische Ursachenforschung der Geisteszerrüttung hinaus, indem er „seine Figur mit einem biographischen oder vielmehr autobiographischen Bericht versieht" und damit die Möglichkeit eröffnet, „die in den *Rhapsodieen* auf organologische Ursachen zurückgeführte Störung als nachträglich in Erscheinung tretende Folge einer psychischen Verletzung zu denken" (S. 226). Das Trauma wird so zum narrativen

---

[5] Sütterlin bezieht sich hier u.a. auf die *Encyclopedia of Trauma*, laut der 75 bis 93% delinquenter Jugendlicher vor ihrer Inhaftierung einem oder mehreren traumatischen Ereignissen ausgesetzt waren, oft körperlicher oder sexueller Gewalt durch eine primäre Bezugsperson (vgl. S. 75).

Ereignis, das den scheinbar grundlosen Erkrankungen von Hoffmanns Protagonisten (nicht nur Medardus/Victorin, man denke auch an Aurelie in der *Vampyrismus*-Erzählung oder Prinzessin Hedwiga im *Kater Murr*) einen Auslöser verleiht (vgl. S. 227), womit Hoffmann gegenüber seiner psychiatrischen Vorlage Pionierarbeit leistet (vgl. S. 226). Dass Hoffmann jedoch nicht von der psychiatrischen Muse geküsst wurde, sondern seine Erzählungen an einer ganzen Reihe von für die Moderne konstitutiven Diskursen partizipieren, zeigt Sütterlin durch ihre Aufschlüsselung der wissenspoetischen Dimension des Traumas hinsichtlich dessen Verwicklung in von Sütterlin so genannte ‚Vulnerabilitätsdiskurse'.

Sütterlin bespricht in der *Poetik der Wunde* diverse Diskurse um 1800, an deren Ende das goethezeitliche Individuum erscheint, das in paradoxer Gleichzeitigkeit seine Ganzheit und Verwundbarkeit konstitutiv setzt (vgl. S. 402). Diesen Ganzheitsmodellen, die das Subjekt als abgeschlossen von seiner Umwelt denken – in der Medizin beispielsweise die Umstellung vom durchlässigen Säfteleib oder Humoralkörper zum neuronalen Organismus-Modell, womit in der Philosophie exemplarisch Leibniz' *fensterlose Monade* oder Descartes' *cogito* korrespondiert –, inhäriert jedoch konstitutiv eine innere Fragilität. Gerade bei Hoffmann spielen der Diskurs um die Affizierbarkeit des entwicklungspsychologisch gedachten Kindes (siehe Karl Philipp Moritz und Joachim Heinrich Campe) und der juristische Diskurs um das Handlungs(un)vermögen im Hinblick auf psychische Erkrankungen in der Gerichtsmedizin eine herausragende Rolle: „Die Frage der Psychiatrie nach der (Kindheits-)Geschichte von psychisch Kranken hat [...] mit einem fundamentalen Umdenken in der Konzeption des Kriminellen zu tun" (S. 140). Dass Hoffmann seine kriminellen, mörderischen und wahnsinnigen Figuren mit einer traumatischen (Kindheits-)Geschichte ausstattet, beruht also auf einer Diskurslage, die schon das goethezeitliche Subjekt über seine Wunden definiert. Das Trauma oder die psychische Verletzung ist zur Wahrheit eines umfassenden Subjektmodells der Identitätsstiftung geworden, und zwar nicht erst mit den in den 1990ern aufkommenden dekonstruktiven *Trauma Studies*, sondern schon ca. 200 Jahre bevor Kansteiner die universalisierende Tendenz dieser Traumaforschung kritisiert.

Die zeitgenössische Literatur problematisiere diese paradigmatische Vulnerabilität des goethezeitlichen Individuums, indem sie das Motiv der Wunde zu einem poetischen Prinzip erhebe (vgl. S. 403). Da, wo bspw. die idealistische Frühromantik die unabschließbare „progressive Universalpoesie" (Friedrich Schlegel) in die „Poetisierung der Welt" (Novalis) münden lässt, führt die Literatur Hoffmanns in die Dissoziation des Individuums und seiner Poetik (vgl. ebd.). Seine Texte inszenieren, wie Sütterlin überzeugend an der Erzählstruktur der *Elixiere* zeigt, nicht nur auf der motivischen, sondern auch auf der narrativen Ebene Phänomene, die von der heutigen Psychotraumatologie als PTBS-Symptomatiken gefasst werden. Seit den ersten therapeutischen Ansätzen von Philippe Pinel Ende des 18. Jahrhunderts gilt die Integration dissoziativer Erinnerungen in ein Narrativ als entscheidender Teil der Traumatherapie (vgl. S. 232): „Die passive, retraumatisierende Wiederholung der belastenden Erfahrung in unkontrollierbaren Intrusionen soll in eine aktive Wieder-holung, einen distanzierten, bewussten Repräsentationsakt überführt werden" (ebd.). An dieser Stelle kann nach der Narration Hoffmanns gefragt werden, und zwar in der Hinsicht, ob „die Wiederholung als eine aktiv-diegetische (das Trauma verarbeitende) oder als eine passiv-mimetische (das Trauma wiederbelebende) verstanden werden soll" (ebd.). Hoffmann-Leser wissen die Antwort sofort: Seine Figuren enden meistens in Tod und Wahnsinn. Die Kopplung von Trauma und Poetik wird von Sütterlin als ‚Einfaltungsstruktur' vorgestellt und soll die Tendenz romantischer Traumaerzählungen beschreiben, ein „komplexes Gebilde ineinander eingefalteter diegetischer Ebenen aufzubauen, in dessen tiefster Schicht sich ein Trauma verbirgt" (S. 404). Das unaufhörliche, obsessive Umkreisen der traumatischen Ereignisse in perspektivistisch hochkomplexen Krümmungen und Kurzschlüssen, Spaltungen und Dopplungen der gebrochenen Narration, die mit zunehmender Geschwindigkeit auf das traumatische ‚Auge des Sturms' zuläuft (vgl. S. 241), es aber nicht direkt adressieren kann, sondern nur figürlich umkreist, ist unheimlich, aber – schön.

Trauma und Narration bedingen sich in dieser heillosen Allianz gegenseitig, indem das Trauma dem Erzählen einen Ursprung und Motor bereitstellt und umgekehrt das Trauma sich nur in der Zeitspanne der Erzählung ent- bzw. einfaltet (vgl. S. 248). Somit ist Kansteiners letzter Kritikpunkt angesprochen und zumindest teilweise relativiert: Die von ihm titulierte ästhetisierende Tendenz der *Trauma Studies* hat durch die immanente Kopplung an eine narrative Dimension – auch im klinischen Kontext – ästhetisches Potential und, wie Sütterlin zeigt, auch schon um 1800.

Wulf Kansteiner plädiert als wortführender Kritiker der *Trauma Studies* für medizinische Genauigkeit und historische Spezifik, um den Fallstricken der Differenzlosigkeit, Universalisierung und Ästhetisierung der dekonstruktiven Traumatheorie zu entgehen. Nicole A. Sütterlin hat jedoch mit ihrer spannenden und materialreichen Studie zur *Poetik der Wunde* in der Literatur der Romantik gezeigt, dass Kansteiners Kritikpunkte schon zur Zeit der Konzeptionierung des Traumas um 1800 der psychischen Wunde inhärieren: Die *Trauma Studies* sind dann nicht Urheberin, sondern Symptom eines Diskursereignisses, das unsere Kultur – vielleicht gerade heute – besonders prägt. Insofern erhält Jean-Luc Nancys und Philip Lacoue-Labarthes Rede von der Romantik als „unsere[r] Geburtsstätte"[6] erneuten Auftrieb. Das „romantische Unbewusste"[7] der Moderne erscheint nach der Lektüre von Sütterlins Studie jedoch nicht mehr nur im Lichte einer genealogischen Emergenz texttheoretischer Affinitäten zur Dekonstruktion, sondern birgt zudem eine ‚Traumato-Logik', die sich seit 200 Jahren ungebrochen ein- und ausfaltet.

Daniel Neumann

Hartmut Walravens: Franz Blei (1871–1942), Carl Georg von Maassen (1880–1940) und Hans von Müller (1875–1944) im Briefwechsel. Auch ein Mosaiksteinchen zur E.T.A. Hoffmann-Forschung, Norderstedt 2020, 168 S.

Hartmut Walravens Band zum Briefwechsel zwischen Carl Georg von Maassen, Hans von Müller und Franz Blei gibt Einblicke in die Genese der von Müller herausgegebenen Hoffmann-Briefe sowie einer geplanten Hoffmann-Werkausgabe, die besonders für Editionswissenschaftler*innen interessant sein dürfte. Besonders Hans von Müllers akribische Bemühungen, Hoffmanniana zu sammeln und zu erforschen, werden dokumentiert und bieten zuweilen das Amüsement der gesellschaftlichen Gerüchteküche um die freundschaftlich verbundenen Hoffmann-Freunde und Sammler. Neben unterhaltsamen Eindrücken privater Querelen zeigt der Briefwechsel zwischen Müller und Maassen die steigende Beliebtheit Hoffmann'scher Werke zu Beginn des 20. Jahrhunderts auf, die sich in deutlichen Preissteigerungen für Autographe niederschlagen. In einem Exkurs zu Bleis *Fleurettens Purpurschnecke* sowie im Anhang mit zusätzlichen Materialien (Bericht Müllers zur Entstehung der Ausgabe, Franz-Kugler-Mappe) erhält der/die Leser*in auch einen Blick auf benachbarte Forschungsthemen.

Wer hingegen auf inhaltliche Reminiszenzen der Briefe Hoffmanns (z.B. mit Reimer

---

[6] Philipe Lacoue-Labarthe, Jean-Luc Nancy: *Das Literarisch-Absolute. Texte und Theorie der Jenaer Frühromantik*, übers. v. Johannes Kleinbeck, Wien, Berlin 2016, S. 34.

[7] Ebd., S. 449.

oder Hippel) hofft, wird weitgehend enttäuscht. Walravens Band druckt im ersten Teil Bleis und im zweiten Müllers Briefe an Carl Georg Maassen. Maassens Antworten hingegen sind leider nicht enthalten. Die Gestaltung des Buches ist weitgehend unübersichtlich – zumal für Rezipient*innen, die sich erstmals mit den Akteuren oder Müllers Ausgabe der Hoffmann-Briefe befassen. Lediglich das Inhaltsverzeichnis, eine Liste mit Datierung der Briefe, gelegentliche periphere Kommentare sowie ein kurzes Vorwort mit biographischen Notizen des Autors leiten die Leser*innen durch den Band. Eine rasche Orientierung über den Aufbau, aber auch die inhaltlichen Bezüge wird somit erschwert und gelingt vor allem Kenner*innen, die in den Briefen der Beteiligten weiterführende Informationen zu den Überlegungen und der Konzeption der Hoffmann-Ausgaben erhalten. Müllers Bericht zur Entstehung der Hoffmann-Ausgabe im Anhang erhellt weitere Zusammenhänge, die in den Briefen nur angedeutet werden. Für Forscher*innen, die sich mit Verlagsgeschichte, den historischen Personen oder Editionsphilologie befassen, bietet der Band hilfreiche und unterstützende Materialien; er setzt allerdings einige Vorkenntnisse voraus.

Stefanie Junges

Markus Gut: Semiotik der Verewigung. Versuch einer Typologie anhand literarischer Texte um 1800, Paderborn 2020, 409 S.

Dass literarischen Texten das Vermögen zugeschrieben werden kann, Stoffe, Motive, Personen und ephemere Gedanken ebenso wie erfundene oder historisch verifizierbare Geschichten über potentiell unbegrenzte Zeiträume zu konservieren und vor einem kollektiven Vergessen zu bewahren, ist ein Gemeinplatz der Literatur- und Kulturwissenschaften. Die *Lebens-Ansichten des Katers Murr* können wohl als Paradebeispiel einer literarischen Monumentalisierung betrachtet werden, verewigte Hoffmann in seinem Romanhybrid doch zwischen Ernst und Scherz seinen Mitbewohner-Kater Murr, dessen Leben und Tod weit über die Grenzen des gedruckten ‚Murr-Buchs' fortwirkte – von den Murr-Anekdoten der engsten Freunde und Bekannten Hoffmanns bis hin zu Christa Wolfs *Neuen Lebensansichten*. Erstaunlicherweise sind aber die Strategien, mit denen es Texten gelingt, Verewigung nicht nur explizit zu konstatieren, sondern auch formalästhetisch und lesekommunikativ zu implementieren, bislang noch nicht systematisch erforscht worden. Markus Gut legt mit seiner als Dissertationsschrift entstandenen Monographie nun den, wie auch der Untertitel der Studie betont, „Versuch einer Typologie" für eine *Semiotik der Verewigung* vor, die er anhand der Untersuchung ausgewählter deutschsprachiger Texte aus dem späten 18. und frühen 19. Jahrhundert entfaltet. Die Studie versteht sich dezidiert als Grundlagenforschung, die heuristische Konzepte und methodisches Handwerkszeug zur Bestimmung der Strategien (Gut spricht von „Operationen") anbietet, mithilfe derer Literatur Verewigung ‚betreibt'.

Fasziniert ist Gut dabei ganz grundsätzlich von dem bis in die Antike zurückzuverfolgenden Paradoxon, dass Literatur im Bewusstsein semiotischer Flüchtigkeit (Texte werden nie identisch gelesen, Signifikanten und Signifikate sind u.a. historisch variabel, Bedeutungsverschiebungen sind – nicht nur dekonstruktivistisch gesprochen – nie stillzustellen) dennoch unbeirrt dafür in Anspruch genommen wird, sich und andere zu verewigen. Um seinen Untersuchungsgegenstand und die daran geknüpften Fragestellungen zur Operativität literarischer Verewigung zu konturieren, unterscheidet Gut in seiner an der Schnittstelle von Linguistik und Literaturwissenschaft angesiedelten Studie zwischen Behauptungen, die das Verewigungsvermögen von Schriftzeichen implizit oder explizit postulieren, und Attribuierungen von Ewigkeit, die Schriftzeichen beigelegt werden. Für Letztere interessiert sich Gut im Besonderen sowohl aus einer systematischen als auch historischen Perspektive. Die Frage nach den Verfahren, die Ewigkeit (im Nexus mit zeichentheoretisch erschließbaren Formen und Figurationen des Unendlichen) ‚vertexten', verschränkt Gut mit einer geschärften Aufmerksamkeit für die geistes- und philosophiegeschichtlichen Transformationen der Zeit um 1800, in der er angesichts weitreichender Säkularisierungsprozesse eine Verschiebung der Ewigkeitsbehauptung gegenüber der Heiligen Schrift hin zu Ewigkeitsattribuierungen von Schriftzeichen in literarischen Kontexten beobachtet.

Auf der Basis fundierter Forschungsreferate und exemplarischer Close-Readings von Romanausschnitten (Hoffmanns *Kater Murr* und Novalis' *Heinrich von Ofterdingen*), lyrischen Texten und Balladen (Goethes *Zauberlehrling*, Schillers *Nänie*, Brentanos *Der Spinnerin Nachtlied*), Dramen (Lessings *Miss Sara Sampson*, Schillers *Wallenstein*-Trilogie) und Fabelliteratur (Lessings *Phönix*) mit kontextualisierenden Exkursen zu Ovid, Jean Paul, Goethe, Herder und Hoffmann, die sich insbesondere an der schriftsprachlichen und ideengeschichtlichen Verzahnung von (Weiter-)Leben und (Weiter-)Lesen, Performativität und Reflexivität, Autonomie und Poetologie, Hermeneutik und Approximation abarbeiten, gelingt es Gut nicht nur, signifikante ästhetische und figurative Merkmale der Ewigkeitsattribuierung in kanonischen Texten (deren Kanonizität durch Guts Analyseergebnisse noch einmal neu geklärt werden kann) in Verbindung mit diachronen Perspektiven herauszuarbeiten, die weit über den Untersuchungszeitraum hinausgehen. Vielmehr vermag er mithilfe einer Kombination aus einer am Einzelfall geprüften Hypothesenbildung, historisch situierten Kontextualisierungsbemühungen und einem literatursemiotisch-strukturalistischen Interpretationsverfahren, das bildsprachliche Formen und rhetorische Figuren ebenso wie syntagmatische und paradigmatische Relationen berücksichtigt, eine Matrix von „Grund- und Unteroperationen zur Ewigkeitsattribuierung von Schriftzeichen" (S. 346 et passim) zu veranschaulichen, die grundlegende Erkenntnisse der literatur- und kulturwissenschaftlichen Forschung weiterzudenken und zu ergänzen erlaubt. *Semiotik der Verewigung* präsentiert auf diese Weise neue Perspektiven auf Literarizität, Fragment-Ästhetik und Typographie, komplementiert aber auch Forschungsergebnisse zum Schulterschluss ebenso wie zu den feinen Unterschieden von Klassik und Romantik, zu den Verbindungslinien von Spätaufklärung, Genieästhetik und Genieparodie, zur Reflexionsphilosophie und den literarischen Formen der (Selbst-)Bespiegelung sowie zum Spannungsfeld von Kanonizität und kulturellem Vergessen. Mit Lessing und Hoffmann lässt sich im Zeichen der Verewigung dann über die textuellen Verfahren der Metaisierung, der Poetik des Gedankenstrichs und der Verlagerung vom Ende zum Enden bzw. zu Mitten und Anfängen nachdenken; mit Hölderlin und Schiller wird die Aktualisierung antiker Traditionen und Personen und die Formvielfalt performativer (Re-)Produktion im Widerhall und Kreuzfeuer von mikro- und makrostrukturellen Äquivalenzverhältnissen erkennbar; mit Goethe und Brentano erschließen sich neue Perspektiven auf die Zusammenhänge von poetologischer Metaphorik, der Inszenierung von Dauer und Prozesshaftigkeit und dem Gefahrenpotential unendlicher Produktivität; mit Novalis und Schiller erhält das Zusammenspiel von potenzierter Selbstreflexivität, Autonomieästhetik, Zeitenthoben-Sein und Unendlichkeitspostulat neue Blickpunkte.

Gemein ist den von Gut extrapolierten Grundansätzen sowie den damit zusammenhängenden subsystematischen Operationen, dass ihre Effekte als dynamisierte Iterabilität lesbar sind: Semiotische Verewigung funktioniert (zumindest um 1800) im Sinne einer Forcierung jener „potentiell unendlichen Wiederholbarkeit" von Schriftzeichen, insofern die Leser*innen, wie Gut in seinen eigenen Lektüren ausgewählter Texte darlegt, immer wieder aufs Neue aufgefordert werden, „jenes Potential [der unendlichen Wiederholbarkeit von Zeichen, F.M.] nicht nur für die jeweilige Lektüre zu nutzen, sondern es *in seiner Unendlichkeit auszuschöpfen.*" (S. 344) Dies gelingt laut Gut entweder dann, wenn Texte ‚Ewigkeit' mit ‚Unendlichkeit' bzw. ‚Zeitlosigkeit' verknüpfen und dieser Unendlichkeit gleichermaßen durch Über-Akzentuierung von Zeitlichkeit Kontur verleihen, oder aber dadurch, dass sie das Verschriftlichte als autonom und non-determiniert gegenüber Zeitverläufen und -entwicklungen erscheinen lassen.

Guts Studie kann bekannte Forschungsergebnisse gewinnbringend re-perspektivieren, dennoch sorgen mindestens zwei ihrer Vorgehensweisen bisweilen für Irritationsmomente: Erstens vermischen sich im Verlauf der Studie wiederholt (und zwar nicht im Sinne der Iterabilität) Meta- und Objektsprache, obwohl Gut die Position der eigenen Arbeit im Geflecht der Wiederholbarkeit und unendlichen Aktualisation qua Lektüre wiederholt reflektiert. Typologische Annäherungen u.a. an die im *Ofterdingen* erkennbaren potenzierten Bildebenen der Reflexion, die Gut im frühromantisch-mathematisierenden Formgestus zusammen- und vorführt, erscheinen dann methodisch allerdings wenig zielführend (vgl. S. 256); zweitens, und daran anschließend, neigt die Argumentationsführung bisweilen zu einem Formalismus, der graduell ins Zirkuläre (Kanon bestätigt Kanon), nicht mehr ganz Trennscharfe („und/oder") und Paraphrasenhafte („Oder anders gesagt: [...]") mündet. Frappieren muss auch, dass die Analyse von Texten, deren Umfang nicht auf Gedicht-, Balladen- und Fabelform begrenzt ist, sich allein mit Tiefenbohrungen an Einzelstellen oder Paratexten (wie im Kapitel zum *Kater Murr*) begnügt und die formbezogene Attribuierungsanalyse nur selten mit übergeordneten Syntagmen, Textentwicklungsstrukturen oder gattungstheoretischen Fragen zusammengedacht wird. Nicht zuletzt ist Guts Untersuchungskorpus aus gendertheoretischer Perspektive zumindest fragwürdig. Selbstredend will die Studie exemplarisch verfahren (und Exemplarität herstellen); gleichwohl wären gendersensible Annäherungen an die Operationen zur Ewigkeitsattribuierung von Schriftzeichen inmitten eines rein männlichen Untersuchungskorpus (auch in Bezug auf die historisch-kontextualisierenden Teile) und hinsichtlich eines ganzen Arsenals männlicher Textfiguren komplementär und korrektiv anregend sowie problemgeschichtlich erhellend gewesen.

Diesen Vorbehalten zum Trotz leistet Markus Gut mit seiner Studie einen literaturhistorisch relevanten und methodisch innovativen Beitrag zur Erfassung der semiologischen Dimensionen und textuellen Operationen der Verewigung von Schrift um 1800. Ob die entwickelte Typologie für Anschlussstudien in anderen literaturhistorischen, kultursemiotischen und medialen Zusammenhängen oder gar für die Untersuchung anderer Bezugsfelder tragfähig ist – Gut bringt hier, wenngleich vielleicht etwas überambitioniert und ohne konkrete Anbindung an die Memory Studies kultursemiotische Fragen zur atomaren Endlager-Frage ins Spiel –, wird sich zeigen. Der *Semiotik der Verewigung* gelingt es in jedem Fall, neue Erkenntnisse sowohl über die bislang unsichtbaren Verbindungslinien als auch über die distinktiven Eigenheiten ästhetischer Paradigmen von der Spätaufklärung bis zur Romantik bereitzustellen.

Frederike Middelhoff

Nicolas von Passavant: Nachromantische Exzentrik. Literarische Konfigurationen des Gewöhnlichen, Göttingen 2019, 330 S.

Bildet das Gewöhnliche in der Romantik, und insbesondere bei E.T.A. Hoffmann, in Abgrenzung zum Wunderbaren eine zentrale ästhetische Kategorie, rückt Nicolas von Passavant mit seiner Dissertation das Exzentrische in den Blick der Untersuchung. Exzentrisches und Gewöhnliches werden anstatt in strikter Opposition in einem produktiven Wechselspiel zueinander verortet, das ein „exzentrische[s] Spannungsprinzip" aus Alltäglichem und „Geheimnisvoll-Unbekannte[m]", Privatem und Öffentlichem, „Ungewohnte[m] und Erwartbare[m]", „Sperrige[m] und „Eingängigem" hervorbringt (S. 9). Ausgehend von Novalis' ästhetisch wie politisch geprägter Poetik des Exzentrischen befasst sich der Band mit der romantischen Exzentrik, vor allem aber mit literarischen Texten des 19. und 20. Jahrhunderts. In einer breiten Gesamtschau auf die diachrone Entwicklung literarischer Konfigurationen des Exzentrischen und Gewöhnlichen begibt sich von Passavant dabei auf die Suche nach „literarischen Erben der Frühromantik, welche an das Prinzip der exzentrischen Vermittlung [...] anknüpfen, die allegorische Versöhnung von Subjektivität, Poetik und Politik, die Novalis vorschwebte, aber aufkündigen" (S. 10). In vier Großkapiteln zeichnet die Studie in einer trotz der Heterogenität der Texte kontext- und detailinformierten Untersuchung die Entwicklung des Exzentrischen über gut 200 Jahre hinweg nach: Auf ein erstes Kapitel zur frühromantischen Exzentrik bei Novalis folgt der Blick auf „nachromantische[]' Poetiken" des Sonderlings (S. 71) bei Jean Paul, E.T.A. Hoffmann und Jeremias Gotthelf. Betrachtungen zur „cynische[n] Exzentrik" (S. 148) bilden das dritte Großkapitel, das Texte Friedrich Theodor Vischers, Theodor Fontanes und Wilhelm Raabes umfasst. Für das 20. und 21. Jahrhundert rücken im vierten Kapitel unter anderem Robert Walser, Hans Fallada, Thomas Bernhard, Sibylle Lewitscharoff oder Benjamin von Stuckrad-Barre in den Blick, die das Exzentrische mit „dem Rückbezug auf Gewohnheitsexzesse" (S. 12) oder mit pop- und populärkulturellen Bezügen herstellen.

Die Studie konzipiert den Exzentrik-Begriff zunächst ausgehend von Novalis' frühromantischen Schriften, die das Exzentrische, basierend auf astronomischen Überlegungen zu Kometen- und Planetenbahnen, als ästhetische, aber auch als „Theorie der Gesellschaft" (S. 13) entwerfen: Die „*wahrhafte[] Exzentrik*" zeigt sich für Novalis in der intensiven und „eigensinnigen Bewegung" der Exzentriker, die sich leicht in extreme Zustände bringen können, leichter „erhitzen" und „der Inspiration näher sind" (S. 14, Hervorh. i. O.). Auch die exzentrische Ästhetik unterliegt diesem Schema, folgt der Künstler mit Novalis doch „den Eigenheiten des Kometen" und bewegt sich „außerhalb der gesellschaftlich gängigen Bahnen" (S. 15). Für diese Konzeption setzt von Passavant auch die Kategorie des Gewöhnlichen zentral, mit der erst verdeutlicht werden könne, „was Novalis unter Exzentrik und der Funktion des Künstlers in der Gesellschaft versteht" (S. 16). In wechselseitiger Dependenz definiert das erste Kapitel die beiden Begriffe im Hinblick auf deren poetologische, sozialgesellschaftliche und politische Implikationen, die bei Novalis auch staatsphilosophische Überlegungen mit sich bringen. Pointiert zeichnet von Passavant so das frühromantische exzentrische Verfahren nach, das seine „Romantisierungsbewegung" in dem „Wechselspiel zwischen zentrifugalen und zentripetalen Kräften, dem Geheimnisvollen und dem Gewöhnlichen, der Begeisterung und der Verzweiflung" findet (S. 24). Besonders interessant gestalten sich die Überlegungen zum romantischen Kunstwerk, das für Novalis, im Gegensatz zu autonomen, anti-mimetischen Produktionsästhetiken wie etwa Hoffmanns Serapiontischem Prinzip, „auf Strukturen des Gewöhnlichen in der Welt bezogen sein [muss] – sonst gelingt kein Transfer der romantischen Idee auf die Welt" (ebd.). Auch Novalis' politische Poetik ist gekennzeichnet von einer Exzentrik, die von Passavant hier in der „Verklammerung einer entgrenzenden Liebes- und Todessemantik mit absolutistischen bzw. katholischen Herrschaftsformen" sieht und die dabei, erneut mit Rückgriff auf astronomische Analogien, eine „homologe[] Bewegungsdynamik von Bürger, Staat und Universum unter der Ägide einer *Centralsonne*" entwirft (S. 68, Hervorh. i. O.). Diese „romantische[] Sonnensystem-Metapher" (S. 69) von Staatsform und Gesellschaft verschiebt sich für die nachromantischen Poetiken, die das folgende Kapitel unter anderem anhand von Hoffmanns *Meister Floh* untersucht, hin zu einem „zunehmend demokratischen und flexiblen" Gesellschaftsentwurf (S. 71), während literarische Formen des Exzentrischen sich in erster Linie in einer dem Novalis'schen Genie ähnlichen „besonders unruhige[n], reflexionsfreudige[n] und streitlustige[n] Form der Sonderlingsfigur" zeigen, die „zwischen Eigensinn und gesellschaftlichen Bezügen in ständiger Bewegung bleibt und so die subjekttheoretische, poetologische und politische Selbstpositionierung literarisch spiegelt" (S. 72).

Die Dialektik zwischen Gewöhnlichem und Wunderbarem ist bekanntlich auch in E.T.A. Hoffmanns Texten ein grundlegendes Strukturparadigma. Während sie in Hoffmanns früheren Erzählungen und Märchen die zentrale Duplizität zwischen philiströser Alltagswelt und wunderbarem Phantasiereich bildet, fokussiert die vorliegende Studie Hoffmanns späten Text *Meister Floh* als selbstreflexive Verhandlung des „romantischen Subjektivismus" einerseits und vernunftgeleiteter Alltäglichkeit andererseits (S. 96), wobei insbesondere die politischen und juristischen Implikationen des Textes von Interesse sind. Von Passavant nimmt Hoffmanns Märchen im Kontext nachromantischer Reminiszenzen in den Blick und geht der Frage nach, inwiefern der Text eine „Poetik der Exzentrik" sowohl in der Tradition „der romantischen Poetik Novalis' als auch der humoristischen Konzeption Jean Pauls" offenbart (S. 97). Das vorige Kapitel legt für Jean Pauls *Des Luftschiffers Giannozzo Seebuch* eine „humoristische Poetik" (S. 94f.) fest, die etwa mit der Metapher des Luftschiffs eine nachromantische Exzentrik über die Verschränkung von „Poetologisch-Progressive[m]" und „Regressiv-Idyllische[m]" (S. 89) inszeniert. Hoffmanns *Meister Floh*, so zeigt dieses Kapitel auch mit Bezug zu weiteren Hoffmann'schen Texten auf, verhandelt dagegen einen „dialektische[n] Gewohnheitsbegriff" zwischen Privatem und Politischem (S. 103), der zunächst anhand der Figuren Peregrinus Tyß und George Pepusch entfaltet wird. Während letzterer als Vertreter des romantischen, mithin melancholischen Subjektivismus gilt, wird Tyß, der sich oft und gerne in sein Bett zurückzieht, als „*Held der Gemütlichkeit*" (S. 104, Hervorh. i. O.) dem Raum des Privaten zugeordnet, mittels dessen er sich als „,nachromantische[r]' Exzentriker seine romantische Sensibilität" bewahrt (S. 114). Das Bett begreift von Passavant dabei als „Nukleus des Privaten" (S. 109) und zugleich als zentralen erzähltechnischen wie exzentrischen Ort, indem es „sowohl für die Beruhigung als auch die Erhitzung von Emotion und Vernünftigkeit" steht und „Tyß somit das Austarieren ihres Verhältnisses" ermöglicht (S. 110).

Für die realhistorische Kontroverse um Hoffmanns Märchen, das wegen der berüchtigten Knarrpanti-Episode der Zensur zum Opfer fiel und polizeiliche Ermittlungen gegen Hoffmann nach sich zog, gestalten sich die Ausführungen zum Volk der Flöhe als besonders ergiebig: Dieses liest von Passavant in Rekurs auf die politische Poetik Novalis' als Persiflage der „Synthese aus Demokratie und Absolutismus unter Anleitung eines Idealmenschlichen, wie Novalis sie in *Glauben und Lieben* dargestellt hatte", und die Hoffmann nun zu einer satirischen „Befreiungsmythologie" der unterdrückten Flöhe weiterentwickelt (S. 117). Mit dem Fokus auf die juristischen und politischen Verwerfungen des Flohvolkes betritt die Studie freilich keinen ganz neuen Raum, erweitert die Perspektive auf „Hoffmanns literarisches Whistleblowing" (S. 116) jedoch um einige Bezüge zu Novalis und arbeitet eingehend Hoffmanns spätromantisch adaptierte Form der Politisierung der Literatur heraus. Im Gegensatz zu Novalis' frühromantischer „Vorstellung einer ästhetischen Dynamisierung der Gesellschaft" (S. 118) oder Jean Pauls moderater „politische[r] Einflussnahme" (S. 119) stellt von Passavant für Hoffmann eine auch in dessen juristischer Funktion als Kammergerichtsrat begründete starke politische Forcierung von „Prinzipen von Gesinnungsfreiheit und Rechtsstaatlichkeit sowie [...] der Verteidigung der Integrität des Privaten gegen rigorose Transparenzphantasmen" fest (ebd.). Als exzentrisch versteht von Passavant dabei die „Dissonanz" des Hoffmann'schen Textes zwischen „satirischer Exaltation einerseits" und „rechtsstaatlicher Vernünftigkeit" andererseits (S. 122), die sich in der Nachfolge der politischen Überlegungen Novalis' später zur „Innovationskraft von Literatur" und deren subjektiven wie gesellschaftlichen „Dynamisierungs- und Beruhigungsverfahren in genuin demokratische[n] Verhältnisse[n]" erweitern wird (ebd.). Hoffmanns satirisches Märchen wird damit im Kontext seiner gesellschafts- und rechtskritischen Elemente ausgeleuchtet und nicht nur zur Verhandlungsfläche nachromantischer, sondern ebenso demokratisch-progressiver Ideen.

Auch die weiteren Nachfolgertexte der frühromantischen Exzentrik nehmen, so zeigen die folgenden Kapitel in einem Streifzug vom 19. bis zum 21. Jahrhundert, „Impulse der Romantik auf[]", die als Vorbild „in Bezug auf besagten exzentrischen Gestus" fungiert und „eine Verschränkung von Exaltation und Besonnenheit, Besonderheit und Gewöhnlichkeit [vorgibt] und damit nostalgische Projektionen ebenso unterläuft wie die Erneuerungshoffnungen der Avantgarden" (S. 11). Als weiterem Sonderlingstext widmet sich die Untersuchung zunächst noch in der Folge Hoffmanns Gotthelfs Erzählung *Hans Joggeli der Erbvetter*. In einer fruchtbaren Analyse zeichnet die Studie die Bedeutung der sprachlichen Gestaltung des volksschriftstellerischen Textes als „Prinzip sprachlicher Exaltation" nach, das seinen „dialektalen und sprachspielerischen Eigensinn mit einer Orientierung an einem ökonomisch-nüchternen, gelegentlich lakonisch-schroffen Stil konterkariert" (S. 147). Für die zweite Hälfte des 19. Jahrhunderts geraten im dritten Kapitel Vischers *Auch Einer*, Fontanes *L'Adultera* und Raabes *Stopfkuchen* in den Blick. Weisen auch diese Texte eine ähnliche „humoristisch-exzentrische Sonderlingspoetik auf" (S. 148), so stellt von Passavant nun eine deutliche Tendenz zu demokratischen Strukturen fest, die sich zugleich in der „Strategie ‚cynischer' Exzentrik" ausdrückt (ebd.), welche sich mehr an dem romantischen Vorbild Jean Pauls denn Novalis' orientiert. Im 20. und 21. Jahrhundert ist es dagegen wiederum Novalis, dessen „exzentrische[s] Humor-Konzept" mit dem „Prinzip romantischer Subjektivität" (S. 149) konstitutiv für die „Gewöhnlichkeitskritik modernistischer Poetiken" (S. 217) wird. Das vierte Kapitel stellt unter anderem Hans Falladas *Der Alpdruck*, Wolfgang Koeppens *Treibhaus*, Thomas Bernhards *Alte Meister* oder, nun im 21. Jahrhundert angelangt, Sibylle Lewitscharoffs *Consummatus* und Benjamin von Stuckrad-Barres *Panikherz* in den Blick der Untersuchungen. Die Texte folgen, so die These des Kapitels, „wie beim frühromantischen Prinzip eine[m] Wechselbezug von Dynamiken der Mobilisierung und Formen der Verstetigung, der die binäre Logik einer entweder liberalistischen oder sonst reaktionären Positionierung" innerhalb der modernen Romantik-Rezeption transzendiert (S. 218). Auch in diesen Analysen bezieht sich von Passavant neben poetologischen Aspekten vor allem auf politische und historische Kontexte, die die Konfigurationen des Exzentrischen und Gewöhnlichen prägen. So erscheint etwa in Falladas *Alpdruck* und Koeppens *Treibhaus* „die Diskreditierung der romantischen Emphase in deren entstellender Adaption durch den Nationalsozialismus" zentral, während die Texte zugleich, ähnlich wie Hoffmanns *Meister Floh*, die „exzentrische[] Subjektivität unter umso stärkerem Pochen auf die Prinzipien von Demokratie und Rechtsstaatlichkeit [und] eine wesentlich dezidiertere politische Kritikhaltung" einfordern (S. 300). Für die beiden neuesten Texte, Lewitscharoffs *Consummatus* und Stuckrad-Barres *Panikherz*, sieht von Passavant die „Popkultur [...] als zentrales Resonanzfeld nachromantischer Exzentrik" (ebd.). Allen Texten gemein ist dabei, so beschließt der

Band seinen großen Bogen, die komplexe Aushandlung einer „politischen Selbstverständigung" (S. 304), die sowohl subjektive wie gesellschaftliche als auch (roman-)poetische exzentrische Experimente vorführt.

Die Studie bietet eine literaturhistorisch versierte Untersuchung nachromantischer Versatzstücke in den verschiedensten Texten. In Anbetracht des sehr breiten Textkorpus ist es verständlich, dass die einzelnen Texte nicht immer in Gänze betrachtet werden können, dennoch hätte man zuweilen gerne noch etwas mehr zu manchen gelesen. In gelungener Gesamtschau stellt die Studie dafür immer wieder Querverbindungen zwischen den so verschiedenen Epochen, Jahrhunderten und Kontexten entstammenden Sonderlingstexten her. Das Korpus wird stets überblickt und liefert mit der textübergreifenden Analyse nachromantischer Exzentrik spannende Ergebnisse sowohl für die Rezeption romantischer Konzepte bis in die Gegenwart als auch für die Romantik selbst.

Alina Boy

Laura-Maria Grafenauer: Und Theben liegt in Oberfranken. Die Genese der literarischen Kulisse, aufgezeigt an Werken E.T.A. Hoffmanns, München 2020, 177 S.

Dass E.T.A. Hoffmann häufig autobiographische Elemente in sein Œuvre hat einfließen lassen und diese mitunter auch auf textueller Ebene zum Diskussionsgegenstand gemacht hat, ist unumstritten. Laura-Maria Grafenauer widmet sich dieser Thematik in ihrer Dissertation und konzentriert sich dabei auf den Konnex zwischen literarischen Schauplätzen und ihren realen, autobiographisch begründeten Vorbildern. Grafenauers Arbeit kombiniert das Konzept des Literaturtourismus,[1] bei dem der Fokus auf der Wechselbeziehung zwischen autobiographischen Einflüssen und literarischer Kulisse liegt, mit literaturwissenschaftlichen Verfahrensweisen, anhand derer die literarische Kulisse vor allem im Hinblick auf das Werk selbst untersucht wird (vgl. S. 18). Gezeigt werden soll auf der Basis des serapiontischen Prinzips,[2] an welchen Punkten Fakten und Fiktion bei der Entstehung einer literarischen Kulisse ineinandergreifen. Die Verfasserin zeichnet zunächst jeweils die Verbindungen zwischen dem fiktiven und dem realen Ort nach, bevor sie in einem zweiten Schritt analysiert, inwiefern die so entstandene Szenerie den Plot beeinflusst und ob möglicherweise „ähnliche literarische Kulissen auf ähnliche autobiographische Momenta zurückzuführen" sind, respektive ähnliche autobiographische Elemente ähnliche Texte produzieren (S. 19).

Indem Hoffmanns Texte mit den Werken anderer Autoren parallel gelesen werden, entstehen, nachdem im ersten Lektürekapitel die Erzählung *Des Vetters Eckfenster* und die Umgebung des Berliner Gendarmenmarktes als Setting in den Fokus gerückt worden sind, zum Teil neuartige, epochenübergreifende Textkombinationen: *Das öde Haus* und Heinrich Heines erster *Brief aus Berlin* werden durch ihren gemeinsamen Schauplatz, die Berliner Allee „Unter den Linden", zueinander in Bezug gesetzt; ebenso *Prinzessin Brambilla* und Johann Wolfgang von Goethes *Römischer Carneval* – beide sind in Rom angesiedelt – und abschließend die *Briefe aus den Bergen* und Arthur Schnitzlers *Weites Land*. Bei den beiden zuletzt genannten Werken besteht die Verknüpfung allerdings nunmehr in keinem konkreten Ort, sondern ihnen dient stattdessen jeweils eine Gebirgskulisse – bei Hoffmann das Riesengebirge, bei Schnitzler die Dolomiten – als Schauplatz (vgl. S. 22). Die Arbeit bewegt sich also von einem mikroskopischen hin zu einem makroskopischen Blick; der Radius der Schauplätze maximiert sich und verliert

---

[1] Unter ‚Literaturtourismus' wird die Besichtigung von Orten verstanden, die einen Bezug zu Schriftsteller:innen und deren Werken aufweisen, zu nennen wäre hier beispielsweise das Buddenbrookhaus in Lübeck.

[2] Grafenauer spricht vom „Serapiontischen Prinzip", vgl. S. 16.

dadurch an Absolutheit, sodass sich die geographischen Gemeinsamkeiten zum Schluss weder auf eine Straße noch auf eine Stadt, sondern lediglich auf eine spezifische Landschaftsform beschränken.

Im ersten Lektürekapitel zeichnet die Verfasserin anhand der Erzählung *Des Vetters Eckfenster* einerseits die Schwierigkeit einer eindeutigen Lokalisierbarkeit nach und stellt zugleich die Eminenz ebendieses *fehlenden* Fixpunktes für das Textverständnis heraus. Unklar ist, ob sich das Eckfenster an der Ecke Taubenstraße-Charlottenstraße befindet, wo Hoffmann selbst gewohnt hat, oder aber auf der Markgrafenstraße, was hinsichtlich der im Text enthaltenen Ortsangaben plausibler erscheint (vgl. S. 47). Grafenauer basiert ihre Überlegungen im Hinblick auf die Überschneidungspunkte von Fakten und Fiktion hier auf Hoffmanns *Kunzschem Riss* (vgl. S. 39) und resümiert, dass „beide Optionen zugleich richtig und falsch sind, weil Hoffmann seinen eigenen Blick auf den Gendarmenmarkt verallgemeinert, allumfassend macht, mit einem Wort: fiktionalisiert, so wie der ältere Vetter die Menschen auf dem Marktplatz fiktionalisiert." (S. 48) Die durch die geographische Leerstelle evozierte Multiperspektivität spiegle die Erzählung daher auch auf der inhaltlichen Ebene wider, seien Schein und Sein hinsichtlich der zahlreichen Hypothesen, die über die Marktbesucher:innen angestellt werden, doch häufig kaum voneinander zu unterscheiden.

Im darauffolgenden Lektürekapitel weist Grafenauer durch einen Vergleich zwischen dem *Öden Haus* und Heines erstem *Brief aus Berlin* nach, dass „[e]in in der Wirklichkeit existierender Ort [...] von verschiedenen Autoren ähnlich inspiratorisch aufgefasst werden [kann]" (S. 141), betont jedoch zugleich, es handle sich hier eher um eine „passive Beeinflussung durch die Atmosphäre eines Orts" anstatt wie im vorherigen Kapitel um ein „aktives Arrangement seiner räumlichen Gegebenheiten" (S. 75). Konkret stellt Grafenauer hier die Doppelkodierung der Berliner Allee „Unter den Linden" heraus, deren prachtvolles Äußeres bei beiden Autoren, die sich auch privat an ähnlichen Orten der Stadt aufgehalten haben (vgl. S. 53), Teil einer Verschleierungsstrategie sei, da der äußere Glanz die darunter liegenden desaströsen Zustände verdecke (vgl. S. 67). Als Sinnbild für diese Kontrastierung, die auch auf formaler Ebene zu beobachten sei – Heine habe Hoffmanns Kontrastästhetik als Gegenpol zum Einheitsprinzip der Klassik, etwa durch die Verwendung von Stilmitteln wie Oxymora, imitiert[3] –, gelte dabei die auf der Allee „Unter den Linden" angesiedelte Konditorei Fuchs, die Hoffmann auch als Vorlage für die Konditorei neben dem öden Haus diente, und bei der der zur Schau gestellte Luxus das unappetitliche kulinarische Angebot kaschiere (vgl. S. 66). Genau diese Konkurrenzsituation zwischen Schein und Sein sei es, die sich auf beide Werke beziehen lasse: Während sich dieser Aspekt bei Hoffmann im Sujet des Unheimlichen – verborgen Geglaubtes gelangt hier an die Oberfläche – widerspiegele, desavouiere Heine durch vordergründig positive, im Subtext aber ironisierte Beschreibungen soziale „Missstände der aufstrebenden Metropole" (S. 141).

Nachfolgend fokussiert Grafenauer Goethes *Römischen Carneval* und Hoffmanns *Prinzessin Brambilla*, wobei besonders bemerkenswert ist, dass Hoffmann im Gegensatz zu Goethe die Stadt Rom nie besucht hat, seine Ortsbeschreibungen also nur aus zweiter Hand – der *Römische Carneval* gilt neben anderen als Prätext für die *Brambilla* (vgl. S. 141) – stammen. In erneuter Anknüpfung an das serapiontische Prinzip – ‚Erleben' setzt hier die Fähigkeit zur Imagination, nicht aber die Erfahrung am eigenen Leib voraus – zeigt Grafenauer daher auf, dass eine Quelle, beispielsweise in Form eines Reiseberichts, als Vorlage ausreicht, um das Bild eines Schauplatzes zu entwerfen. Tatsächlich habe Hoffmann lediglich geo-

---

[3] Grafenauer verweist hier auf Hartmut Steinecke: „Das Gepräge des Außerordentlichen." Heinrich Heine liest E.T.A. Hoffmann, Berlin 2015 (= *Philologische Studien und Quellen*, Bd. 248).

graphische Eckdaten übernommen, diese Vorlage aber durch fiktionale Elemente erweitert und so letztendlich „eine rein hypothetische Wegmarke [erschaffen], die dennoch untrennbar mit der literarischen Wahrnehmung von Rom verbunden bleiben wird." (S. 96) Die Eigenschaften, die einem Ort also literal durch andere Schriftsteller:innen ‚eingeschrieben' sind, und der in der Wirklichkeit vorzufindende Schauplatz beeinflussen fiktionale Werke gleichermaßen, so Grafenauers Fazit (vgl. S. 142). Wie auch in den vorausgehenden Kapiteln wird die exakte Lokalisierbarkeit des Settings hier als sekundär herausgestellt, allerdings divergiert dieses Kapitel wiederum insofern von den vorherigen, als es zeigt, dass Hoffmann und Goethe den gemeinsamen Schauplatz eben nicht ähnlich, sondern gegensätzlich verarbeitet haben: Das karnevalistische Treiben auf der Via del Corso beispielsweise „[sei] zur Karnevalszeit ein chaotisches Durcheinander, das Goethe in eine Ordnung zu drängen such[e], während Hoffmann es zur Triebfeder seines Märchens mach[e]", und zwar, indem er „das Chaos in das Chaos" (S. 142) integriere.

Die Wahl desselben Settings *kann* daher ähnliche, ebenso aber auch konträre Plots generieren, das wurde bereits demonstriert. In diesem Kapitel legt die Verfasserin nun dar, dass es tatsächlich nicht notwendigerweise *derselbe* Ort sein muss, der ähnliche Plots hervorbringt, sondern ein ähnlicher Ort ausreicht (vgl. S. 143). Grafenauer resümiert, dass „[s]obald nicht nur *einem* [Hervorh. i. O.] in der Realität existierenden Ort, sondern einem bestimmten Typus von in der Realität existierenden Orten durch eine ausreichend große Anzahl von Schreibenden ähnliche Eigenschaften einbeschrieben wurden, […] diese Konnotationen epochenunabhängig ähnliche Plots hervorbringen [können]." (S. 144) Diese Beobachtung wird durch einen Vergleich zwischen Hoffmanns *Briefen aus den Bergen* und Schnitzlers *Weitem Land* untermauert; positiv fällt hier insbesondere die detaillierte Illustration inhaltlicher Parallelen auf. Die den beiden Werken gemeinsame Gebirgskulisse stelle jeweils eine Antithese zur Zivilisation dar, diene mithin als „Kulisse für erotisch konnotierte Phantasien, die man in der Enge der urbanen Gesellschaft nicht auszuleben wagt." (S. 130) Die Berge – Schnitzler wurde auf Reisen in die Südtiroler Dolomiten inspiriert, Hoffmann durch Aufenthalte in Warmbrunn (vgl. S. 108, 111) – böten hier also eine Projektionsfläche für erotische Abenteuer, während sie „die Protagonisten gleichzeitig vor den Folgen dieser Abenteuer bewahren, ihre tatsächlich vollzogenen oder kunstvoll phantasierten Seitensprünge wortwörtlich ‚ver-bergen'." (S. 137) Dieser Aspekt kongruiere mit Hoffmanns eigener Biographie: Die Sängerin Johanna R. in den *Briefen aus den Bergen* sei der von ihm bewunderten, deutlich jüngeren Sopranistin Johanna Eunike nachempfunden, „jene Affekte, die er im wahren Leben nicht ausleben will, darf oder kann" (S. 131), seien insofern auf die fiktionale Handlung verschoben worden.

Im Fazit rekurriert Grafenauer noch einmal auf den Begriff der Kulisse und stellt dabei insbesondere seine Doppeldeutigkeit heraus: Die Kulisse werde zum einen als „bewegliche Dekorationswand auf einer Theaterbühne; Bühnendekoration", zum anderen als „Hintergrund" respektive „vorgetäuschte Wirklichkeit, Schein" definiert.[4] Besonders die letztgenannte Bedeutung sei es, die die Texte auch untereinander, und zwar sowohl inhaltlich als auch strukturell, vereine, spielten doch alle in dieser Arbeit behandelten Werke mit dem Konzept von Schein und Sein: In *Des Vetters Eckfenster* steht das Fenster im Kontrast zu dem, was sich tatsächlich unten auf dem Marktplatz abspielt; der Vergleich zwischen Heine und Hoffmann zeigt die Ambivalenz der Allee „Unter den Linden"; die karnevalesken

---

[4] [Art.] Kulisse, in: *Duden Fremdwörterbuch, 10., aktualisierte Auflage*, hg. von der Dudenredaktion, auf der Grundlage der aktuellen amtlichen Rechtschreibregeln, Mannheim, Zürich 2011 (= *Weltbild Sonderausgabe*), S. 592.

Figuren Goethes und Hoffmanns werden als Gegenstück zur gültigen Gesellschaftsordnung dekuvriert; und bei Schnitzler und Hoffmann stehen sich die Stadt und die Gebirgslandschaft als Ausflucht aus der Zivilisation diametral gegenüber (vgl. S. 160). In der Tat erweise sich die Genese der literarischen Kulisse, so Grafenauer, „als eine Umformung des Bühnenhintergrunds in eine doppelbödige Szenerie, in eine Entlarvung als ‚Kulisse' im Sinne des Scheins." (S. 161)

Etwas prekär gestaltet sich das Fazit insofern, als das zu Beginn starkgemachte Verfahren des Literaturtourismus hier annulliert wird, da die fiktiven Orte bei Hoffmann eben nicht direkt auf die Wirklichkeit übertragbar sind. Dass die Wahl eines ähnlichen Schauplatzes ähnliche Plots evozieren kann, ist überdies per se kein Novum, denkt man beispielsweise an die in Werken des Fin de Siècle häufig verhandelte paradigmatische Bedeutung der Stadt Venedig als Schauplatz der Dekadenz; interessant an Grafenauers Projekt ist jedoch, dass es im Hinblick auf literarische Kulissen dem Fiktionalen innerhalb des Nicht-Fiktionalen nachspürt, um ersteres konkreter definieren zu können. Zu diskutieren wäre allerdings nun, ob der ‚Schauplatz', von dem hier die Rede ist, sobald er von einem konkreten Ort abrückt, nicht eigentlich – ähnlich wie bei dem oben genannten Beispiel der Stadt Venedig – den Status eines bloßen Schauplatzes übersteigt und zum Topos avanciert. Wünschenswert wäre zudem für die bibliographische Arbeit gewesen, wenn etwa der Untertitel der Dissertation einen Hinweis auf die behandelten Werktitel enthielte; auch wäre der Einbezug historischer Karten und eine Abbildung des *Kunzschen Risses*, den Grafenauer als Vorbild für *Des Vetters Eckfenster* anführt, hilfreich gewesen. Gelungen gestaltet sich die Arbeit wiederum hinsichtlich der Analyse der literarischen Kulisse, die nicht nur kleinschrittig nachgezeichnet wird und über Hoffmanns Werk hinausgehend Verknüpfungen zu anderen Texten aufbaut, sondern deren Ergebnisse auch innerhalb des Fazits noch einmal übersichtlich zusammengetragen werden.

Pauline Pallaske

Stefanie Junges: Oszillation als Strategie romantischer Literatur. Ein Experiment in drey Theilen, Paderborn 2020, 464 S.

Die Literaturwissenschaft kann erschwerte, gar unmögliche Zugriffe auf Literatur konstatieren, wie es Teile von ihr etwa für romantische Literatur unternehmen. Sie kann aber auch versuchen, jenseits dieser Feststellung in ein produktives Verhältnis mit romantischen Texten zu treten. Genau das ist Anspruch von Stefanie Junges Studie. Romantische Literatur, das ist die ausgehende Beobachtung, entzieht sich kategorisierenden, festschreibenden Zugriffen: Diese „Absage an Systematisierung" resultiert aus einem „romantische[n] Streben nach Grenzauflösung", das wiederum „Grenzüberschreitung ermöglicht" und einen „‚Zwischenraum'" entstehen lässt. Dieser Zwischenraum, so die These, „ermöglicht das Oszillieren romantischer Texte" (S. 3). Das hier als Oszillation bezeichnete Phänomen hat die Forschung bislang unter Schlagwörtern wie „Grenz- und Schwellensituationen, -erfahrungen und -überschreitungen" diskutiert (S. 120). Junges begreift sie aber – als projektierte Erweiterung der Forschung – nicht nur als Merkmal, sondern als Strategie und „elementares Verfahren romantischer Literaturproduktion" (S. 115): Der Begriff der Oszillation, mit dem Junges auf eine Bemerkung Novalis' zurückgreift, bezeichnet die „Wechselwirkung zwischen Sphären, die sich miteinander vermischen, weil die sie strikt voneinander trennenden Grenzen aufgelöst wurden, um ein Ganzes zu schaffen und progressive Universalität zu garantieren" (S. 62). Die im Fokus der Studie stehende Oszillation betrifft sämtliche textuelle wie außertextuelle Ebenen: Sie ist zu beobachten in Form von „handlungsinterne[n] Grenzüberschreitungen", dem „Transzendieren von Figurenrealität und einer phantastischen Sphäre" oder „formale[n] Überschreitungen innerhalb eines Textes", die sich „im Experimentieren mit Gattungen, Peritexten oder auch Typographie etablieren", oder im „Übertreten von Textgrenzen nach außen" (S. 74).

Dass sich romantische Literatur rein theoretischen, kategorisierenden und systematisierenden Zugängen entzieht, muss Junges zufolge auch methodische Konsequenzen haben. Vorgeschlagen wird daher, die „Erfahrung mit der Poesie", die „Untersuchung des ‚Symptomatischen' zur Grundlage literaturwissenschaftlicher Forschung zu machen" (S. 136). Die Studie wählt einen performanzbasierten Weg: Sie ‚adaptiert' gewissermaßen die auf das Moment der Oszillation ausgerichtete Performanz des Romantischen. Dies geschieht zum einen auf struktureller Ebene: Die Monographie iteriert den Habitus des formal heterogenen romantischen Romans. Dem Prolog und der Vorrede folgt ein „Ersten Buches Erster Theil" und „Ersten Buches Zweyter Theil", dem „Zweyte[n] Buch" und „Dritte[n] Buch" schließt sich ein Epilog an. Im Rückgriff auf *Athenaeums-* und *Lyceums*-Fragmente oder Schlegels *Europa* fragt das „Erste Buch" nicht nur nach programmatischen romantischen Anliegen, sondern nach den strategischen und methodischen Impulsen, die sich daraus für literarische Texte ergeben. Weiterhin verortet es das eigene Anliegen im Kontext der existierenden Forschung. Das „Zweyte[] Buch" spürt Verfahren des Oszillierens in ausgewählten literarischen Texten nach, um diese als Performanz des romantischen Prinzips in den Blick zu nehmen: Besprochen werden vor allem Friedrich Schlegels *Lucinde*, Ludwig Tiecks *Gestiefelter Kater* sowie E.T.A. Hoffmanns *Die Irrungen. Fragment aus dem Leben eines Fantasten* und *Die Geheimnisse. Fortsetzung des Fragments aus dem Leben eines Fantasten: die Irrungen*. Das „Dritte[] Buch" setzt das bis dato etablierte Wissen zum Oszillieren romantischer Literatur in Bezug zu poststrukturalistischen (Intertextualitäts-)Theoremen insbesondere Julia Kristevas, Roland Barthes und Michel Foucaults.

Eine der spannendsten Fragen der Studie betrifft die Möglichkeiten eines literaturwissenschaftlichen Zugriffs auf ein literarisches „Phänomen", das sich durch „gängige wissenschaftliche Methoden – Definitionen, Modelle, Theorien – nicht vollständig greifen lassen kann und will" (S. 394). Junges unternimmt den Versuch einer „Zugangsweise", die selbst „zwischen wissenschaftlicher und literarischer Darstellung oszilliert, ohne wissenschaftliche Standards zu gefährden" (S. 86). Die Experimentalanordnung der sich im Grenzbereich von Literatur und Literaturwissenschaft bewegenden Studie richtet sich einerseits, auch darin folgt sie einem romantischen Vorbild, auf parergonale Strukturen. In eingeschobenen dramatischen Passagen diskutieren Figuren, die mit „SIE" und „ER" betitelt sind, simultan zum Fortgang der Lektüre über die Anlage der Studie und weisen *mise-en-abyme*-artig auf erfolgte und anstehende Schritte: Die Leserin der Studie sieht sich mit Doppelgänger:innen konfrontiert, die Lektüreeindrücke vorwegnehmen und kommentieren. Auch nimmt die Studie die Rede vom Forschungsdialog beim Wort, kreiert eine dramatische Gesprächsrunde, in denen namentlich fixierte (zu Figuren avancierende?) Literaturwissenschaftler:innen in Austausch mit einem „ICH" treten (vgl. S. 101–113). Experimentell ist vor allem auch der methodische Zugriff auf romantische Literatur. *Close readings* der kanonischen wie auch weniger besprochenen Texte stellen einen scharfen Blick für Details unter Beweis; diese Lektüren wiederum basieren auf einem „Analyseverfahren, das der Individualität der Texte Rechnung trägt und damit ihre Methodik nicht nur untersucht, sondern auch selbst umsetzt, also experimentell zwischen ‚diskursivem' und ‚literarischem' Sprechduktus oszilliert" (S. 142). Prämisse ist also, die Strukturangebote des Textes zu iterieren, um mit diesem ins Verhältnis zu treten. Die Auseinandersetzung mit Schlegels *Lucinde* setzt ein mit einem *scientific stream of consciousness*, der Assoziationen, Beobachtungen, Fragen parallel zum Akt des Lesens verschriftlicht (S. 152f.); dem *Gestiefelten Kater* Tiecks nähert sich Junges, indem sie das Verhältnis von *Phantasus*-Rahmung, Peritext und *Kater*-Text in ein Vorgehen adaptiert, bei dem sie die Rahmenhandlung des *Phantasus* in Fußnoten analysiert (S. 230).

Für Hoffmanns weitaus weniger besprochene Texte werden derart experimentelle Zugriffe indes nicht unternommen – das Material sei schlicht *zu* komplex, um Gegenstand der Experimentalanordnung zu werden. Das Kapitel zu dem als ‚Erzählverbund' zu fassenden Konglomerat aus Hoffmanns *Irrungen* (1821) und *Geheimnissen* (1822) folgt entsprechend ‚konservativerer' literaturwissenschaftlicher Praxis – oder doch nicht? Handelt es sich beispielsweise bei vertauschten Abbildungsunterschriften (S. 329, 330) um ein Versehen, oder haben diese angesichts der untersuchten Texte, die, typisch Hoffmann, Verweiszusammenhänge und Bedeutungen unterlaufen und konterkarieren, Methode? Neben der Untersuchung des inhaltlichen wie strukturellen Fragmentarismus der beiden Erzählungen, die sich in unterschiedlichen Textsorten wie etwa Brief(fiktion), Autobiographie oder Tagebucheinträgen vollzieht, liegt der Fokus vor allem auf dem Oszillieren von Figurenkonstellationen, dem „zirkulär" angelegten Personal der Texte (S. 339). Besonders ertragreich gestaltet sich das Verhältnis der Figur Schnüspelpold zu dem im Text als „Hff." bezeichneten Autor Hoffmann. Wenn Schnüspelpold rezensierend die „Veröffentlichung der *Irrungen* und seine darin enthaltene *literarische* Darstellung" kritisiert (S. 339), sich also als Figur als Leser seiner selbst erweist, stellt dies eine oszillierende Rollenvervielfachung zur Schau. Das gilt auch für die „Metalepse Hff.s, der von seinem eigenen Text adressiert und letztlich zu seiner eigenen Figur wird" (S. 343). Ausgehend von einer Doppelgänger-Konfiguration von Schnüspelpold und „Hff." geht letzterer in eine „Autor-Figur-Rezensent-Existenz" über (S. 351) – eine Existenz, die die Studie in der oben beschriebenen Form der eingeschobenen dramatischen (Forschungs-)Dialoge möglicherweise auch ihrer Verfasserin zuschreibt.

Die vorliegende Monographie zeichnet sich durch methodologische Innovationsneugier und Kreativität ebenso aus wie durch Interesse für Details und große Zusammenhänge. In der Auseinandersetzung mit dem Wie und Was der Literaturwissenschaft – enger gefasst: der Romantikforschung – leistet sie nicht zuletzt auch einen wissenschaftstheoretischen Beitrag. Dabei fordert sie freilich auch ihre Leser:innen heraus, erfordert Adaptionen von Lektüremodi, auch das Einlassen auf ‚offenere' Referenzfunktionen etwa von Kapitelüberschriften, und mag in den Frage-Antwort-Spielen und Diskussionen zwischen dem skeptisch-reservierten „ER" und dem aufgeschlosseneren „SIE" auch langatmigere Passagen beinhalten. Auch ließe sich fragen: Folgt die Literaturwissenschaft nicht (eigenen) poietischen Dynamiken, auch ohne sich in ihren Schreibarten und Verfahren an den behandelten literarischen Texten zu orientieren? Wie fern stehen sich (romantische) Literatur und Literaturwissenschaft tatsächlich, etwa in Bezug auf den – notwendigen – Fragmentarismus von Forschung, der dennoch ‚aufs Ganze' zielt? Dem Ertrag der lesenswerten und – das ist nicht selbstverständlich – vergnüglichen Monographie tun diese Eindrücke und Fragen keinen Abbruch: was sind schon allzu ‚einfache' Zugänge.

Vanessa Höving

Hoffmann-Neuerscheinungen 2018–2021

Bazarkaya, Onur: Der gelehrte Scharlatan. Studien zur Poetik einer wissensgeschichtlichen Figur, Würzburg: Königshausen & Neumann 2019.

Braun, Raphaela: E.T.A. Hoffmann in England. Probleme der Praxis und Theorie interkultureller Literaturrezeption im 19. Jahrhundert, Marburg: Philipps-Universität Marburg 2019.

Brinks, Sebastian: Positionsbestimmungen im Streit. Autor- und Literaturreflexionen im mittelhochdeutschen „Wartburgkrieg" und in E.T.A. Hoffmanns „Der Kampf der Sänger", Baden-Baden: Tectum Verlag 2020.

Bühler, Jill: Vor dem Lustmord. Sexualisierte Gewalt in Literatur und Forensik um 1800, Wiesbaden: J.B. Metzler 2018.

Clason, Christopher R.: E.T.A. Hoffmann. Transgressive Romanticism, Liverpool: Liverpool University Press 2018.

Deterding, Klaus: Magie des Poetischen Raums. E.T.A. Hoffmanns Dichtung und Weltbild, zweite durchgesehene und verbesserte Auflage des Bandes von 1999, Berlin: wvb 2020.

Doms, Misia Sophia und Klingel, Peter: „Was ist der Mensch und was kann aus ihm werden?". Zur Kritik an rationalistischen Utopien und Erziehungskonzepten in E.T.A. Hoffmanns „Nußknacker und Mausekönig", Würzburg: Königshausen & Neumann 2019.

Giuriato, Davide: Grenzenlose Bestimmbarkeit. Kindheiten in der Literatur der Moderne, 1. Aufl., Zürich: Diaphanes 2020.

Görner, Rüdiger: Schreibrhythmen. Musikliterarische Fragestellungen, Heidelberg: Universitätsverlag Winter 2019.

Heinritz, Reinhard, Schemmel, Bernhard und Wagner, Bettina (u.a.): Das E.T.A. Hoffmann-Haus Bamberg, Bamberg: E.T.A. Hoffmann-Gesellschaft e.V. 2020.

Höcker, Arne: The Case of Literature. Forensic Narratives from Goethe to Kafka, Ithaca, NY: Cornell University Press 2020.

Johnstone, Japhet und Wagner-Egelhaaf, Martina: Stages of Inversion. Die verkehrte Welt in Nineteenth-Century German Literature, Münster: Universitäts- und Landesbibliothek Münster 2019.

Latifi, Kaltërina: Perspektivische Ambiguitäten. E.T.A. Hoffmann, poetologisch gelesen, Freiburg i. Br.: Rombach 2021.

Mayer, Paola: The aesthetics of fear in German Romanticism, Montreal, Kingston, London (u.a.): McGill-Queen's University Press 2019.

Mounic, Anne: Des infinies métamorphoses de la figure animale dans l'art et la littérature. Sous la toison fondante, si douce à imaginer …, Paris: Éditions Honoré Champion 2020.

Otte, Johannes: Erschöpftes Bewusstsein. Sichtbarkeit, Macht und Subjektivität in E.T.A. Hoffmanns „Der Sandmann" und Alex Garlands „Ex Machina", 1. Aufl., Baden-Baden: Tectum Verlag 2020.

Scholz, Jana: Die Präsenz der Dinge. Anthropomorphe Artefakte in Kunst, Mode und Literatur, Bielefeld: transcript 2019.

Schubert, Caroline: Defiguration der Schrift, Berlin, Boston: De Gruyter 2021.

Sütterlin, Nicole A.: Poetik der Wunde. Zur Entdeckung des Traumas in der Literatur der Romantik, Göttingen: Wallstein Verlag 2019.

**Aus der E.T.A. Hoffmann-Gesellschaft
Bericht über das Jahr 2020/21**

Wie alle Kulturvereine stellte die COVID-Pandemie auch die E.T.A. Hoffmann-Gesellschaft im Jahr 2020 vor erhebliche Herausforderungen. Die Jahrestagung und andere Veranstaltungen wie die beliebten Soiréen im Bamberger E.T.A. Hoffmann-Haus mussten ausfallen. Während der Sommermonate wurde eine Sonderausstellung im E.T.A. Hoffmann-Haus gezeigt. Die von Prof. Dr. Svetla Cherpokova in der bulgarischen Nationalbibliothek in Sofia geplante Ausstellung zu E.T.A. Hoffmann konnte dagegen bisher nicht realisiert werden.

Stattdessen verstärkten sich die Aktivitäten der Gesellschaft im Internet. Die Website wurde vollständig erneuert, inhaltlich aktualisiert und mit Bildmaterial aus den Ausstellungen der vergangenen Jahre sowie einem Audioguide angereichert. Zudem wurde ein jüngeres Publikum über Social Media mit Informationen zu E.T.A. Hoffmann versorgt.

Um Portokosten zu sparen, erhalten alle Mitglieder, die der Gesellschaft ihre E-Mail-Adresse mitgeteilt haben, die Rundbriefe in elektronischer Form. Auf diesem Wege werden bisweilen auch andere kurzfristige Hinweise auf Veranstaltungen, Bücherangebote etc. verschickt. Alle Mitglieder, deren E-Mail-Adresse der Gesellschaft unbekannt ist oder deren Adresse sich geändert hat, werden daher gebeten, die Gesellschaft entsprechend zu informieren. Um Mitteilung wird auch gebeten, falls elektronische Post nicht gewünscht wird. Andernfalls gilt das Einverständnis als erteilt.

Zentrale Informationsplattform der E.T.A. Hoffmann-Gesellschaft ist die Website www.etahg.de.

Bitte beachten Sie dort auch die Hinweise auf neue Publikationen von Mitgliedern und teilen Sie dem Vorstand gerne aktuelle Informationen, Veranstaltungsankündigungen und einschlägige Neuerscheinungen per E-Mail mit (info@etahg.de).

Jahrestagung

Aufgrund der Corona-Pandemie musste bereits die Jahrestagung 2020 abgesagt werden. Auch die für den Juni 2021 geplante Jahrestagung konnte aufgrund der fortdauernden Einschränkungen größerer Veranstaltungen in geschlossenen Räumen leider nicht stattfinden. Im Herbst 2021 soll erstmals ein Forschungsforum für Nachwuchswissenschaftler in elektronischer Form organisiert werden. Erst 2022 ist wieder mit Rahmenbedingungen zu rechnen, die die Durchführung einer Tagung in Bamberg erlauben. Daneben planen im kommenden Jahr anlässlich des 200. Todestags von E.T.A. Hoffmann mehrere Mitglieder Fachtagungen, die zu gegebener Zeit auf der Homepage der Gesellschaft und über das E.T.A. Hoffmann-Portal der Staatsbibliothek zu Berlin – Preußischer Kulturbesitz angekündigt werden.

Mitgliederstand

Der Mitgliederstand der Gesellschaft belief sich zum Jahresende 2020 auf 435. Von diesen sind 387 persönliche Mitglieder, davon 339 im Inland und 48 im Ausland (Europa, aber auch Russland, Asien und USA). Hinzu kommen 48 institutionelle Mitglieder, davon 42 im Inland und 6 im Ausland. 21 Mitglieder sind Studenten. Die Gesellschaft hat drei Ehrenmitglieder.

Der Mitgliederstand ist also relativ konstant, Austritte werden im Wesentlichen durch Neuzugänge kompensiert.

Internet

Die Internet-Seiten der E.T.A. Hoffmann-Gesellschaft wurden Mitte 2020 auf eine neue Software migriert, da die bisher verwendete Version nicht mehr unterstützt wurde und das verwendete Content Management System veraltet und sehr unflexibel war. Zudem wurden die Seiten für die Anzeige auf mobilen Endgeräten (Tablets und Smartphones) optimiert. Im Zuge der Migration erfolgte eine inhaltliche Überarbeitung. Die Website wurde neu strukturiert und mit zahlreichen zusätzlichen Bildern sowie einem von Schülern des Bamberger E.T.A. Hoffmann-Gymnasiums erstellten Audioguide zum Haus angereichert. Unter anderem können nun einige der Ausstellungen mit moderner Künstlergraphik und Installationen, die seit 2010 im Bamberger E.T.A. Hoffmann-Haus gezeigt wurden, im Internet nacherlebt werden. Viele Hyperlinks auf digitalisierte Hoffmanniana und andere Internet-Angebote sind neu dazugekommen. Die Homepage wird kontinuierlich gepflegt und aktualisiert.

Wünschenswert ist ein weiterer Ausbau des internationalen Teils, der bislang nur aus fremdsprachigen Kurzfassungen in englischer, französischer, spanischer, italienischer, polnischer, tschechischer und russischer Sprache besteht. Mitglieder mit den entsprechenden Sprachkenntnissen, die bereit wären, andere Seiten zu übersetzen, werden gebeten, sich beim Vorstand zu melden.

E.T.A. Hoffmann-Haus

Seit dem 1.1.2020 hat die Stadt Bamberg die Trägerschaft des E.T.A. Hoffmann-Hauses übernommen. Unter Vorlage des Ausweises, den alle Mitglieder per Post erhalten haben, wird den Mitgliedern der E.T.A. Hoffmann-Gesellschaft weiterhin freier Eintritt in das Haus gewährt, allerdings mit Ausnahme von kostenpflichtigen Führungen und Veranstaltungen.

Das Haus war von Ende Juni bis Ende Oktober 2020 und seit Mai 2021 für Besucher geöffnet. Die Zahl der Personen, die sich gleichzeitig im Haus aufhalten dürften, musste aufgrund der COVID-Pandemie auf 15 beschränkt werden.

Neuer Führer zum E.T.A. Hoffmann-Haus

Der langjährige Präsident der E.T.A. Hoffmann-Gesellschaft, Bernhard Schemmel, hat 2020 einen reich illustrierten und sehr informativen Führer zum Haus herausgegeben:

> Das E.T.A. Hoffmann-Haus in Bamberg (80 Seiten mit 61 Illustrationen, überwiegend in Farbe)

Alle Mitglieder haben ein Exemplar bekommen. Weitere Exemplare sind im E.T.A. Hoffmann-Haus, in der Staatsbibliothek Bamberg oder im Bamberger Buchhandel erhältlich oder können per E-Mail (info@etahg.de) bei der Gesellschaft bestellt werden. Der Preis beträgt 8 € (gegebenenfalls zzgl. Versandkosten).

Veranstaltungen im E.T.A. Hoffmann-Haus

Aufgrund der COVID-Pandemie konnten 2020/21 keine Veranstaltungen und Führungen im E.T.A. Hoffmann-Haus stattfinden. Anlässlich des Internationalen Museumstages am 17. Mai 2020 bot das Kulturamt der Stadt Bamberg auf Facebook eine Live-Führung (ca. 60 Minuten) mit dem Hoffmannkenner Andreas Ulich an.

Ausstellungen im E.T.A. Hoffmann-Haus

Aus Anlass des 250. Geburtstags von Friedrich Hölderlin zeigte das E.T.A. Hoffmann-Haus ab 23. Juni 2020 eine kleine Ausstellung zum Thema „Hölderlin in Franken – Von Bamberg nach Coburg im himmlischen Tal". Texte und Konzept entwickelte Andreas Reuß; die in Reproduktion gezeigten Bilder stammen aus dem Bestand der Staatsbibliothek Bamberg. Obwohl E.T.A. Hoffmann und Friedrich Hölderlin Zeitgenossen waren, sind sie sich nie begegnet, auch nicht während ihrer Aufenthalte in Bamberg, denn diese fanden im Abstand von 15 Jahren statt. Die Ausstellungstexte sind auf der Website der E.T.A. Hoffmann-Gesellschaft zugänglich:

https://etahg.de/ausstellungen/hoelderlin/

Bamberg, am 1.7.2021

Bettina Wagner

Adressen der Beiträgerinnen und Beiträger

Dr. Sandra Beck
Universität Mannheim
Philosophische Fakultät
Schloss
68161 Mannheim
beck@uni-mannheim.de

Dr. Alina Boy
Institut für deutsche Sprache und Literatur I
Universität zu Köln
Albertus-Magnus-Platz
50923 Köln
boy.alina@uni-koeln.de

Anna Lynn Dolman
Institut für deutsche Sprache und Literatur I
Universität zu Köln
Albertus-Magnus-Platz
50923 Köln
anna.lynn.dolman@web.de

Annika Frank, M.A.
Lehrstuhl für Neuere Germanistik II
Neuere deutsche Literatur und qualitative Medienanalyse
Seminar für Deutsche Philologie
Schloss
Universität Mannheim
D-68131 Mannheim
annifran@mail.uni-mannheim.de

Dr. Dr. Bernd Hesse
Zehmeplatz 14
15230 Frankfurt (Oder)
drberndhesse@aol.com

Dr. Irmtraud Hnilica
FernUniversität in Hagen
Institut für neuere deutsche Literatur- und Medienwissenschaft
Universitätsstraße 33
58084 Hagen
irmtraud.hnilica@fernuni-hagen.de

Dr. Vanessa Höving
FernUniversität in Hagen
Institut für neuere deutsche Literatur- und Medienwissenschaft
Universitätsstraße 33
58084 Hagen
vanessa.hoeving@fernuni-hagen.de

Adressen der Beiträgerinnen und Beiträger

Dr. Stefanie Junges
Ruhr-Universität Bochum
Germanistisches Institut
Universitätsstr. 150
44780 Bochum
stefanie.junges@ruhr-uni-bochum.de

Prof. Dr. Frederike Middelhoff
Goethe-Universität Frankfurt
Institut für deutsche Literatur und ihre Didaktik
Campus Westend
IG-Farben-Haus
Norbert-Wollheim-Platz 1
60323 Frankfurt am Main
middelhoff@em.uni-frankfurt.de

Daniel Neumann, M.A.
Wissenschaftlicher Mitarbeiter
DFG Graduiertenkolleg „Modell Romantik"
Friedrich-Schiller-Universität Jena
Bachstraße 18k
07743 Jena
d.neumann@uni-jena.de

Pauline Pallaske
Institut für deutsche Sprache und Literatur I
Universität zu Köln
Albertus-Magnus-Platz
50923 Köln
p.pallaske@uni-koeln.de

Dr. Nicolas von Passavant
Solmsstraße 40
10961 Berlin
np@vonpassavant.net

Jörg Petzel
Düsseldorfer Straße 14
10719 Berlin
joergpetzel@web.de

Prof. Dr. Armin Schäfer
Ruhr-Universität Bochum
Germanistisches Institut
Universitätsstr. 150
44801 Bochum
armin.schaefer@rub.de

Adressen der Beiträgerinnen und Beiträger

Dr. Tobias Unterhuber
Universität Innsbruck
Institut für Germanistik
Innrain 52
A-6020 Innsbruck
tobias.unterhuber@uibk.ac.at

Dr. Philipp Weber
Ruhr-Universität Bochum
Germanistisches Institut
Universitätsstr. 150
44801 Bochum
philipp.weber-n9v@rub.de

Antonia Villinger
Universität Bamberg
An der Universität 5
96047 Bamberg
antonia.villinger@uni-bamberg.de

Prof. Dr. Bettina Wagner
Präsidentin der E.T.A. Hoffmann-Gesellschaft
c/o Staatsbibliothek Bamberg
Neue Residenz
Domplatz 8
96049 Bamberg
info@etahg.de

Prof. Dr. Thomas Wortmann
Lehrstuhl für Neuere Germanistik II
Neuere deutsche Literatur und qualitative Medienanalyse
Seminar für Deutsche Philologie
Schloss, EW 246
Universität Mannheim
D-68131 Mannheim
t.wortmann@uni-mannheim.de